职业教育电子商务专业教学用书

电子商务网络技术基础

（第2版）

陈孟建　陈奕婷　庞家成　编著

電子工業出版社
Publishing House of Electronics Industry
北京·BEIJING

内 容 简 介

电子商务网络技术基础是中等职业学校电子商务专业的一门专业基础课程，主要为学习和理解“电子商务”和“网络营销”及相关课程奠定基础。本书每章用案例引出理论知识、能力训练、课后练习，以阅读材料为结尾，收集的内容和案例都较为流行。在编写方式上采取理论知识与实际案例相结合，由浅入深、循序渐进、易看懂、易操作的方式，易被广大读者接受。本书主要内容包括电子商务与计算机网络、Internet 技术基础、WWW 浏览器与信息搜索、移动电子商务、文件传输与其他、其他 Internet 服务、网上休闲购物与聊天等。

本书可作为职业院校电子商务专业、工商管理专业的教材或参考用书，也适合具有中等以上文化程度的读者自学之用。

本书还配有电子教学参考资料包（包括电子教案、教学指南及习题答案），详见前言。

图书在版编目（CIP）数据

电子商务网络技术基础/陈孟建，陈奕婷，庞家成编著. —2 版. —北京：电子工业出版社，2016.6
ISBN 978-7-121-29211-8

Ⅰ. ①电… Ⅱ. ①陈… ②陈… ③庞… Ⅲ. ①电子商务－计算机网络－中等专业学校－教材
Ⅳ. ①F713.36②TP393

中国版本图书馆 CIP 数据核字（2016）第 145471 号

策划编辑：徐 玲
责任编辑：徐 磊 文字编辑：高莹莹
印 刷：北京七彩京通数码快印有限公司
装 订：北京七彩京通数码快印有限公司
出版发行：电子工业出版社
北京市海淀区万寿路 173 信箱 邮编 100036
开 本：787×1 092 1/16 印张：14.75 字数：377.6 千字
版 次：2012 年 5 月第 1 版
2016 年 6 月第 2 版
印 次：2020 年 9 月第 15 次印刷
定 价：32.00 元

凡所购买电子工业出版社图书有缺损问题，请向购买书店调换。若书店售缺，请与本社发行部联系，联系及邮购电话：（010）88254888，88258888。

质量投诉请发邮件至 zlts@phei.com.cn，盗版侵权举报请发邮件至 dbqq@phei.com.cn。

本书咨询联系方式：xuling@phei.com.cn。

前言

本书第 1 版于 2012 年 5 月出版，至今已经四年了，四年来经全国各地广大读者的使用，受到了好评，在这期间也收到了不少读者的来信，在多位教师、读者以及出版社提出宝贵意见和建议之下，我们特此对本书第 1 版进行了修订。

电子商务的发展日新月异，对企业和消费者都提出了更新、更高、更全面的要求，特别是近几年涌现出许多新思维、新思想、新技术，为了使广大学生能适应现代电子商务管理的需要，我们在本次修订工作中做了以下几个方面的调整。

（1）系统地修改和完善了原书中的习题。

（2）修改了每章阅读资料的内容；

（3）修改了第三章第二节的内容；

（4）删除了第四章的全部内容；

（5）删除了第七章第三节的全部内容；

（6）新增了第四章移动电子商务的全部内容；

（7）新增了第七章第三节感受微信的力量全部内容；

（8）对某些章节的案例也做了相应的调整。

总之，我们尽量保持原书的固有风格，既能方便学生的学习，又能方便教师的教学，希望能够给广大读者带来更大的帮助。

本书由浙江经贸职业技术学院陈孟建、杭州艺术学校陈奕婷、杭州科技职业技术学院庞家成等共同编写。在编写过程中，得到了李锋之、刘逸平、沈美莉、邹玉金、袁志刚等专家、教授的帮助，在此表示衷心的感谢！

由于编者水平有限，加之时间仓促，书中难免还存在错误和不妥之处，恳请读者批评指正。

编　者

2016 年 1 月于杭州

目录

第1章

电子商务与计算机网络

知识要点

- ❖ 电子商务的含义
- ❖ 电子商务的作用
- ❖ 计算机网络的定义
- ❖ 计算机网络的作用
- ❖ 计算机网络体系结构
- ❖ 计算机网络通信协议
- ❖ 电子商务与计算机网络的关系

能力要点

- ❖ 掌握计算机网络体系结构与通信协议
- ❖ 掌握计算机网络在电子商务中的作用

引例 1——小明一天的数字化生活

小明是某IT公司的一名职员，上班5年了，自己拥有小汽车、计算机，与同事合租了一套房子，生活得很不错。

早上闹钟将小明从梦中唤醒，他拿起手机看了看时间，已是早上6点钟了，梳洗完毕就去吃早餐。昨天晚上因与同事一起喝了酒，车子停在单位，今天只能坐公交车。到了公交站小明看到许多等车的人在玩手机，便也拿出手机上网查看一下天气预报，又发了条短信给同事说今天没有开车让同事不要再等他了。上了公交车小明刷了电子钱包，刚坐下就看到公交车上的移动数字电视画面上传出公园花展广告，下周公园郁金香花展开始，每年的花展小明都会陪着女友去参观，于是小明立刻给远在英国留学的女友发了一条信息，问今年的花展她能否回来。

到了单位，小明首先在签到机上按下指纹（单位最近刚引进国外最新的指纹签到机）。到自己的办公室打开计算机连上网络后，看到一条用户求助信息，要求帮助指导安装ERP软件。小明打开QQ软件，在“远程协助”功能下，解决了用户的软件安装问题。之后，又接到电话，老总在外地需要临时召开一个网络会议。小明打开公司网站进入网络会议对话系统后，会议马上就开始了。会议上经理和全体技术部员工商讨公司技术研发创新的问题，鼓励每位职工充分发挥自己的才能，提出可行性的建议，并最好能画出电子图表，做出具体的方案，以电子文稿的形式发给公司经理秘书处。会议完毕，小明根据自己对技术研发领域的了解，并在网上查阅了相关资料，总结出相对合理的方案，然后将之发到了秘书处的电子邮箱。

中午休息期间小明在“边锋”网站上与网友进行了国际象棋的对弈，然后，又在“小说阅读”网站上看了几篇短篇小说。下午一上班就接到一个客户安装硬件的求助电话。小明开着汽车去客户处，由于客户单位距离较远，小明不认识路，就打开前天刚买的全球定位系统GPS，定位好客户地理位置，半小时后顺利地到达目的地。解决了客户的问题之后，回到公司，小明到技术部交代了业务完成情况并将业务设备交还原处，已到了下班的时间。小明开着车，伴随着车上mp4美妙的音乐，一路向家驶去。

回到家里小明打开空调，将温度调到24度，然后到冰箱里拿出一瓶冰镇的啤酒。一边喝着啤酒一边打开计算机在电子商务网站上找了一家快餐店并订了一份快餐，10分钟后服务生就送到家里了。他边吃晚餐边打开数字电视看了晚间新闻和股市行情。晚餐后忽然想到家中的水电费要交了，就打开计算机登录中国工商银行网上银行，运用转账功能支付了水电费。之后他又取出数码相机，将上周和同事一起出去旅游拍的照片复制出来，在网上通过QQ在线传输功能传给女友，又在网上和女友聊了几句。此时才七点五十分，小明给在老家生活的老爸老妈打了电话。想到今天单位同事推荐的一部新播的热门电影《关云长》，就打开PPS软件搜索到影片。看完电影，已将近十点钟，小明有了困意，冲了澡回到卧室，打开CD唱片，躺在床上欣赏着舒缓的音乐，十分钟后逐渐进入了梦乡……

以上是小明一天的数字化生活，如果你也想要这样的生活，那么就请学习本书中的知识，它会教你如何适应现代化的数字生活，如何在网络上自由翱翔。

1.1　电子商务概述

1.1.1　什么是电子商务

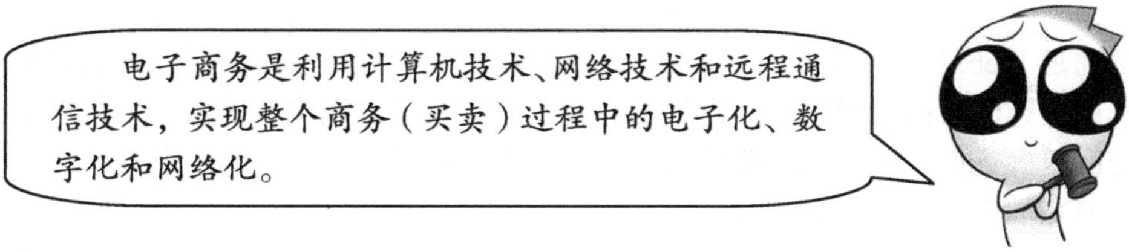

1. 电子商务广义定义

电子商务，是指使用各种电子工具从事商务或活动。这些工具包括初级的电报、电话、广播、电视、传真、计算机、计算机网络，也包括 NII（国家信息基础结构——信息高速公路）、GII（全球信息基础结构）和 Internet 等现代系统。而商务活动是从泛商品（实物与非实物，商品与非商品化的生产要素等）的需求活动到泛商品的合理、合法的消费除去典型的生产过程后的所有活动。

2. 电子商务狭义定义

电子商务，是指利用 Internet 从事商务或活动。电子商务是在技术、经济高度发达的现代社会里，掌握信息技术和商务规则的人，系统化地运用电子工具，高效率、低成本地从事以商品交换为中心的各种活动的总称。

这个定义突出了电子商务的前提、中心、重点、目的和标准，指出它应达到的水平和效果。它是对电子商务更严格和体现时代要求的定义。它从系统的观点出发，强调人在系统中的中心地位，将环境与人、人与工具、人与劳动对象有机地联系起来，用系统的目标、系统的组成来定义电子商务，从而使它具有生产力的性质。

1.1.2　电子商务的功能

电子商务可提供网上交易和管理等全过程的服务，因此它具有广告宣传、咨询洽谈、网上订购、网上支付、电子账户、服务传递、意见征询、交易管理等各项功能。

1. 广告宣传

电子商务使企业通过自己的 Web 服务器、网络主页（Home Page）和电子邮件（E-mail）在全球范围做广告宣传，在 Internet 上宣传企业形象和发布各种商品信息，用户利用 Web 浏览器可以迅速找到所需要的商品信息。与其他各种广告形式相比，在网上的广告成本最为低廉，而给用户的信息量却最为丰富。

2. 咨询洽谈

电子商务可借助非实时的电子邮件（E-mail），新闻组（News Group）和实时的讨论组

（Chat）即时通信工具（IM）来了解市场和商品信息、洽谈交易事务，如有进一步的需求，还可用网上的白板会议（Whiteboard Conference）来交流即时的图形信息。网上的咨询和洽谈能超越人们面对面洽谈的限制，提供多种方便的异地交谈形式。

3. 网上订购

电子商务通过 Web 中电子邮件的交互传送实现客户在网上的订购。企业的网上订购系统通常都是在商品介绍的页面上提供十分友好的订购提示信息和订购交互表格，当客户填完订购单后，系统回复确认信息单表示订购信息已收悉。电子商务的客户订购信息采用加密的方式，使客户和商家的商业信息不会泄露。

4. 网上支付

电子商务是一个完整的过程，网上支付是其中一个非常重要的环节。客户和商家之间可采用信用卡账号进行支付。在网上直接采用电子支付手段可省略交易中很多人员的开销。网上支付需要可靠、安全的信息传输控制，以防止欺骗、窃听、冒用等非法行为。

5. 电子账户

网上的支付必须要有电子金融来支持，即银行或信用卡公司及保险公司等金融单位要提供网上操作金融项目的服务，而电子账户管理是其基本的组成部分。

信用卡号或银行账号都是电子账户的一种标志，其可信度需配以必要技术措施来保证。如数字证书、数字签名、加密等手段的应用均保障了电子账户操作的安全性。

6. 服务传递

电子商务通过服务传递系统将客户所订购的商品尽快地传送到已订货并付款的客户手中。对于有形的商品，服务传递系统可以对本地和异地的仓库在网络中进行物流的调配，通过快递业完成商品的传送；而无形的信息产品如软件、电子读物、信息服务等则立即从电子仓库中将商品通过网络直接传递到用户端。

7. 意见征询

企业的电子商务系统可以利用网页上的“选择”、“填空”等选项及时收集客户对商品和销售服务的反馈意见。客户的反馈意见有助于提高网上交易服务水平，使企业获得改进产品、发现市场的商业机会，让企业的市场运作形成一个良性的封闭回路。

8. 交易管理

电子商务的交易管理系统可以完成对网上交易活动全过程中的人、财、物、客户及本企业内部的各方面协调和管理。

电子商务的上述功能，为网上交易提供了一个良好的服务和管理环境，使电子商务的交易过程得以顺利和安全地完成，并可以使电子商务获得更广泛的应用。

1.1.3　电子商务的特点

电子商务具有以下几个主要的特点。

1．全球化

Internet 是普遍存在的，它的互联性决定了电子商务的跨国性，它的开放性决定了电子商务市场的全球性。电子商务可在一种无国界的、开放的范围内去寻找目标客户、供应商和合作伙伴。电子商务带来了更大范围内成交的可能性，因而能使企业的产品卖得更多。同时，电子商务也提供了更广泛的价格和质量的可比性，在网上，货比万家的说法是成立的，客户有了更多的选择，可以买到更便宜的商品，而这种可比性，使市场竞争更加激烈。

2．数字化

当商务以及与商务活动相关的各种信息都以数字形式被采集、存储、处理和传输的时候，商务模式就发生了质的变化，数字生活、数字商务、虚拟企业等数字化形式应运而生。数字化具有的易于存储、查询、处理、修改等优越性，使人类将前进的方向与数字化牢牢地捆绑在了一起。正是由于电子商务的数字化特点，使得商务活动中的商流、资金流和信息流都能够在计算机网络中迅速传输，形成“三流合 e”的商务模式，这使得现代商务活动朝着“无纸”商务、信息商务、快速商务的方向发展。

3．个性化

电子商务个性化是指电子商务企业要向客户提供个性化的服务。主要包括以下三个方面的内容。

（1）需求的个性化定制。由于自身条件的不同，客户对商品和服务的需求也不尽相同，因此如何及时了解客户的个性化需求是电子商务企业的首要任务。

（2）信息的个性化定制。Internet 为个性化定制信息提供了可能，也预示着巨大的商机。《华尔街时报》很早就推出的个人电子报纸就是一例。Internet 最大的特点是实时、互动，随着网络互动电视的发展，消费者不仅可以实现电视点播，而且还能参与到节目的创意、制作过程。

（3）对个性化商品的需要。特别是技术含量高的大型商品，消费者不再只是被动地接受，商家也不仅仅是提供多样化的选择范围了事。消费者将把个人的偏好参与到商品的设计和制造过程中去。

电子商务个性化是企业创造竞争优势的重要手段。如今，在产品、价格乃至广告都同质化的今天，差异化竞争显得非常重要，这对于产品同质化程度较深、竞争异常激烈的 IT 行业来说尤甚。而个性化是体现差异化竞争优势的最好方式，实施电子商务个性化有助于提升企业的核心竞争力。

另外，个性化也是电子商务本身的价值所在。电子商务的价值就在于能够主动、快速、比较准确地对客户的需求做出反应，并通过电子数据交换、电子渠道等方式来满足客户需求。在这个交易过程中，其实质是企业对客户个性化需求的满足。电子商务的技术基础也为掌握客户的个性化需求提供了技术上的可能，如可以通过在线互动的方式直接了解客户的个性化需求，然后设法去满足。

个性化电子商务和电子商务个性化在国内外已渐成潮流，成为推动电子商务发展的加速器。如今，一些开展了电子商务的企业纷纷打出了个性化服务这张王牌。

4．高效率

电子商务的信息传递基于电磁波的传输原理，主要采用 Internet 的传输信道，能够以每秒 30 万千米的速度（理想的理论值）将信息向前传递着。在这种速度下，常规的时间和空间规律已经被彻底打破，电子商务已经突破了传统物理世界的时间限制和空间限制，使商务交易的效率和商务服务的效率都得到了极大的提高。

5．交互性

各种信息交互协议决定了数字化信息在计算机网络中具有双向沟通的功能，而电子商务正是基于这种网络环境的商务活动。因此，在电子商务过程中，可以轻松完成商务信息的双向沟通，实现商务交易主体之间的信息交互。这是电子商务与传统商务相区别的重要方面。它预示着电子商务可以采用网络重复营销、网络软营销、数据库营销、一对一营销等现代营销的方式和手段，提高营销的效率和效益。

6．方便性

电子商务的数字化特性和高效率特性使消费者的商务活动可以轻松突破时间和空间的限制。从理论上来讲，地球上的消费者可以在任何时间、任何地点轻松地实现商务购买。这虽然只是一个愿景，但是随着各种方便的上网设备被发明出来，电子商务正在逐步将这个美好的愿望变成现实（至少数字化商品可以尽快实现），这无疑给消费者的商务活动带来了极大的方便性。

7．低成本性

电子商务可以通过网络营销活动使企业提高营销效率，降低促销费用。据统计，在 Internet 上做广告，可以提高 10 倍的销售量，同时它的成本是传统广告的 1/10；另外，电子商务可以降低采购成本，因为借助 Internet，企业可以在全球市场寻求最优惠价格的供应商，而且通过与供应商信息共享，减少因中间环节信息不准确带来的损失。有资料表明，使用电子数据交换通常可以为企业节省 5%～10%的采购成本。

因此，在充分利用各种电子商务技术和手段的情况下，制造类企业能够有效地降低运营成本，特别是其中的商品成本；而非制造类企业也能够有效降低其运营过程中发生的各种费用，从而使企业能够以较低的价格向消费者提供服务，保持较高的利润。

8．改变了人们的工作环境和条件

随着信息技术的进步，网络应用的普及，成熟的电子商务作为新型的商务活动、管理活动和消费活动，给社会各阶层创造了良好的工作环境和有效的工作条件。现在社会上已经有相当一批人士可以异地办公、出差办公或在家办公，他们被称为 SOHO（Small Office Home Office）一族。他们可以随时随地方便地进行通信联络和办公业务，完成电子商务各种业务，或者轻易地进行个人所需物品的采购。

9. 改变了人们的生活方式

随着社会信息化的实现，Internet 应用的普及，人们在网上更加广泛地开拓自身活动和新领域。例如，网上教学、网上办公、网上查询、网上求职、网上预订、网上购物、网上竞标、网上炒股、网上旅游、网上订票、网上阅读、网上开会、网上会诊、网上聊天、网上聚会、网上娱乐、网上生物认证、网上法律咨询等。总之，一切都是从网中来又回到网中去。人们对网络的需求更加多元化，对网络的应用更加广泛，与网络的关系更加密切，这一切必将大大地改变人们的生活。

讨论

1. 你去哪些网店购物呢？

____

2. 你购物时使用什么方式支付？

____

3. 网店小姐或先生服务态度酷吗？

____

1.2 计算机网络概述

1.2.1 什么是计算机网络

1. 计算机网络定义

所谓计算机网络，就是指将地理位置不同的具有独立功能的多台计算机及其外部设备，通过通信线路连接起来，在网络操作系统、网络管理软件及网络通信协议的管理和协调下，实现资源共享和信息传递的计算机系统，如图 1-1 所示。

（1）网络基本要素。

通过对计算机网络定义的分析，可以看出，作为一个计算机网络必须具备以下的基本要素：

① 至少有两台具有独立操作系统的计算机；

② 计算机之间要有通信手段将其互连；

③ 计算机之间要有相互通信的规则，也就是协议；

④ 配有网络软件；

⑤ 实现计算机资源共享。

（2）网络拓展要素。

从资源、用户和管理角度来看，计算机网络应具备以下基本能力。

① 从资源观点来看，网络应具有共享外部设备的能力（例如，打印机、专用设备、外部大容量磁盘等）和公共信息共享能力（例如，公共数据库系统、数据库等）。

② 从用户观点来看，网络应把个人与众多的计算机用户连接在一起。

③ 从管理角度来看，网络应具有共享集中数据管理的能力（例如，备份服务、系统软件安装服务等）。

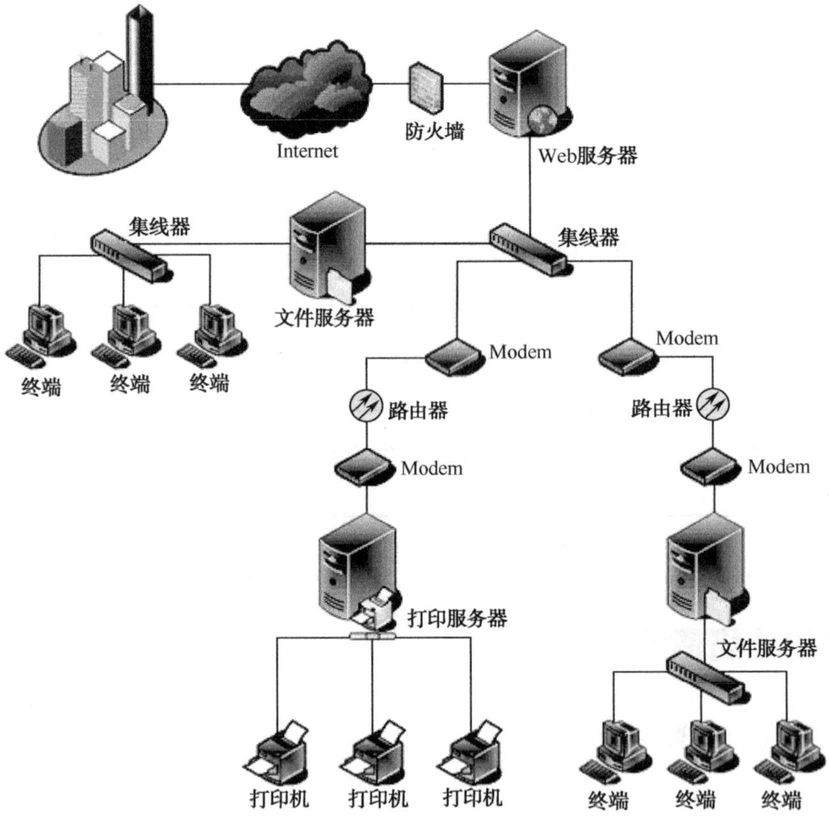

图 1-1　计算机网络

2. 计算机网络功能

计算机网络具有以下几个功能。

（1）资源共享功能。

资源共享是计算机网络的主要功能，也是计算机网络最具有吸引力的地方。资源共享指的是网络上的用户都能够部分或全部地享受网络中的各种资源，如文件系统、外部设备系统、数据信息系统及各种服务系统等，使网络中各地区的资源互通有无、分工协作，从而大大提高系统资源的利用率。

（2）信息传递与集中处理功能。

信息传递与集中处理是计算机网络的最基本功能之一。这一功能主要用以实现计算机与终端或别的计算机之间各种数据信息的传递，以及将地理位置分散的生产单位或业务部门甚至个人等通过计算机网络连接起来进行集中的控制和管理。

（3）综合信息服务功能。

通过计算机网络可以向全社会提供各种经济信息、商业信息、物流信息、科研情报和咨询服务等。比如电子商务，就是利用 Internet 实现企业与企业之间、企业与消费者之间、消费者与消费者之间、企业与政府之间的各种综合信息的服务。又如，综合业务数据网络就是将电话、传真机、电视机、复印机等办公设备纳入计算机网络中，实现了数字、声音、图形、图片等多种信息的传递。

1.2.2　计算机网络类型

计算机网络根据覆盖范围进行分类，可以分为局域网（LAN）、城域网（MAN）、广域网（WAN）等类型。

1．局域网络

局域网络（Local Area Network），简称 LAN，它是属于某一个单位在某一个小范围内（即某一幢大楼、某一个建筑物、某一所学校内、某一所医院等）组建的计算机网络，一般在 10 千米范围内。该网络具有组网方便、使用灵活、操作简单等特点，组成该网络的计算机并不一定是微型计算机。局域网络是目前计算机网络中发展最为活跃的一种网络，它起源于 20 世纪 80 年代初期，是随着微型计算机的大量使用而迅速发展起来的一种新型网络技术。如果这一网络中的计算机都是微型计算机，则称这种网络为微机型局域网络。

局域网络具有以下几个特点。

（1）局域网络覆盖有限的地理范围，它适用于学校、机关、公司、工厂等有限距离内的计算机、终端与各类信息处理设备联网的需求。

（2）局域网络一般属于一个单位所有，易于建立、维护和扩展。

（3）局域网络具有高数据传输速率（10～100Mb/s，甚至高达 1Gb/s）、低误码率的高质量数据传输环境。

（4）决定局域网络特性的主要技术要素有：网络拓扑、传输介质、介质访问控制方法等。

（5）局域网络从介质访问控制方法的角度可以分为两类，即共享介质局域网与交换局域网。

2．城域网络

城域网络（Metropolitan Area Network），简称 MAN，它的范围可以覆盖一组单位（如一个地区教育局及所属的所有学校）甚至一个城市。这种网络一般来说是在一个城市，但不在同一地区范围内的计算机互联。这种网络的连接距离可以在 10～100 千米，它采用的是 IEEE802.6 标准。MAN 与 LAN 相比扩展的距离更长，连接的计算机数量更多，在地理范围上可以说是 LAN 网络的延伸。在一个大型城市或都市地区，一个 MAN 网络通常连接着多个 LAN 网，如连接政府机构的 LAN、医院的 LAN、电信的 LAN、公司企业的 LAN 等。光纤连接的引入，使 MAN 中高速的 LAN 互联成为可能。

城域网多采用 ATM 技术做骨干网。ATM 是一个用于数据、语音、视频以及多媒体应用程序的高速网络传输方法。ATM 包括一个接口和一个协议，该协议能够在一个常规的传输信道上，在比特率不变及变化的通信量之间进行切换。ATM 也包括硬件、软件以及与 ATM 协议标准一致的介质。ATM 提供一个可伸缩的主干基础设施，以便能够适应不同规模、速度以及寻址技术的网络。ATM 的最大缺点就是成本太高，所以一般在政府城域网中应用，如邮政、银行、医院等。

3．广域网络

广域网络（Wide Area Network），简称 WAN，它是一种涉及范围较大的远距离计算机网络，即一个地区、一个省、一个自治区、一个国家以及它们之间甚至全世界建立的计算机网络。因此，我们又将广域网称为远程网，例如，环球网络 WWW，国际互联网络 Internet 等。Internet 把全世界 180 多个国家的计算机主机和近 5 亿个用户紧密地连在一起，使用户之间互通信息，共享计算机和各种信息资源。

由于广域网传输的距离远，传输的装置和介质由电信部门提供，例如，长途电话线、微波和卫星通道、光缆通道等，也有使用专线电缆的。广域网络由多个部门或多个国家联合建立，规模大，能够实现较大范围内的资源共享。

广域网络具有以下几个特点。

（1）覆盖地理范围广，信息传递距离可以从几十千米一直可达几万千米甚至几十万千米。

（2）信息传递速率比较低。

（3）传输误码率在 10^{-4}～10^{-6} 之间。

（4）广域网络一般可以由多个局域网互联而成，广域网中包含了多种网络结构，并可以根据用户的需要进行随意组网。

1.2.3 计算机网络结构

我们知道计算机网络主要完成数据通信和数据处理两大基本功能，因此，计算机网络的结构包括两个部分：一部分是数据通信系统（通信子网）；另一部分是数据处理系统（资源子网），如图 1-2 所示。

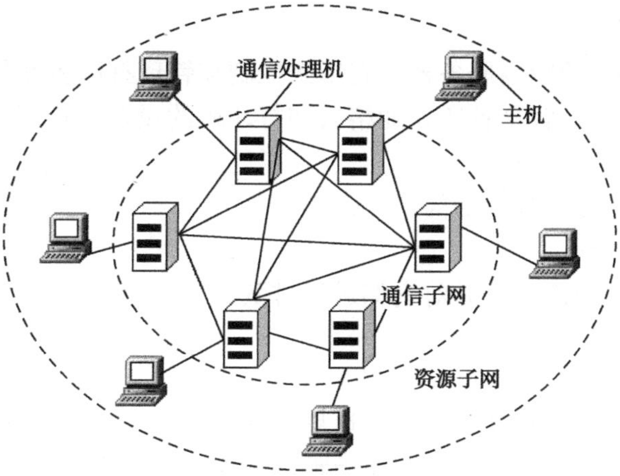

图 1-2　计算机网络结构

从图 1-2 中可知，通信子网由通信控制处理机、通信线路与其他通信设备组成，负担着全网数据传输、通信处理工作；而资源子网由主计算机系统、终端控制器、联网外设、各种软件资源与信息资源组成，代表着网络的数据处理资源和数据存储资源，负责全网数据处理和向网络用户提供网络资源和网络服务工作。

1. 主计算机

连接于网络上的供网络用户使用的计算机的集合，这些计算机称为主机，用来运行用户的应用程序，为用户提供资源和服务。网络上的主机也称为节点机。主机一般由具有较高性能的计算机担任。

2. 服务器

服务器是网络的核心部件，根据服务器在网络中所起的作用，又可将它分为文件服务器、打印服务器和通信服务器三种。

（1）文件服务器。

文件服务器包括对数据文件的有效存储、提取及传输，并执行读、写、访问控制以及数据管理等操作。文件服务器配有大容量的磁盘存储器，以存放网络的文件系统，磁盘存储器可以是服务器计算机的内部磁盘，也可以是外部磁盘。文件服务器上运行的是网络操作系统，其基本任务是协调、处理各工作站提出的网络服务请求，完成文件的传输、文件存储及数据移动、文件的同步更新、文件归档等功能。

服务器的选择是非常重要的，网络越大越需要选择性能高的服务器。这是因为，影响文件服务器性能的主要因素包括：处理机类型和速度、内存容量的大小和内存通道的访问速度、缓冲能力、磁盘存储容量等。服务器可以是专用的，也可以是非专用的，对于专用服务器来说，它的全部功能都用于网络的管理和服务，能提高网上用户的访问速度和使用效率。非专用服务器也叫做并发服务器，除了作文件服务器外，还可以作为用户工作站来使用，这时，服务器的一部分功能用于工作站上，将降低整个网络的系统性能。

（2）打印服务器。

打印服务器是网络上的应用服务器，它用来控制和管理打印机和传真设备的访问。打印服务接受打印作业的请求，解释打印作业格式和打印机的设置，管理打印队列。

打印服务器具有以下几个特点：

① 利用有限的接口提供多个访问。

② 排除距离上的限制。

③ 处理同时来的打印请求，并对它们进行排队。

④ 共享专用设备。

（3）通信服务器。

通信服务器负责网络中各用户对主计算机的通信联系，以及网与网之间的通信。通信服务内容包括对正文、二进制数据、图像数据及数字化声像数据的存储、访问和收发等。通信服务器与文件服务器相似，但也存在不同之处。例如，通信服务器能够主动地处理计算机用户之间、用户应用程序之间、网络应用程序之间或文件之间的交互通信。通信服务不仅是简单地将数据文件存起来，它还将数据一个点一个点地往前传送并且通知等待这些数据的用户。

通信服务器具有以下几个功能：

① 在用户间传递计算机生成的通知及文件。

② 将电子邮件及声音邮件系统集成到一起。

③ 利用面向对象的软件对分布在网络各处的对象进行处理。

④ 利用工作流程及目标连接应用文件发送和共享数据。

⑤ 组织及维护用户和设备的信息目录。

3. 节点

节点又可分为两类，即转接节点和访问节点。其中转接节点的作用是支持网络的连接性能，它通过所连接的链路来转接信息，通常这类节点有集中器、转接中心等。访问节点除了具有连接的链路以外，还包括计算机或终端设备，它有发信点和收信点的作用，访问节点也称为端点。

4. 链路

链路是指两个节点间承载信息流的线路或信道，所使用的介质可以是电话、用户电报、电报线路或微波通路，每个链路在单位时间内可以接纳的最大信息量被称为链路容量。

5. 通路

通路指的是从发信点到收信点的一串节点和链路，即一系列穿越通信网络而建立路由的“端点—端点”链路。

6. 终端

终端是网络中用量最大，分布最广的设备，是用户直接进行操作和使用的一种设备。用户通过终端机进行网络操作，实现资源共享互相联络的目的。终端种类很多，如键盘、显示器、智能终端机等。终端的连接方法有两种：一种是近程终端，它可直接连到通信控制处理机上；另一种是远程终端，它往往要通过集中器再连到通信控制处理机上。终端设备可使用一般性能较低的价廉物美的微机充当。

7．通信控制处理机

通信控制处理机也称为节点计算机或前端计算机，该计算机负责通信控制和通信处理工作，主要是控制所在模块的信息传输。在一个网络中，通信任务是非常繁忙的，而且通信效益的高低、通信质量的好坏直接影响着网络的正常运行，所以，该计算机一般采用小型机或高档的微机担任。

8．通信设备

通信设备主要起着数据的传输作用，该设备主要包括集线器、信号变换器和多路复用器等。其中集线器设置在终端较集中的地方，负责把多个远程终端经低速线路集结在一起，然后通过一条高速线路连到通信控制处理机上。

1.3　计算机网络拓扑结构

1.3.1　总线型网络拓扑

1．什么是计算机网络拓扑

网络中的计算机通常作为一个节点来对待，这些节点空间布局的形式常被称为网络拓扑，它代表了一个网络的基本结构。

所谓网络“拓扑”，就是几何的分支，即它将实物抽象化为与其大小和形状无关的点、线、面、然后再来研究这些点、线、面的特征。计算机网络的拓扑结构是指将网络单元抽象为节点，通信线路抽象为链路，计算机网络是由一组节点和连接节点的链路组成的。

其中节点是由一个通信接口单元和有关的设备如计算机、磁盘等构成，可分为转接节点和访问节点两种，转接节点通过连接至它的链路来转换信息，访问节点是信息交换的源节点或目标节点，通常是主机或终端等。

链路是指两个节点之间承载信息流的通信线路或信道，一般由电话线路、微波线路等实际物理介质构成的链路称为物理链路，起逻辑作用的链路称为逻辑链路。

2．总线型网络拓扑结构

总线型拓扑是一种比较简单的结构，采用的是一根中央主电缆，称为公共总线的传输介质，各节点直接与总线相连接，信息沿总线介质逐个节点地广播传送。这种结构非常简单，所需要的电缆也很少。如图 1-3 所示的是总线型网络拓扑结构示意图。

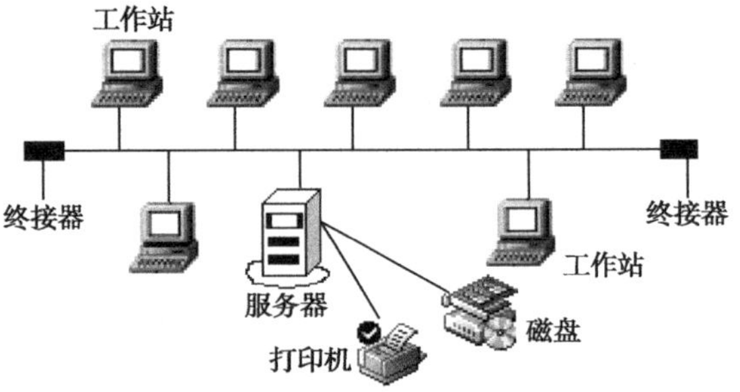

图 1-3　总线型网络拓扑结构

从图 1-3 中可知，在总线型结构网络上的所有工作站或计算机都通过相应的硬件接口直接连在一根中央主电缆上，任何一个节点的信息都可以沿着总线向两个方向传输扩散，并且能被总线中任何一个节点所接收。其传输方式类似于广播电台，所以，总线网络也称为广播式网络。

3．总线型网络拓扑结构的特点

总线型网络拓扑结构具有以下几个特点。

（1）网络结构简单灵活，节点的插入、删除都较方便，因此易于网络的扩展。

（2）可靠性高，由于总线通常用无源工作方式，因此任一个节点故障都不会造成整个网络的故障。

（3）网络响应速度快，共享资源能力强，便于广播式工作。

（4）设备量少，价格低，安装使用方便。

（5）故障诊断和隔离困难，网络对总线比较敏感。

1.3.2　星型网络拓扑

1．星型网络拓扑结构

星型网络结构是由中央节点为中心与各个节点连接而组成的，各节点与中央节点通过点到点的方式连接。中央节点可直接与从节点通信，而从节点之间必须经过中央节点才能通信。通常中央节点由一种称为集线器（HUB）的设备充当，因此，网上的计算机之间都是通过集线器来相互通信的。如图 1-4 所示的是星型网络拓扑结构示意图。

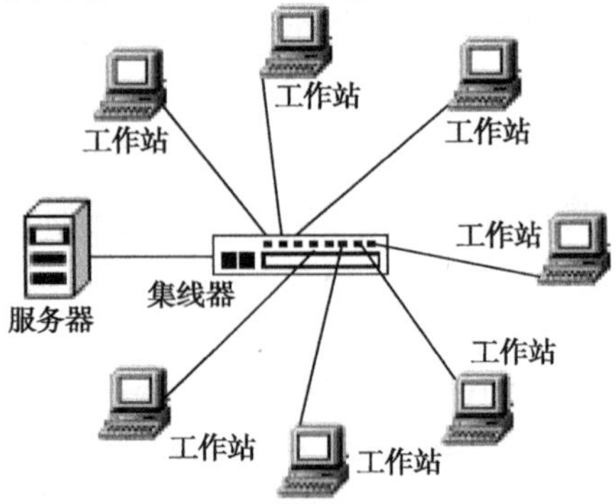

图 1-4　星型网络拓扑结构

从图 1-4 中可知，在星型结构网络上，所有微机都通过中央节点，中央节点又称为中心转接站，控制全网的通信，任何两节点之间的通信都要通过中央节点。所以对中央节点要求相当高，中央节点相当复杂，负担比各站点重得多，因此，中央节点的故障可能造成全网瘫痪。

2. 星型网络拓扑结构的特点

星型网络拓扑结构具有以下几个特点。

（1）网络结构简单，便于管理，控制简单，联网建网都容易。

（2）网络延时时间较短，误码率较低。

（3）网络共享资源能力较差，通信线路利用率不高。

（4）节点间的通信必须经过中央节点进行转接，对中央节点载荷大，中央节点工作复杂。

（5）现有的数据处理和声音通信的信息网大多采用星型网络拓扑结构。

> 目前，大多局域网都采用星型网络拓扑结构。

1.3.3 环型网络拓扑

1. 环型网络拓扑结构

环型网络拓扑结构指的是在网络中的各节点通过环路接口连在一条首尾相接的闭合环形通信线路中，环路上的任何节点均可以请求发送信息，请求一旦被批准，便可以向环路发送信息。环型网络拓扑结构示意图如图 1-5 所示。

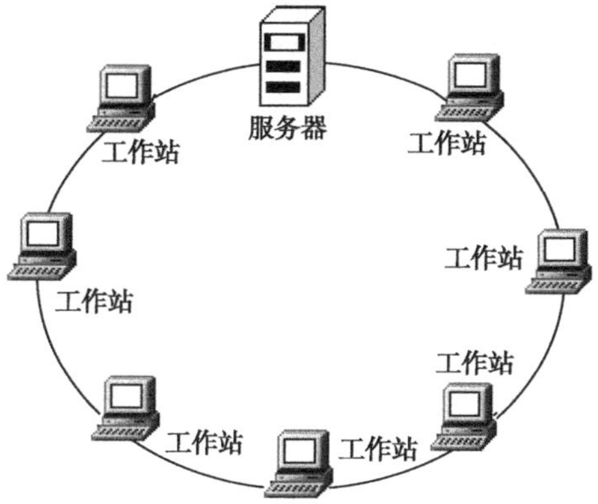

图 1-5　环型网络拓扑结构

从图 1-5 中可知，在环型网络拓扑结构上的所有微机都通过一条环型线首尾相连，环型网络拓扑结构中的数据按照事先约定好的方向，从一个节点单向传送到另一个节点，没有路径的选择问题。由于环线是公用的，所以，一个节点发出的信息必须穿越环中所有的环路接口，信息流中目的地址与环上某节点地址相符时，信息被该节点的环路接口所接收，而后的信息继续流向下一环路接口，一直流回到发送信息的环路接口节点为止。在整个发收信息过程中，任何一个接口损坏，将导致整个网络瘫痪。

2. 环型网络拓扑结构的特点

环型网络拓扑结构具有以下几个特点。

（1）信息在网络中沿固定方向流动，两个节点间仅有唯一的通路，大大简化了路径选择的控制。

（2）由于信息是串行穿过多个节点环路接口的，所以，当节点过多时，影响传输的效率，使网络响应时间变长。

（3）环路中每一节点的收发信息均由环接口控制，控制软件较简单。

（4）当网络固定后，其延时也确定，实时性强。

（5）在网络信息流动过程中，由于信息源节点到目的节点都要经过环路中各中间节点，所以，任何两点的故障都能导致环路失常，可靠性差。由于环路是封闭的，不易扩展。

1.3.4 树型网络拓扑

1. 树型网络拓扑结构

树型网络拓扑结构是总线型网络的扩展，它是在总线型网络上加分支形成的，该结构与DOS中的目录树结构相似，其传输介质可有多条分支，但不形成闭合回路，如图1-6所示。

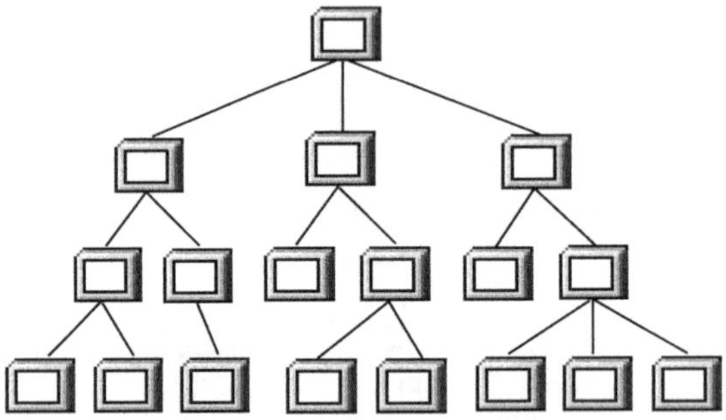

图1-6 树型网络拓扑结构

从图1-6中可知，树型结构网络是层次结构，它是一种在分级管理基础上的集中式网络。其主要通信是在上下级节点之间进行的。最上层的节点称为根节点，具有统管全网的能力，下面的节点称为子节点，又具有统管所在支路网部分节点的能力。一般一个分支节点的故障不影响到另一个分支节点的工作，任何一个节点发出的信息都可以传遍到整个传输介质。该网络也是广播式网络，树型网上的链路相对具有一定的专用性，无须对原网作任何改动就可以扩充工作站。

2. 树型网络拓扑结构的特点

树型网络拓扑结构具有以下几个特点。

（1）树型网络结构的通信线路较短，所以网络成本低。

（2）由于树型网的链路相对具有一定的专用性，所以易于维护和扩充。

（3）某一个分节点或连线上的故障将影响该支路网的正常工作。

（4）树型网络结构较星型网络复杂。

网络拓扑结构是网络的基本要素，处于基础的地位，选择合适的网络拓扑很重要。确定拓扑结构，要考虑联网的计算机数量、地理覆盖范围、网络节点变动的情况以及今后的升级或扩展因素。

以上几种拓扑结构各有千秋，目前符合广播式布线系统的星型网络拓扑结构和双绞线传输介质将会成为 21 世纪局域网最流行的趋势。应当指出的是，在实际组建网络时，其拓扑结构不一定是单一的，通常是这四种拓扑结构的综合利用，在微机局域网互联技术得到大力发展后，会出现某种拓扑结构的复合形式。

1.4　电子商务网络安全

1.4.1　电子商务网络安全含义

1．网络安全的含义

网络安全泛指网络系统的硬件、软件及其系统中的数据受到保护，不受偶然的或者恶意的原因而遭到破坏、更改、泄露；系统连续可靠正常地运行，网络服务不被中断。

网络安全包括系统安全和信息安全两个部分。系统安全主要指网络设备的硬件、操作系统和应用软件的安全；信息安全主要指各种信息的存储、传输的安全，具体体现在保密性、完整性及不可抵赖性上。

2．网络安全的内容

网络安全包括：物理安全、网络安全、数据安全、信息内容安全、信息基础设施安全与公共、国家信息安全的总和。

（1）物理安全。

物理安全是指用来保护计算机网络中的传输介质、网络设备和机房设施安全的各种装置与管理手段。物理安全包括防盗、防火、防静电、防雷击和防电磁泄漏等方面的内容。

物理上的安全威胁主要涉及对计算机或人员的访问。可用于增强物理安全的策略有很多，如将计算机系统和关键设备布置在一个安全的环境中，销毁不再使用的敏感文档，保持密码和身份认证部件的安全性，锁住便携式设备等。物理安全的实施更多的是依赖于行政的干预手段，同时结合相关技术。如果没有基础的物理保护，例如，带锁的开关柜、数据中心等，物理安全是不可能实现的。

（2）逻辑安全。

计算机网络的逻辑安全主要通过用户身份认证、访问控制、加密、安全管理等方法来实现。

① 用户身份认证。身份证明是所有安全系统不可或缺的一个组件。它是区别授权用户和入侵者的唯一方法。为了实现对信息资源的保护，并知道何人试图获取网络资源的访问权，任何网络资源拥有者都必须对用户进行身份认证。当使用某些更尖端的通信方式时，身份认

证特别重要。

② 访问控制。访问控制是制约用户连接特定网络、计算机与应用程序，获取特定类型数据流量的能力。访问控制系统一般针对网络资源进行安全控制区域划分，实施区域防御的策略。在区域的物理边界或逻辑边界使用一个许可或拒绝访问的集中控制点。

③ 加密。加密用于抵御在访问控制和身份验证过程中系统完全有效的情况下，当数据信息通过网络传送时，企业仍可能被窃听的风险。事实上，低成本和连接的简便性已使Internet成为企业内和企业间通信的一个极为诱人的媒介。同时，无线网络的广泛使用也在进一步加大网络数据被窃听的风险。加密技术针对窃听提供保护，只有具有解密数据所需密钥的人员才能读取信息。

（3）操作系统安全。

计算机操作系统是一个“管家婆”，它担负着自身宏大的资源管理、频繁的输入输出控制，以及不可间断的用户与操作之间的通信任务。操作系统具有“一权独大”的特点，所有计算机和网络入侵及非法访问者都是以摄取操作系统的最高权力作为入侵的手段的。因此，操作系统安全的内容就是采用各种技术手段和采取合理的安全策略，降低系统的脆弱性，使计算机处于安全、可靠的环境中。

（4）联网安全。

联网安全指的是保证计算机联网使用后操作系统的安全运行以及计算机内部信息的安全。联网安全可以通过以下几个方面的安全服务来达到。

① 联网计算机用户必须很好地采取措施，确保自己的计算机不会受到病毒的侵袭。

② 访问控制服务，用来保护计算机和联网资源不被非授权使用。

③ 通信安全服务，用来认证数据机密性与完整性，以及通信的可信赖性。

1.4.2 电子商务网络安全的威胁

计算机网络安全的威胁包括以下几个方面。

1. 信息泄露

信息泄露是指敏感数据在有意、无意中被泄露、丢失或透露给某个未授权的实体。它通常包括：信息在传输中被丢失或泄露（如利用电磁波泄漏或搭线窃听等方式截获信息）；通过网络攻击进入存放敏感信息的主机后被非法复制；通过对信息流向、流量、通信频度和长度等参数的分析，推测出有用信息（如用户账号、口令等重要信息）。

2. 软件漏洞

每一个操作系统或网络软件的出现都不可能是完美无缺的。这就使我们的计算机处于危险的境地，一旦连接入网，将成为众矢之的。

3. 配置不当

安全配置不当造成安全漏洞，例如，防火墙软件的配置不正确，那么它根本不起作用。对特定的网络应用程序，当它启动时，就打开了一系列的安全缺口，许多与该软件捆绑在一起的应用软件也会被启用，除非用户禁止该程序或对其进行正确配置，否则，安全隐患始终存在。

4．安全意识不强

用户口令选择不慎，或将自己的账号随意转借他人、与别人共享等都会对网络安全带来威胁。

5．病毒

目前数据安全的头号大敌是计算机病毒，它是编制者在计算机程序中插入的破坏计算机功能或数据，影响计算机软件、硬件的正常运行并且能够自我复制的一组计算机指令或程序代码。计算机病毒具有传染性、寄生性、隐蔽性、触发性、破坏性等特点，因此，提高对病毒的防范刻不容缓。

6．黑客

对计算机数据安全构成威胁的另一方面是计算机黑客。计算机黑客利用系统中的安全漏洞非法进入他人的计算机系统，其危害性非常大。从某种意义上讲，黑客对信息安全的危害甚至比一般的计算机病毒更为严重。

7．完整性破坏

以非法手段窃得对信息的管理权，通过未授权的创建、修改、删除和重放等操作破坏完整数据。

8．服务拒绝

服务拒绝是指网络系统的服务功能下降或丧失。这可能由两个方面的原因造成：

（1）受到攻击。攻击者通过对系统进行非法的、根本无法成功的访问尝试使系统产生过量的负荷，从而导致系统资源对合法用户的服务能力下降或者丧失。

（2）由于系统或组件在物理上或者逻辑上遭到破坏而中断服务。

9．未授权访问

未授权访问是指未授权实体非法访问系统资源，或授权实体超越权限访问系统资源。例如，有意避开系统访问控制机制，对信息设备及资源进行非法操作或运行；擅自提升权限，越权访问系统资源。假冒和盗用合法用户身份进行攻击，非法进入网络系统进行操作等。

10．SQL 注入攻击

SQL 注入攻击是指利用网站安全弱点，在执行网站的数据库中植入恶意代码，从而掷出恶意指令感染网站数据库。黑客们已经发展出自动化的工具，利用搜索引擎找出可能存在弱点的网站，然后将代码植入其服务器中。自动远程攻击如 SQL 注入攻击针对的安全弱点将继续成为恶意软件散播的主要渠道。

11. 第三方广告机构和恐吓性软件

第三方广告机构和恐吓性软件是指藏有病毒的采用 Flash 文件制作的广告。用户单击这些广告后，这些广告会偷偷向用户的计算机传输恶意程序，这严重威胁了电子商务或个人的数据安全。

12. 社交网站

随着社交网站的流行，它们也逐步成为黑客的又一主要活动场所。在许多情况下，黑客盗取用户的账号和密码，向被攻击用户的好友发送销售信息或指示他们进入第三方网站。

1.4.3 电子商务网络安全基本模型

网络安全是指在一个特定的环境里，为计算机网络提供一定级别的安全保护所必须遵守的规则。网络安全技术策略是一套指导用户对自身面临的威胁进行风险评估，决定其所需要的安全服务种类，选择相应的安全机制，然后集成先进的安全技术，形成一个全方位的安全系统的行动规则。而安全技术策略模型是从技术的角度对实现网络系统安全所做的科学、完整的描述。

1. 网络安全一般模型

大多数的网络安全技术策略基本模型如图 1-7 所示。通信一方要通过网络将消息传送给另一方，通信双方（称为交易的主体）必须努力协调共同完成消息变换。通过定义网络上从信源到宿主的路由，然后，在该路由上执行通信主体共同使用的通信协议（如 TCP/IP）来建立逻辑信息通道。

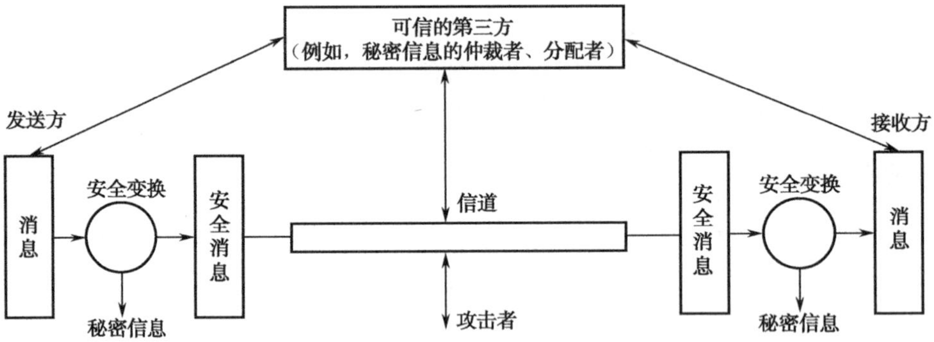

图 1-7　网络安全技术策略基本模型

从图 1-7 中可知，一个安全的网络通信必须考虑：设计执行安全相关的加密算法、用于加密算法的秘密信息（如密钥）、秘密信息的发布和共享，使用加密算法和秘密信息以获得安全服务所需的协议等几个方面。

如果需要加强信息的保密性、真实性，则需要考虑通信的安全性。安全传输技术包括以下几个基本部分。

（1）消息的安全传输。

消息的安全传输是指对消息的加密和认证。加密的目的是将消息按照一定的方式重新编码，以使攻击者无法获得真正的消息内容；认证的目的用于验证发送者的身份。

（2）发送双方共享信息。

发送双方需要共享某些秘密信息，如加密密钥。为了获得信息的安全传输，需要有可信的第三方，其作用是负责向通信双方发送秘密信息而对攻击者保密，或者在通信双方有争议时进行仲裁。

2. 未授权访问模型

为了保护信息系统的安全，对于未授权访问者设置了未授权访问模型如图 1-8 所示。

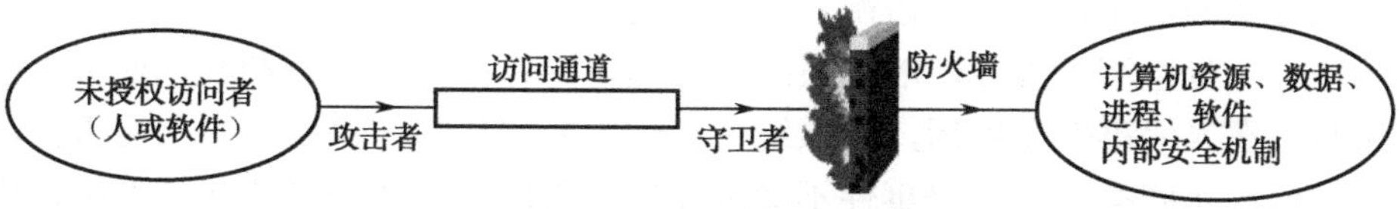

图 1-8　未授权访问模型

未授权访问的安全机制可以分为两道防线：第一道称为守卫者，它包括基于口令的登录程序和屏蔽逻辑程序，分别用于拒绝非授权用户的访问、检测和病毒；第二道防线由一些内部控制部件构成，用于管理系统内部的各种操作和分析所存储的信息，以检查是否有未授权的入侵者。

1.4.4　PDRR 网络安全模型

PDRR 网络安全模型，如图 1-9 所示。

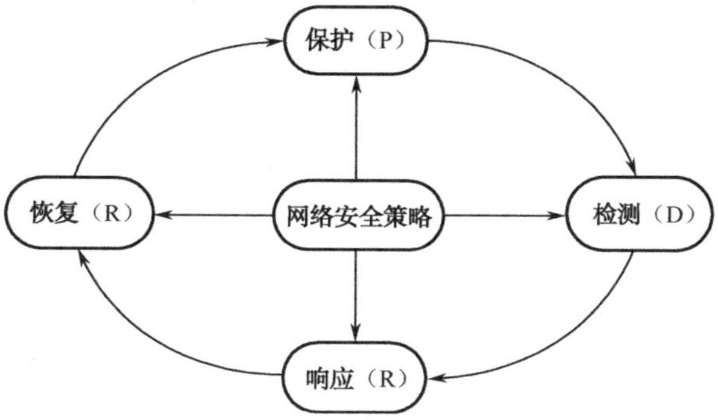

图 1-9　PDRR 网络安全模型

PDRR 网络安全模型主要内容包括：概括了网络安全的整个环节，即保护（Protect）、检测（Detect）、响应（React）、恢复（Restore）；提出了人、政策（包括法律、法规、制度、管理）和技术三大要素；归纳了网络安全的主要内涵，即鉴别、保密、完整性、可用性、不可抵赖性、责任可核查性和可恢复性；提出了信息安全的几个重点领域，即关键基础设施的网络安全（包括电信、油气管网、交通、供水、金融等）、内容的信息安全（包括反病毒、电子信箱安全和有害内容过滤等）和电子商务的信息安全。PDRR 网络安全模型认为密码理论和技术是核心，安全协议是桥梁，安全体系结构是基础，安全芯片是关键，监控管理是保障，攻击和评测的理论和实践是考验。

1. 网络安全策略

网络安全策略的每一部分包括一组相应的安全措施来实施一定的安全功能。网络安全策略分成以下几个部分。

（1）保护。根据系统已知的所有安全问题做出保护的措施，例如，打补丁、访问控制、数据加密等。保护是安全策略的第一个战线。

（2）检测。攻击者如果穿过了保护系统，检测系统就会检测出来。这个安全战线的功能就是检测出入侵者的身份，包括攻击源、系统损失等。

（3）响应。一旦检测出入侵，响应系统开始响应，包括事件处理和其他业务。

（4）恢复。在入侵事件发生后，把系统恢复到原来的状态。每次发生入侵事件，保护系统都要更新，保证相同类型的入侵事件不能再发生。所以整个安全策略包括保护、检测、响应和恢复，这四个方面组成了一个信息安全周期。

2. 保护

网络安全策略 PDRR 模型的最重要部分就是保护（P）。保护是预先阻止攻击，让攻击者无法顺利地入侵，保护可以减少大多数的入侵事件。

（1）安全缺陷扫描。

安全缺陷分为两种，允许远程攻击的缺陷和只允许本地攻击的缺陷。允许远程攻击的缺陷就是攻击者可以利用该缺陷，通过网络攻击系统。只允许本地攻击的缺陷就是攻击者不能通过网络利用该缺陷攻击系统。

对于允许远程攻击的安全缺陷，可以用网络缺陷扫描工具去发现。网络缺陷扫描工具一般从系统的外围去观察，它扮演一个黑客的角色，但是它不会破坏系统。其工作原理是：

① 扫描系统所开放的网络服务端口；

② 通过该端口进行连接，试探提供服务的软件类型和版本号，并判断是否有缺陷。其方法是根据版本号，在缺陷列表中查出是否存在缺陷，或者根据已知的缺陷特征，模拟一次攻击，如果攻击表示可能会成功就停止并认为是缺陷存在（要及时停止模拟攻击避免对系统造成损害）。

（2）访问控制及防火墙。

访问控制可以限制某些用户对某些资源进行操作。访问控制通过减少用户对资源的访问，从而减小资源被攻击的概率，达到防护系统的目的。例如，只让可信的用户访问资源而不让其他用户访问资源，这样资源受到攻击的概率会很小。

防火墙是基于网络的访问控制技术，可以工作在网络层、传输层和应用层，完成不同粒度的访问控制。防火墙可以阻止大多数的攻击但不是全部，很多入侵通过防火墙所允许的规则进行攻击。

（3）防病毒软件与个人防火墙。

病毒是指“编制或者在计算机程序中插入的破坏计算机功能或者破坏数据，影响计算机使用并且能够自我复制的一组计算机指令或者程序代码”。

计算机病毒的传统感染过程并不是利用系统上的缺陷。只要用户直接跟这些病毒接触，例如复制文件、访问网站、接受 E-mail 等，该用户的系统就会被感染。一旦计算机被感染上病毒，这些可执行代码就会自动执行破坏计算机系统。安装并经常更新防病毒软件会对系统安全起防护作用。防病毒软件根据病毒的特征，检查用户系统是否被染上病毒。这个检查过程可以是定期检查，也可以是实时检查。

个人防火墙是防火墙和防病毒的结合。它运行在用户的系统中，并控制其他机器对这台机器的访问。个人防火墙除了具有访问控制功能外，还有病毒检测，甚至有入侵检测的功能，这是网络安全防护的一个重要发展方向。

（4）数据加密。

数据加密作为一项基本技术，是所有网络安全的基石。数据加密过程是由形形色色的加密算法来具体实施的，它以很小的代价来提供很可靠的安全保护。在多数情况下，数据加密是保证信息机密性的唯一方法。

一般把受保护的原始信息称为明文，编码后的称为密文。数据加密的基本过程包括对明文进行翻译，译成密文或密码的代码形式。该过程的逆过程为解密，即将加密的编码信息转换为原来形式的过程。

数据加密常用的方法有两类，保密密钥和公开/私有密钥。在保密密钥中，加密者和解密者使用相同的密钥，也被称为对称密钥加密，这类算法有 DES 和 IDEA。这种加密算法的问题是，用户必须让接收人知道自己所使用的密钥，这个密钥需要双方共同保密，任何一方的失误都会导致机密的泄露。在告诉收件人密钥的过程中，还需要防止其他人发现，被他人发现密钥的过程被称为密钥发布。有些认证系统在会话初期用明文传送密钥，这就存在密钥被截获的可能性，所以后来用保密密钥对信息加密。

另一类加密技术是公开/私有密钥，与单独的密钥不同，它使用相互关联的一对密钥，一个是公开密钥，任何人都可以知道，另一个是私有密钥，只有拥有该对密钥的人知道。如果发信给有私有密钥的人，他就用他的私有密钥进行解密，而且只有他持有的私有密钥可以解密。这种加密方式的好处显而易见，密钥只有一个人持有，也就更容易进行保密，因为不需要在网络上传送私人密钥，也就不用担心别人在认证会话初期劫持密钥。

（5）鉴别技术。

鉴别技术和数据加密技术关系紧密。鉴别技术用在安全通信中，使通信双方互相鉴别对方的身份及传输的数据。鉴别技术保护数据通信的两个方面：通信双方的身份认证和传输数据的完整性。鉴别技术主要使用公开密钥加密算法的鉴别过程，即如果你个人用自己的私有密钥对数据加密，那么任何人都可以用相应的公开密钥对密文解密，但不能创建这样的密文，因为没有相应的私有密钥。

数字签名是指在电子文件上签名的技术，确保电子文件的完整性。数字签名首先使用消息摘要函数计算文件内容的摘要，再用签名者的私有密钥对摘要加密。在鉴别这个签名的时候，先对加密的摘要用签名者的公开密钥解密，然后跟原始摘要比较。如果比较结果一致，则数字签名是有效的，也就是说数据的完整性没有被破坏。

身份认证需要每个实体（用户）登记一个数字证书。这个数字证书包含该实体的信息（如用户名、公开密钥）。另外，这个证书应该有一个权威的第三方签名，保证该证书上的内容是有效的。数字证书类似于生活中的身份证。数字证书确保公开密钥属于证书上的用户 ID，为了鉴别一个人的身份，只要确定其数字证书中的公开密钥就可以了。公钥基础设施 PKI 就是一个管理数字证书的机构，其中包括发行、管理、回收数字证书。PKI 的核心是认证中心 CA，它是证书认证链中的权威机构，对发行的数字证书签名，并对数字证书上的信息正确性负责。

3. 检测

PDRR 模型的第二个环节就是检测（D）。上面提到防护系统除掉入侵事件发生的条件，可以阻止大多数入侵事件的发生，但是它不能阻止所有的入侵。特别是那些利用新的系统缺陷、新的攻击手段的入侵。因此安全策略的第二个安全屏障就是检测，即一旦入侵发生就会被检测出来，这个工具被称为入侵检测系统（IDS）。

入侵检测是防火墙的合理补充，帮助系统应对网络攻击，扩展了系统管理员的安全管理能力（包括安全审计、监视、进攻识别和响应），提高了网络安全基础结构的完整性。它从计算机网络系统中的若干关键点收集信息，并对其进行分析，看看网络中是否有违反安全策略的行为和遭到攻击的迹象。入侵检测是防火墙之后的第二道安全闸门，在不影响网络性能的情况下能对网络进行监视，从而提供对内部攻击、外部攻击和误操作的实时保护。

4. 响应

PDRR 模型中的第三个环节就是响应（R）。响应就是已知一个攻击（入侵）事件发生之后对其进行处理。在一个大规模的网络中，响应这个工作都是由一个特殊部门负责的，那就是计算机响应小组。世界上第一个计算机响应小组 CERT（Computer Emergency Response Team），位于美国卡内基梅隆大学的软件研究所，于 1989 年建立，是世界上最著名的计算机响应小组。从 CERT 建立之后，世界各国、各机构也纷纷建立自己的计算机响应小组。我国第一个计算机紧急响应小组 CCERT，于 1999 年建立，主要服务于中国教育和科研网。

入侵事件的报警可以是入侵检测系统的报警，也可以是通过其他方式的汇报。响应的主要工作也可以分为两种：第一种是紧急响应；第二种是其他事件处理。紧急响应就是当安全事件发生时采取应对措施，其他事件主要包括咨询、培训和技术支持。

5. 恢复

恢复是 PDRR 模型中的最后一个环节。恢复是指事件发生后，把系统恢复到原来的状态，或者比原来更安全的状态。恢复也可以分为两个方面：系统恢复和信息恢复。系统恢复指的是修补该事件所利用的系统缺陷，不让黑客再次利用这样的缺陷入侵。一般系统恢复包括系统升级、软件升级和打补丁等。系统恢复的另一个重要工作是除去后门。一般来说，黑客在第一次入侵的时候都是利用系统的缺陷的。在第一次入侵成功之后，黑客就在系统内打开一些后门，如安装一个特洛伊木马等。

能力训练题 1　宽带连接线水晶头制作训练

一、能力训练前的准备

1. 查看本地计算机是否已与 Internet 连接成功。
2. 查看本地计算机的浏览器是否是最新版本的，建议最好是 IE 6.0 或以上的浏览器。
3. 建立自己的子目录以备后用，以后可以将 Internet 上搜索到的资料下载到该子目录中去。建议最好将自己的子目录创建在除 C 盘以外的硬盘中，待用完后再将相应的资料内容复制到自己的网络硬盘或 U 盘中。
4. 准备双绞线若干米。
5. 准备水晶头若干只。
6. 压线钳一把。
7. 16 口集线器一台。
8. 两台计算机和两块网卡。

二、能力训练目的要求

通过制作双绞线使学生了解双绞线的结构和性能，学会双绞线的制作方法和技巧，掌握双绞线的连接。

三、能力训练内容

【操作一】

双绞线的制作

（1）用压线钳或剪刀等锐器刮去 15mm 的外皮，如图 1-10 所示。

（2）分清四对铜线。

橙，白橙；绿，白绿；蓝，白蓝；棕，白棕，如图 1-11 所示。

图 1-10　刮去 15mm 的外皮

图 1-11　分清四对铜线

（3）了解接线方式。

① T568B 标准方式

脚位	1	2	3	4	5	6	7	8
色	白橙	橙	白绿	蓝	白蓝	绿	白棕	棕

② T568A 标准方式

脚位	1	2	3	4	5	6	7	8
色	白绿	绿	白橙	蓝	白蓝	橙	白棕	棕

注意：① 如果计算机之间是用集线器（HUB）或交换机（Switch）相连，则双绞线两端都照 T568B 的标准进行连接，这叫直通线。一般用于两台以上计算机相连的局域网中。

② 如果只有两台计算机相连，除了可以按照第一种方法用 HUB 相连，还可以直接通过交叉线相连，在制作交叉线（Crossover Cable）时，一端是 T568B 接法，另一端为 T568A 的接法，把铜线插入接头，如图 1-12（a）所示。

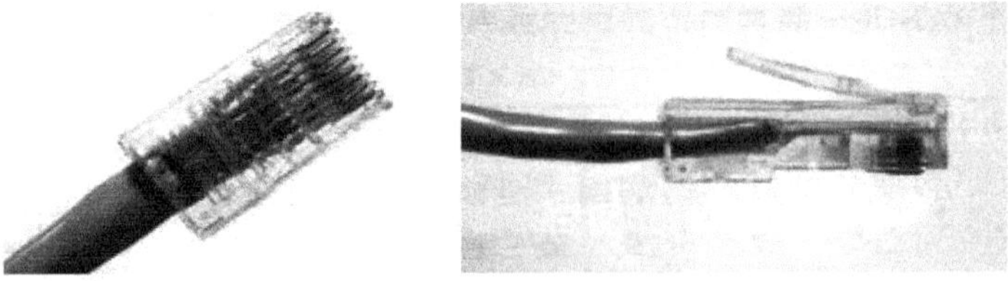

（a）　　（b）

图 1-12　铜线插入接头

注意要有一些外皮穿进接口，如图 1-12（b）所示，以便固定。

（4）用压线钳用力一压，如图 1-13 所示，网线一端即可完成。

（5）重复以上的几个步骤，制作多个接线头。

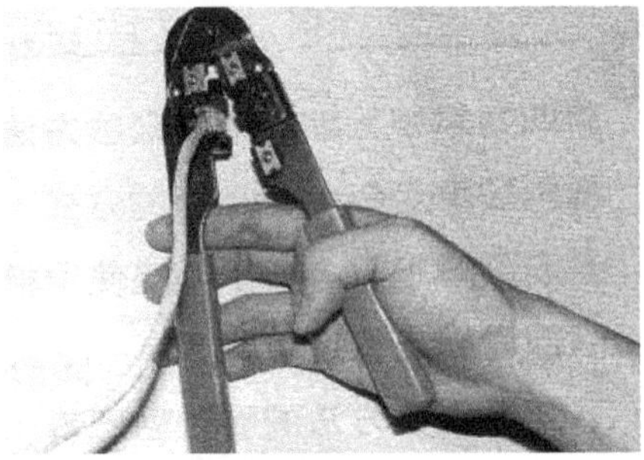

图 1-13　用压线钳压紧

【操作二】

双绞线的连接

如果与计算机连接，则可以从后面的网卡孔插入，如图 1-14 所示。

如果是将局域网通过一台服务器来上网，则作为服务器的计算机预先插了两块网卡，将宽带网线插到其中一块，再把刚才做的网线接到第二块网卡上。如果只有两台计算机，则将第二块网卡的交叉线插到第二部计算机；如果有三台以上的计算机，需要把第二块网卡的标准直通网线插到 HUB 上，HUB 会以亮灯的方式指示是否连接成功，如图 1-15 所示。

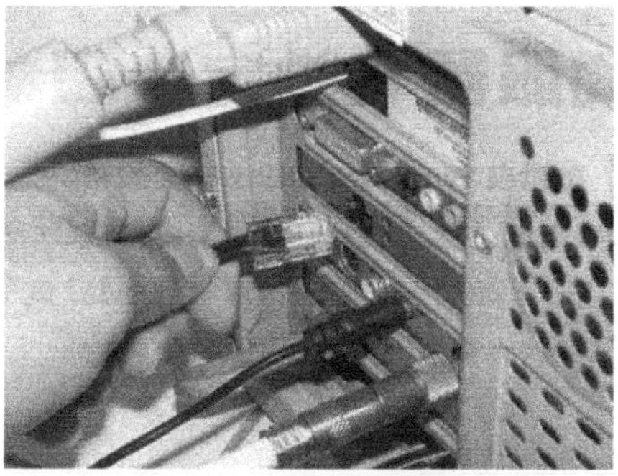

图 1-14　接到计算机网卡上

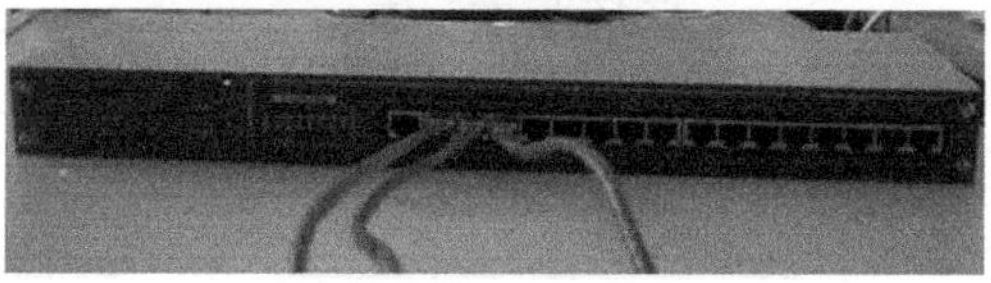

图 1-15　完整连接

（1）用于两台计算机连接的双绞线的制作方法。

（2）与集线器的连接方法，并制作其双绞线。

四、能力训练报告

能力训练报告的格式如下。

1. 训练过程

目的要求：
训练内容：
训练步骤：
水晶头制作过程：
水晶头连接过程：

2. 训练结果

训练结果分析：
可以使用表格方式，也可以使用文字方式。

3. 总结

通过能力训练，总结自己的掌握程度，分析出错原因，提出改进措施。

习题 1

一、填空题

1．电子商务是利用 ______、______和______，实现整个商务（买卖）过程中的电子化、______和______。

2．电子商务可提供网上交易和______等全过程的______，因此它具有广告宣传、______、______、______、______、服务传递、______、______等各项功能。

3．电子商务具有以下几个特点，______、______、______、高效率、______、______、______、______、改变了人们的工作环境和条件、______等。

4．所谓计算机网络就是指将______的具有______的多台计算机及其外部设备，通过______连接起来，在______系统和网络管理软件及______的管理和协调下，实现______和______的计算机系统。

5．根据网络的覆盖范围进行分类，可以分为______、______和广域网（WAN）等类型。广域网络是一种______较大的______计算机网络，即______、______、______、______以及它们之间甚至______建立的计算机网络。

6．所谓网络“拓扑”就是______的分支，即它将______抽象化为与其______和______无关的______、______、______，然后再来研究这些______的特征。

7．总线型拓扑是一种______结构，采用的是一根______，称为公共总线的______，各节点______与总线相连接，信息沿______逐个节点地广播传送。

8．星线型网络结构是由______为中心与______连接而组成的，各节点与______通过______的方式连接。中央节点可直接与从节点通信，而从______之间必须经过______才能通信。

9．网络安全泛指网络系统的______、______及其系统中的______受到保护，不受______的或者______的原因而遭到______、______泄露。

10．网络安全包括：______、______、______、______、信息基础设施安全与______、______的总和。

二、判断题

1．电子商务需要在 Internet 上进行，但有的企业在企业内部网上也能实现电子商务。（　　）

2．网上的支付必须要有电子金融来支持，即银行或信用卡公司及保险公司等金融单位要为金融服务提供网上操作的服务。（　　）

3．电子商务能改变人们的工作环境和条件，但不能改变人们的生活方式。（　　）

4．资源共享是计算机网络的主要功能，也是计算机网络最具有吸引力的地方。（　　）

5．链路是指两个节点间承载信息流的线路或信道。（　　）

6．总线型网络结构是以中央节点为中心与各个节点连接而组成的，各节点与中央节点通过点到点的方式连接。（　　）

7．计算机网络的逻辑安全主要通过用户身份认证、访问控制、加密、安全管理等方法来实现。（　　）

8．联网安全指的是保证计算机联网使用后的操作系统运行安全和计算机外部信息的安全。（　　）

9．物理安全是指用来保护计算机网络中的传输介质、操作系统、计算机内部信息安全的各种装置与管理手段。（　　）

10．计算机病毒是一种模拟生物生理病体的状态，如麻风病毒、艾滋病毒等的计算机代码。（　　）

三、简答题

1．请写出电子商务的定义（包括广义的定义和狭义的定义）。

2．请写出电子商务的广告宣传和服务传递功能。

3．请叙述电子商务为什么能改变人们的工作环境和条件，并举例说明。

4．请叙述电子商务为什么能改变人们的生活方式，并举例说明。

5．请写出计算机网络的基本要素。

6．请写出计算机的几种类型和特点。

7．请写出总线型网络拓扑结构的特点。

8．请写出星型网络拓扑结构的特点。

9．请写出电子商务网络安全的含义。

10．请写出 PDRR 网络安全模型结构。

阅读材料 1——分析电子商务未来十大发展趋势

（http://b2b.toocle.com/detail--6185434.html）

第一个趋势，移动购物

众所周知，2015年年底，我国手机用户已经达到了5亿，而PC用户则是5.9亿，手机的渗透率增速是远大于PC的。也就是说在2017年，手机用户将超过PC用户，这就意味着电子商务将来的主战场不是在PC端，而是在移动设备上。移动用户有很多的特点，首先购买的频次更高、更零散，购买的高峰不是在白天，而是在晚上、周末和节假日。移动购物将会革PC电子商务的命，我们要做好准备，迎接这场新的革命。要做好移动购物，不能简简单单地把PC电子商务照搬过来，而要充分利用移动设备的特征，比如说它的扫描特征，图像、语音识别特征，感应特征，地理化、GPS特征等，这些功能可以真正地把移动带到千家万户。

第二个趋势，平台化

大家可以看到，大的电商都开始创建自己的平台，其实这个道理很简单，就是因为这是最充分利用自己的流量、自己的商品和服务最大效益化的一个过程。因为有平台，可以利用全社会的资源弥补自己商品的丰富度，增加自己商品的丰富度，增加自己的服务和地理覆盖。

第三个趋势，电子商务将向三四五线城市渗透

随着移动设备继续的渗透，很多三四五线城市的人接触因特网是靠手机和Pad。这些城市的特点是经济收入提高，本地购物不便，商品可获得性很差，零售比先进国家落后。

随着一二线城市网购渗透率接近饱和，电商城镇化布局将成为电商企业们发展的重点，三四线城市、乡镇等地区将成为电商“渠道下沉”的主战场，同时电商在三四线欠发达地区可以更大地发挥其优势，缩小三四线城市、乡镇与一二线城市的消费差别。阿里在发展菜鸟物流，不断辐射三四线城市；京东IPO申请的融资金额大约为15亿美元到19亿美元之间，但是京东在招股书中表示，将要有10到12亿美元用于电商基础设施的建设，似乎两大巨头都将重点放在了三四线城市。事实上，谁先抢占了三四线城市，谁将在未来的竞争中占据更大的优势。

第四个趋势，物联网

大家可以试想一下这些可穿戴设备和RFID（射频识别技术）的发展，将来的芯片可以植入在皮肤里面，可以植入在衣服里面，可以植入在任何的物品里面，任何物品状态的变化可以引起其他相关物品的状态变化。你可以想象，如果你将一个牛奶放进你的冰箱，进冰箱的时候系统对其进行自动扫描，识别出它的保质期、放进去的时间，测算你的用量，当你要喝完的时候，系统可以马上自动下订单，作为商家接到订单马上给你送货，这就触发了电子商务，供应商那里看到订单，又会触发生产，也就是说所有的零售、物流和最后的生产可以全部结合起来。

第五个趋势，社交购物

我们在购物时都希望听到亲人、朋友、意见领域的意见，作为参考。社交购物可以让大家在社交网络上更加精准地去为顾客营销，更个性化地为顾客服务。

第六个趋势，O2O

沃尔玛的全球CEO来上海，他去中远两湾城参观了那里建立的一个社区服务点。这个服务点有三个功能：一是可以当作集货的区域，由此将货物集散到顾客手中；二是可以当作顾客的取货点；三是可以当作一个营销点，展示商品，为社区的居民组织团购，帮助他们上网，帮助他们使用手机购物。由此可见，传统零售业正在往线上走，而电子商务却在往线下走，最后一定是O2O的融合，从而为顾客提供多渠道和更大的便利。

第七个趋势，云服务和电子商务解决方案

大量的电子商务企业发展了很多的能力，这些能力包括物流的能力、营销的能力、系统的能力，以及各种各样为商家、为供应商、为合作伙伴提供电子商务解决方案的能力，这些能力希望最大效率地发挥作用。比如说我们推出一个 SBY，这里面有营销服务、数据服务、平台服务、物流服务，随后又推出了金融服务，以后还会有更多的服务。

第八个趋势，大数据的应用

电子商务的盈利模式在逐渐发展，最早的盈利是靠商品的差价。第一个阶段是为供应商商品做营销。这时的盈利是靠平台，有了流量、顾客，从而收取平台使用费和佣金，以提高自己的盈利能力。第二个阶段是靠金融服务，也就是说为我们的供应商、商家提供各种各样的金融服务，从而得到的盈利。第三个阶段是靠数据，也就是我们有大量电子商务顾客的行为数据，利用这些数据充分产生它的价值，这个阶段也是电子商务盈利的最高层次。而数据，也是一个逐渐升级的过程，原始的数据是零散的，价值非常小，这些数据经过过滤、分析而成为了信息，然后在信息的基础上建立模型，来支持决策。

第九个趋势，精准化营销和个性化服务

这个需求大家都是有的，希望这个网站是为我而设的，希望所有为我推荐的东西刚好是我要的，以后的营销不再是大众化营销，而是窄众营销。每个人都希望最大效率地利用这个营销渠道和营销工具，使自己精准化地知道自己的需求，从而得到个性化的营销和服务。

第十个趋势，互联网金融

这个平台上面可以说有演员、有观众，还有很多的戏。这个戏就是指保险、基金、小贷，还有各种各样的服务。演员就是那些银行、金融机构、保险公司等。观众就是所有的大宗顾客，比如说商家、供应商、合作伙伴等。这个平台的作用就是为所有的大众服务，为所有的这台戏上面的观众服务。

第2章

Internet 技术基础

知识要点

- ❖ Internet 相关概念
- ❖ Internet 的产生与发展
- ❖ IP 地址的概念
- ❖ Internet 主要服务功能

能力要点

- ❖ 掌握 Internet 体系结构与协议
- ❖ 掌握 IP 地址的用法

引例 2——“非典”与互联网的故事

春天是什么？是村头那片鲜艳的桃花吗？是枝头那只活泼的燕子吗？是河里那串欢乐的涟漪吗？是天上那只高飞的风筝吗？婷婷问爸爸，爸爸指着田野盛开的油菜花和路边一对情侣说，这就是春天。

人们总喜欢选择在春天到来的时候，到郊外走走。婷婷妈妈接着对她说：“到田野走走，吻吻她的香喷喷的脸蛋儿；到村头走走，听听燕子清亮的呢喃；到河边走走，找找春天留下的脚印；到柳树下走走，摸摸春天绿油油的发辫儿；再到山顶来个居高临下，把春光全搂在你的怀里！”陈教授正甜蜜地回忆着一家三口昨天到郊外踏青的场景……

“叮铃铃……叮铃铃……”一阵急促的电话铃声打断了陈教授的美好回忆，“喂！您是陈教授吗？”对方急促地说，“急诊室来了一个‘非典病人’，请您赶快来抢救。”“好！我马上就到。”陈教授一边搁下电话一边喊着：“小王，请将我的车开过来，我要去急诊室。”几分钟后，陈教授驾着省政府刚奖给他的崭新的“宝马”车，飞奔在研究所至医院急诊室的公路上……

这时离下班时间只有五分钟了，陈教授突然想起实验室最后一批数据还没来得及测量，他马上通过网络手机，给实验室下了一个指令，将最后一批测量的数据先全部存储在临时数据库中，测量完毕后自动关闭测量程序，处于等待指令状态。接着，他又接通了连接在 Internet 中的家庭智能型管理系统，告诉家庭厨房管理程序，少烧他一个人的饭，为女儿增加一个“西红柿炒蛋”，为妻子增加一个“生拌黄瓜”。刚做完这些指令，汽车已经到了医院急诊室的门口了，陈教授马上投入了紧张的抢救之中。

因为是非典型肺炎病人，持续高烧不退，陈教授尝试了许多治疗的方法，可都不太理想。最后，陈教授使用了无创正压通气的方法，选用的是面罩和呼气末正压＋压力支持通气方案，并嘱咐持续应用不要超过 15 分钟，注意观察病人的反应。可是几小时过去了，病人出现明显的胸闷和呼吸困难，陈教授当机立断采用了 I 型呼吸衰竭的治疗方案，并及时进行插管治疗。终于，病情开始有了好转，陈教授那颗悬着的心总算放了下来，这时他才感到肚子饿了。原来，这一干就是 7 个多小时，他还没吃晚饭呢！陈教授拖着疲惫的身子走进隔离室（按规定凡是给“非典”病人插管的医生都要进行隔离观察），坐在了计算机桌边，如图 2-1 所示。

图 2-1　陈教授在上网

他要为填饱肚子而想办法，于是，他打开计算机接通宽带网络（这是医院专门为隔离区新拉进的一路宽带网络线）进入 Internet。在 IE 浏览器上寻找到离隔离室最近的一家餐馆并订了一份快餐。用信用卡付完款，确定送货地址后，他才意识到自己还没换衣服。他赶紧换了衣服，刚洗完手，门铃就响了。原来电子商务配送中心的送货员将快餐送到了，并专门为陈教授免费供应了一杯咖啡和一支鲜花。

陈教授吃完饭后，没有一点睡意。他又回到计算机前，突然想起“明天”是他女儿的生日，他要为他女儿订一份生日蛋糕，于是又在电子商务网站上预订了一份生日蛋糕。在填写送货日期时，陈教授在“明天”时间栏目上刚单击后，屏幕上提示现在时间是凌晨 2 点。噢！应该是“今天”，随后他又给妻子预订了一束鲜花。

陈教授还不能睡，因为，他还要检查在路上给实验室下的指令是否正确执行了。于是，网络又进入研究所实验室服务器的 IP 地址，他要查看保存在临时数据库中的实验数据。经过整理编辑后，再将它们存储到实验数据库中去。在整理过程中，他发现有一组数据非常有用，特别适合当前“非典”病人的治疗。为了慎重起见，他将这组数据通过检验程序进一步检验和优化。于是他打开智能专家系统运行该程序……安排完一切事后，时钟已指向 4 点。噢！是第二天的凌晨了，赶快睡觉，明天还有很多的事情等着我去做呢。陈教授强迫自己立即睡觉。三分钟后，陈教授的呼噜声响起，他确实太累了……

“叮铃铃……叮铃铃……”又是电话铃声把陈教授从睡梦中叫醒。原来，一大早市长和市委书记就把陈教授的女儿从家中接到市长办公室，市长首先通过可视电话向陈教授表示感谢，感谢他为抢救重危病人而做的努力，并询问陈教授有什么困难、要求，请尽管向组织说。陈教授非常激动地说：“感谢组织对我的关心，我这里的生活工作都很好，请组织放心，我会安心在此接受隔离的。”接着他在可视电话里看到了女儿的身影，如图 2-2 所示。他祝女儿生日快乐，并叮嘱女儿要多注意休息，多增加些营养，室内保持良好的通风，勤洗手，到公共场所办事时别忘记戴口罩，转告妻子别为他担心，他这里一切都很好。

图 2-2　可视电话另一头是陈教授的女儿

早餐后，陈教授首先想到的是昨晚那位被抢救的病人。他拿起可视电话询问病情，得知病人经抢救后病情趋向稳定，现正在观察室密切被观察。陈教授嘱咐护士几句后，又接着说：“继续注意观察，有什么情况请及时汇报。”

搁下电话后，陈教授要检查昨天晚上实验室数据的运行情况。他打开计算机接通宽带网络，进入研究所实验室服务器的 IP 地址，找到智能专家系统运行结果的文件。打开一看，突然一行醒目的红色文字在屏幕中闪烁。它告诉陈教授智能专家系统得到一个非常重要的方案，这个方案是以前医学史上从未发现的，这对治疗“非典”病人、控制病菌扩散十分有效。陈教授得到这个方案后，非常兴奋，他要将此结果报告给卫生部的领导，要求立即组织专家教授召开网络学术会议，对这一方案作进一步的会诊和研讨，尽快用于临床治疗。

陈教授立即将这一想法和建议通过电子邮件发给各地各医院的专家教授们。几分钟后从全国各地发回的几十封电子邮件中，百分之九十以上的专家教授支持陈教授的想法和建议。

他们认为召开网络学术会议非常必要，也非常及时，要越快越好。有了专家教授们的支持和鼓励，陈教授的信念更加坚定了。为了慎重起见，他还需要做进一步的检测和确认。经过几个小时的检测后，陈教授立即拨通了卫生部有关领导的电话，正式提出了他的想法和建议，并传达了许多专家教授们的意见。一切都在紧张地准备着……

第三天的上午，网络学术会议如期进行，他们中有奋战在第一线的护士，有在隔离室的医生，有工作在实验室的教授，有在研究所专心于科研的专家，也有医务单位的领导、卫生局的首长等，他们都在全国各地利用网络参加这一特殊学术会议，他们都在为抗“非典”而努力工作着。

经过这次学术会议，专家们得到一个良好的治疗“非典”方案，大家统一了认识，很快就进行了实践。由此，全国的“非典”疫情得到有效的控制，全国人民在这场非典战斗中表现出了良好的精神面貌和心理素质，赢得了这一场没有硝烟的战斗。人们仍然过着正常有序的生活，Internet 更加引起人们的关注，Internet 将是人们所必备的，它将是与生活工作息息相关的……

[注] “非典”是指自 2003 年以来我国局部地区发生的一类由冠状病毒引起的肺部感染病症。它是主要通过近距离空气飞沫和密切接触传染的呼吸道传染病，临床主要表现为肺炎，在家庭和医院有显著的聚集现象。

据有关资料表明：全球因非典死亡人数为 919 人，病死率近 11%。统计显示：中国内地累计病例 5327 例，死亡 349 人；中国香港 1755 例，死亡 300 人；中国台湾 665 例，死亡 180 人；加拿大 251 例，死亡 41 人；新加坡 238 例，死亡 33 人；越南 63 例，死亡 5 人。

2.1　Internet 基本概念

2.1.1　什么是 Internet

人们经常所谈论的“上网”、”网游”、“网购”、“网聊”等，指的就是国际互联网（Internet）数字生活。

1. 互联网究竟是一张什么“网”

在现代生活中，人们经常会谈论“网购”、“网聊”、“网游”等话题，那么，你知道他们所说的“网”究竟是一张什么“网”吗？

其实，这张“网”并不是一张普通的网，也不是什么蜘蛛网，更不是一张渔网，而是一张覆盖全世界所有国家和地区的大“网”。可以想象一下，假如有一只巨型的蜘蛛，织成了一张团团包住整个地球的“大网”，这个大“网”就被称为“国际互联网”，简称“互联网”，如图 2-3 所示。

这张“网”是通过无数条“线”把亿万台计算机连接起来的，可以同时容纳约 20 亿“网民”。根据 2011 年 6 月底第 28 次中国互联网络发展状况统计报告发布的核心数据显示，我国的网民规模为 4.85 亿人。

图 2-3　互联网

2．互联网中的线究竟是一种什么“线”

互联网中的“线”，有的是看得见的电缆、光缆，包括海底光缆（如图 2-4 所示）、卫星（如图 2-5 所示），有的是看不见的微波。我们把这些“线”称为“信息高速公路”，在这条公路上飞奔的是文字、图像、声音、视频，它们能够在短短几秒钟内跨过万水千山，传到世界各地的计算机上。

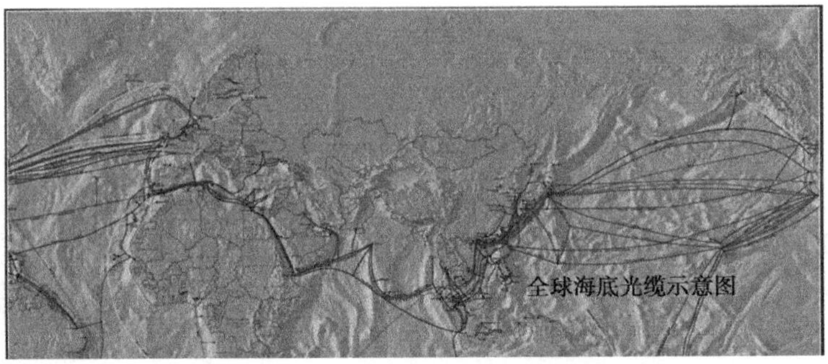

图 2-4　全球海底光缆示意图

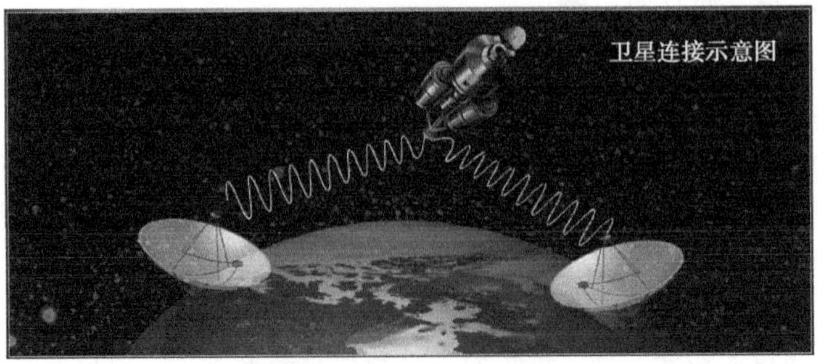

图 2-5　卫星连接示意图

全世界的网络是由许许多多大大小小的网络以各种不同的方式连接在一起的，这就是我们所说的“互联网”。

2.1.2　Internet 协议

1．互联网需要规章制度吗

我们知道互联网是一张覆盖全世界所有国家和地区的大“网”，在这张大“网”上可以同时容纳 20 亿位网民，他们来自不同的民族，有着不同的肤色、不同的语言、不同的文化。通过互联网进行信息交换，资源共享，必须有规章制度，这种规章制度称为网络协议，也是一种语言。当然了，网络协议有很多种，具体选择哪一种协议则要视情况而定。Internet 上的计算机使用的是 TCP/IP 协议。

一个网络协议主要由语法、语义、时序三要素组成。

（1）语法指的是用户数据与控制信息的结构与格式。

（2）语义指的是需要发出何种控制信息，以及完成的动作与做出的响应。

（3）时序指的是对事件顺序的详细说明。

网络协议对计算机网络是必不可少的，一个功能完备的计算机网络需要制定一套复杂的协议集，对于复杂的计算机网络协议最好的组织方式是层次结构模型。我们将计算机网络层次结构和各层协议的集合，定义为计算机网络体系结构（Network Architecture）。网络体系结构对计算机网络应该实现的功能进行了精确的定义。而这些功能是用什么样的硬件与软件去完成的，则是具体的实现问题，它是指能够运行的一些硬件和软件。

目前国内流行四种类型的局域网络体系结构，即以太网（Ethernet）结构、令牌环网（Token Ring）结构、星型网（ARCent）结构及光纤分布式数据网（FDDI）结构。

网络上的计算机进行交换信息时，只要按照某个协议就可以达到交换的目的，而不管网络的这端是什么人物、什么肤色、什么民族，甚至可以是一条狗、一只猫，如图 2-6 所示。

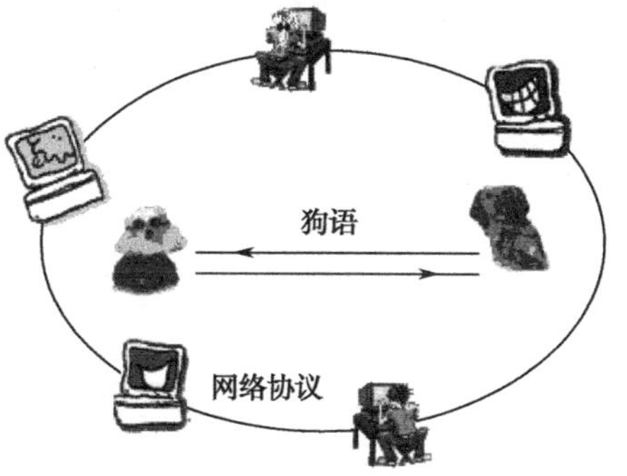

图 2-6　网络协议示意图

2．通信协议

从网络通信技术的观点来看，Internet 是一个以 TCP/IP 通信协议来联络各个国家、各个部门和各个机构的计算机网络的数据通信网。因为，在 Internet 上连接成千上万台计算机，并在不同的国家、不同的机型、不同的语言间进行数据交换和通信联络，必须存在一个大家都能支持的共同通信协议，这协议就是 TCP/IP 协议。在 TCP/IP 协议下，我们可以执行远程注册、上传信息、下载文件、收发电子邮件等。

3．资源共享

从信息资源的观点来看，Internet 是一个集各个部门、各个领域的各种信息资源为一体的、供网上用户共享的数据资源网。用户可通过一根电话线与 Internet 相连接，可以跨越地区甚至跨越国界地使用远程计算机的资源，查询网上的各种信息，获取各种资料。随着中国与世界经济的接轨，我国信息产业的发展速度正逐步加快。1995 年，邮电部率先进入 Internet 大家庭，标志着中国信息产业的兴起。

无论从管理角度，还是从商业角度来看，Internet 都可以带来无限生机，其中最主要的，就是它的开放性。至今为止，还没有一个企业或国家，敢声称它可以掌握世界性的信息资源，但 Internet 可以做到。它连接的地区、集体乃至个人，超越种种自然或人为的限制，达到了一种“和谐的统一”。

2.1.3 Internet 结构

1．Internet 体系结构

Internet 的体系结构示意图如图 2-7 所示。

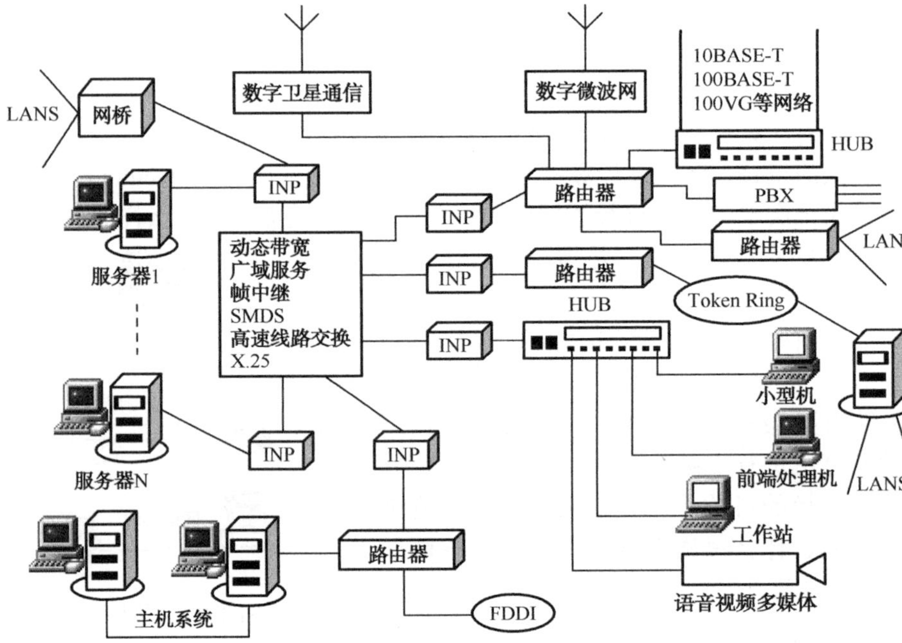

图 2-7　Internet 的体系结构示意图

Internet 的主要设备有服务器、主机系统、桥、多协议的分组交换节点处理器（INP）、小型机、前端处理机、工作站、集线器、单协议路由器、多协议路由器、混合桥/路由器等。其中 INP 是联网的关键设备，它既是局域网互联的关键设备，又是广域网连接的重要设备。例如，对于像帧中继器和交换多兆位时间服务（SMDS）这些设施，INP 提供了这些广域网服务和多协议局域网之间的交换。

某信息通过语音视频多媒体获得后，通过集线器到多协议的分组交换节点处理器 INP 处理后，送入广域服务器处理，并通过多协议路由器送入数字卫星通信站通过卫星发射，或通过数字微波网发出到 Internet。也可以再经 INP 处理后通过网桥送入局域网。

从 Internet 结构图中可知，在该结构中有一些网络连接设备，下面我们介绍几种常用设备。

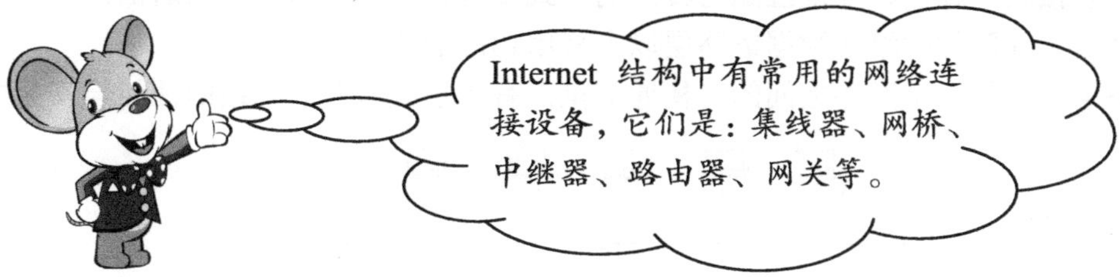

2．集线器

集线器（HUB）又称为集中器，集线器是连接网络上各个节点的一种装置，当网络的某个节点发生故障时，连接在集线器上的节点立即可以检测到，而且不影响网络上其他节点的正常工作，有利于网络的维护和故障排除，如图 2-8 所示。

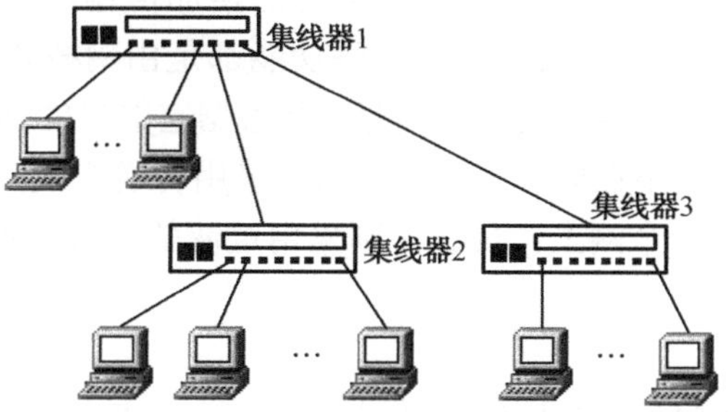

图 2-8　集线器（HUB）连接

集线器的产品很多，大致可分为独立式、叠加式、智能模块化、高档交换式集线平台等类型。

（1）独立式，该类集线器主要是为了克服总线结构的网络布线困难和易出故障的问题而引入的。一般适用于小型网络，能支持 8～24 个工作站，可以利用串接方式连接多个扩充端口。

（2）叠加式，该类集线器采用叠加的方式将多个集线器通过一条高速链路连接而成，由 4～8 个集线器一个一个叠加起来，它只能支持一种局域网标准。一般适用于工作小组网络。

（3）智能模块化式，该类集线器采用了模块化结构，由机柜、电源、主干面板、插卡和管理模块等组成。一般适用于大型网络的主干集线器。

（4）高档交换式集线平台，该类集线器比智能模块化式集线器更进一步，主要作为各种新的网络技术的平台，即支持现有的网络，又支持未来新的交换技术。

3．网桥

网桥的作用是连接两个同类的网络。例如，同一个单位多个不同的部门根据自己的需要选用了不同的局域网，而各个部门之间又需要交换信息、共享资源等，这就需要将多个局域网连接在一起。网桥最常见的用法是互联两个局域网，如图 2-9 所示。

网桥是可以在具有不同的数据链路层上实现不同网络的互联设备，它具有以下特征：

（1）网桥可以互联两个不同数据链路层协议、不同传输介质、不同传输速率的网络；
（2）网桥以接收、存储、地址过滤与转发的方式实现互联的网络之间的通信；
（3）网桥需要互联的网络在数据链路层以上采用相同的协议；
（4）网桥可以分隔两个网络之间的广播通信量，有利于改善互联网络的性能与安全性。

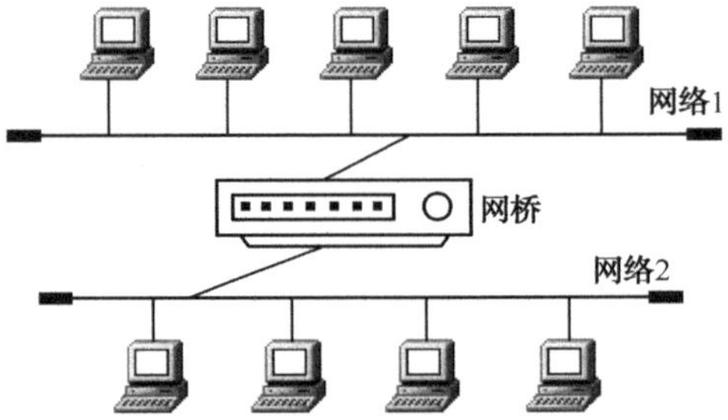

图 2-9　网桥连接

网桥的功能比中继器复杂，它不仅能实现信号的增加传输，而且具有信息收集、过滤、传送和数据链路层协议帧格式变换的功能，这些功能都是由网桥软件来实现的。

网桥工作时，首先读取一个网上的传送信息，并根据它的目的地址决定是否将该信息传送到另一个网。如果传送的信息不在同一个网上，网桥采用传送方式，将一个网的帧格式转换成另一个网的帧格式，进入另一个网上。反之，则采用过滤的方式，不让信息进入另一个网中。

4．中继器

由于网络受最远距离的限制，当网络段超过最大传输距离时，需要增加一个设备来延伸该网络，这个设备称为中继器。中继器主要用于2个或2个以上的网络段的连接，如图2-10所示。

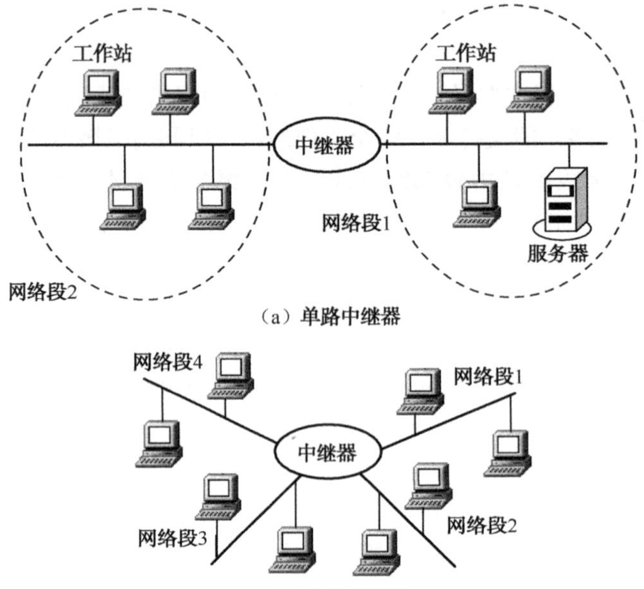

（a）单路中继器
（b）多路中继器

图 2-10　中继器连接

它的结构非常简单，没有软件，只是将物理层的信号增强，以便传输到另一个网络段，各个网络段属于同一个网络，各网络段上的工作站可共享处于某一网络段上的一个文件服务器。

5. 路由器

路由器是在网络层上实现多个网络互联的设备。如图 2-11 所示的四个不同的网络，由 3 个路由器进行互联。在这种结构中，局域网的数据链路层与物理层可以是不同的，但数据链路层以上的高层要采用相同的协议。

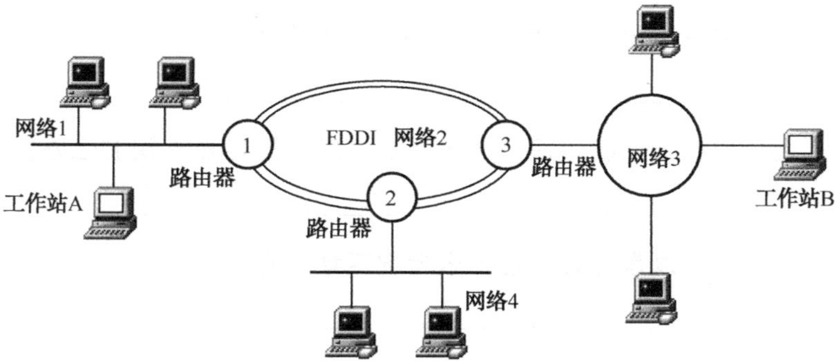

图 2-11 路由器连接

路由器的功能比网桥更强，它除了具有网桥的全部功能外，还具有路径选择功能。即当要求通信的工作站分别处于两个局域网且两个工作站之间存在多条通路时，路由器能根据当时网络上的信息拥挤程度自动选择传输效率比较高的路径。例如，假设在图 2-11 中的网络 1 工作站 A 要与网络 3 工作站 B 之间进行信息传送。从图中可知传送信息的路径有 2 条，一条路径可以通过路由器 1 和路由器 3 到网络 3 中直接传送到工作站 B；另一条路径可以通过路由器 1、路由器 2 再到路由器 3 传送到网络 3 中的工作站 B。那么，究竟走哪一条路径呢？这全靠路由器根据当时网络上信息拥挤的程度自动地选择传送效率较高的那一条路径。

6. 网关

网关又称为信关，它工作在 OSI 协议的传送层或更高层，用于连接不同体系结构的网络，或用于连接局域网与主机，如图 2-12 所示。

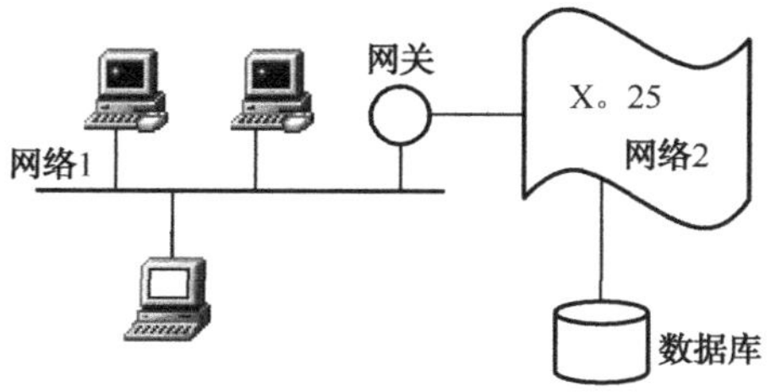

图 2-12 网关连接

网关设备比路由器复杂，当异型局域网连接时，网关除具有路由器的全部功能外，还要进行由于操作系统差异而引起的不同协议之间的转换，这些功能均由网关软件来实现。由于网关连接的是不同体系的网络结构，它只能针对某一特定的应用而言，因此，不可能有万能的网关，只有用于电子邮件的网关，有用于远程终端仿真网关等。

1. 你在 Internet 上网聊、网购、网游了吗？

____

2. 你在上网的时候，如果有4个同学同时要上网怎么办？

____

3. 集线器是什么？在什么情况下使用它？

____

2.2 Internet 发展史

2.2.1 Internet 的产生与发展

你知道吗，Internet 是美国人发明的哦！美国国防部在 1969 年组建了一个名为“阿帕网”（ARPAnet）的网络。这就是 Internet 的前身。

1. 互联网的产生与发展

1957 年，苏联发射人类第一颗人造地球卫星“APUTNIK”，作为回应，美国国防部在 1969 年组建了一个命名为“阿帕网”（ARPAnet）的网络。当时建立这个网络的目的只是为了将美国的几个军事及研究用计算机主机连接起来，各地的大型计算机采用分组交换技术，通过专门的通信交换机和专门的通信线路相互连接。这个阿帕网就是互联网最早的雏形。到了 1972 年时，阿帕网上的网点数已经达到 40 个，彼此之间可以发送小文本文件（即现在的 E-mail），同时也发现了通过把一台计算机（性能差的个人计算机）模拟成另一台远程计算机（高性能的大型计算机）的一个终端而使用远程计算机上的资源的方法，这种方法称为远程登录（Telnet）。

1985 年，美国国家科学基金会（NSF）开始建立 NSFnet。并建立了 15 个超级计算中心及国家教育科研网，用于支持科研和教育的全国性规模的计算机网络 NSFnet，并以此作为基础，实现同其他网络的连接。NSFnet 成为 Internet 上主要用于科研和教育的主干部分，代替了阿帕网的骨干地位。

1989 年，MILnet（由 ARPAnet 分离出来）实现和 NSFnet 连接后，就开始采用 Internet 这个名称。自此以后，其他部门的计算机网相继并入 Internet，ARPAnet 就此宣告解散。

1990 年商业机构开始进入 Internet，使 Internet 开始了商业化的新进程，也成为 Internet 大发展的强大推动力。

1995 年，NSFnet 停止运作，Internet 彻底商业化。随着商业网络和大量商业公司进入 Internet，网上商业应用取得高速的发展，同时也使 Internet 能为用户提供更多的服务，使 Internet 迅速普及和发展起来。

现在 Internet 已发展为多元化，不仅仅单纯为科研服务，正逐步进入人们日常生活的各个领域。近几年来，Internet 在规模和结构上都有了很大的发展，已经发展成为一个名副其实的“全球网”，如图 2-13 所示。

图 2-13　全球网示意图

网络的出现，改变了人们使用计算机的方式；而 Internet 的出现，又改变了人们使用网络的方式。Internet 使计算机用户不再被局限于分散的计算机上，同时，也使他们脱离了特定网络的约束。任何人只要进入了 Internet，就可以利用网络中和各种计算机上的丰富资源。

目前 Internet 用户已经遍及全球，有超过数亿人在使用 Internet，并且它的用户数还在以等比级数上升。Internet 已成为每个人生活、学习和工作中的一部分，就像人们每天都要吃饭一样。

2．中国互联网的发展史

早在 1987 年，北京大学钱天白教授向德国发出第一封电子邮件，这标志我国开始进入国际互联网的行列（当时中国还未加入互联网）。

1990 年 10 月，中国正式向国际互联网信息中心（InterNIC）登记注册了最高域名“CN”，从而开通了使用自己域名的 Internet 电子邮件。

1991 年 10 月，在中美高能物理年会上，美方发言人怀特·托基提出把中国纳入互联网的合作计划。

1994 年 3 月，中国终于获准加入互联网，并在同年 5 月完成全部联网工作。

1994 年 3 月起，高能物理网 IHEPnet、中科院教育与科研示范网、国家教委科研教育网、国家公共数据网及其他一些计算机网，先后完成同 Internet 的连接。

1995 年后，出现商业性的 Internet 服务提供商（ISP），Internet 逐渐普及开来，商业化程度提高。

1995 年 5 月，张树新创立第一家 Internet 服务供应商——瀛海威，中国的普通百姓开始进入 Internet。

1997 年，Internet 相关资费下调，ISP 服务优化，企业开始应用 Internet。

2000 年 4～7 月，中国三大门户网站搜狐、新浪、网易成功在美国纳斯达克挂牌上市。

2002 年第二季度，搜狐率先宣布赢利，宣布 Internet 的春天已经来临。

2006 年年底，市值最高的中国 Internet 公司腾讯的价值已经达到了 60 亿美金。到了 2015 年腾讯的价值已超过 1000 亿美金了。

Internet 作为一种新技术冲动，短短十多年的发展给中国带来了巨大变化，而与 Internet 发达国家的差距也显而易见。在信息化浪潮中，中国 Internet 如何发挥后发优势，迎头赶上，是一个需要我们不断思考的问题。Internet 的发展总是超出人们的预料，我们不去预测未来，我们只创造未来。

2.2.2 中国四大网络体系

目前中国可直接连接 Internet 的网络有 4 个，即中国科技网（CSTnet）、中国教育和科研计算机网（CERnet）、中国公用计算机互联网（CHINAnet）、中国金桥信息网（CHINAGBN）。

1. 中国科技网（CSTnet）

中国科技网 CSTnet 是一个为科研、教育和政府部门服务的网络，主要提供科技数据库、成果信息服务、超级计算机服务、域名管理服务等。其目标是将中国科学院在全国各地分院的局域网互联，同时连接中科院以外的中国科技单位。

1989 年 8 月，中国科学院承担了国家计委立项的“中关村教育与科研示范网络”（NCFC）——中国科技网（CSTnet）前身的建设。1994 年 4 月，NCFC 率先与美国 NSFnet 直接互联，实现了中国与 Internet 全功能网络连接，标志着我国最早的国际互联网络的诞生。1995 年 12 月，中国科学院百所联网工程完成；1996 年 2 月，中国科学院决定正式将以 NCFC 为基础发展起来的中国科学院院网（CASnet）命名为“中国科技网”（CSTnet）。目前接入 CSTnet 的单位有农业、林业、医学、电力、地震、气象、铁道、电子、航空航天、环境保护等近 20 个科研单位及国家科学基金委、国家专利局等科技管理部门。拥有多条通往美国、俄罗斯、韩国、日本等国际出口，并与中国香港、中国台湾等地区及与中国电信 CHINAnet、中国联通（中国网通）CHINA169、中国教育网 CERnet、国家互联网交换中心 NAP 等国内主要互联网运营商实现高速互联。中国科技网已成为中国互联网行业快速发展的一支主要力量。

2．中国教育和科研计算机网（CERnet）

中国教育和科研计算机网（CERnet，China Education and Research Network）是由国家投资建设，教育部负责管理，清华大学等高等学校承担建设和运行的全国性学术计算机互联网络，是全国最大的公益性计算机互联网络，于 1994 年启动。CERnet 是中国最权威的教育门户网站，是了解中国教育对内、对外的窗口。

CERnet 是全国第一个 IPv4 主干网。覆盖全国 31 个省市近 200 多座城市，自有光纤 20 000 多公里，独立的国际出口带宽超过 800M。目前有 10 个地区中心，38 个省节点，全国中心设在清华大学。CERnet 目前联网大学、教育机构、科研单位超过 1 300 个，用户超过 1 500 万人，是我国教育信息化的基础平台。

除提供全面的互联网服务的同时，CERnet 也支持很多国家大型教育信息化工程，包括网上高招远程录取、现代远程教育、数字图书馆、教育和科研网格项目等。及时为教育系统提供了视频会议、VOIP 电话服务等。

3．中国公用计算机互联网（CHINAnet）

中国公用计算机互联网（CHINAnet）是由国务院信息领导小组确定的、邮电部门组建的因特网（Internet）中国联网系统。它以高速、宽敞的网络环境、充足的中继线路、便利的接入方式、标准的中文环境及强大的技术支持独树一帜。

1994 年由前邮电部（现为信息产业部）投资建设的公用互联网，现由中国电信经营管理，是中国最大的 Internet 服务提供商，于 1995 年 5 月正式向社会开放。它是中国第一个商业化的计算机互联网，旨在为中国的广大用户提供 Internet 的各类服务，推进信息产业的发展。

CHINAnet 是一个分层体系结构，由核心层、区域层、接入层三个层次组成，以北京网管中心为核心，按全国自然地理区域分为北京、上海、华北、东北、西北、西南、华南、中南 8 个大区，构成 8 个核心层节点，围绕 8 个核心节点形成 8 个区域，共 31 个节点，覆盖全国各省、市、自治区，形成我国 Internet 的骨干网；以各省会城市为核心，边接各省主要城市形成地区网，各地区网有各自的网管中心，分别管理由地区接入的用户。各地区用户由地区网接入，穿过骨干网通达 CHINAnet 全国网。

4．中国金桥信息网（CHINAGBN）

中国金桥信息网（CHINAGBN，China Goldcn Bridge Network）也称作国家公用经济信息通信网。它是中国国民经济信息化的基础设施，是建立金桥工程的业务网，支持金关、金税、金卡等“金”字头工程的应用。金桥工程是为国家宏观经济调控和决策服务，同时也为经济和社会信息资源共享和建设电子信息市场创造条件。目前该网络已初步形成了全国骨干网、省网、城域网 3 层网络结构，其中骨干网和城域网已初具规模，覆盖城市超过 100 个，如图 2-14 所示。

1993 年年底国家有关部门决定兴建“金桥”、“金卡”、“金关”工程，简称“三金”工程。其中：

（1）“金桥”工程，是以卫星综合数字网为基础，以光纤、微波、无线移动等方式，形成空地一体的网络结构，是一个连接国务院、各部委专用网，与各省市、大中型企业以及国家重点工程联结的国家公用经济信息通信网，可传输数据、话音、图像等，以电子邮件、电子数据交换（EDI）为信息交换平台，为各类信息的流通提供物理通道。目前，金桥工程已在北京、天津、沈阳、大连、长春、哈尔滨、上海等全国 24 个中心城市利用卫星通信建立了一个以 VSAT 技术为主体，以光纤为辅的卫星综合信息网络。

图 2-14　中国金桥信息网

（2）“金卡”工程，是电子货币工程。它的目标是用 10 年多的时间，在 3 亿城市人口推广普及金融交易卡、信用卡。

（3）“金关”工程，是用 EDI 实现国际贸易信息化，进一步与国际贸易接轨。

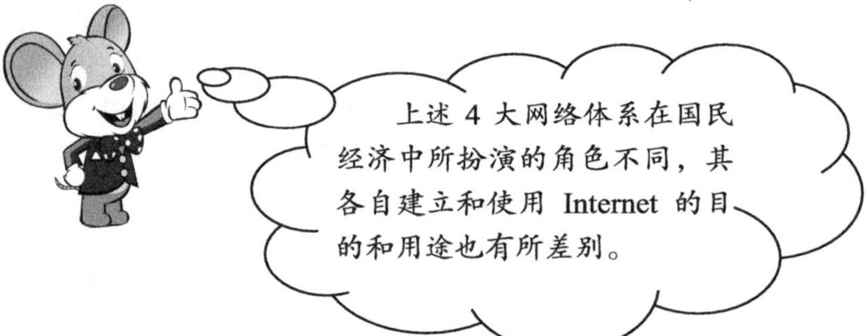

2.2.3　中国大型科普网站

今天，上网已不是什么新鲜事，网上浏览、网上购物、网上学校、网上游戏、网上聊天……已经使网络越来越成为人们的“新宠”，甚至网络化生存成为人们新的生活方式的日子也并不遥远。在这样的需求和技术背景下，利用网络来进行科普，就成了一种必然。中国的科普网站从 1999 年兴起到今天已有 100 多个，约占整个中文网站的 0.04%，其中，专业性的科普网站也有数十个。目前国内有规模的社会公益科普网站有：中国科学院主办的中国科普博览、科学技术部主办的中国科普、中国科学技术协会主办的中国公众科技网等。这种由国家主办的公益性科普网站在中国的科普网站中占主导地位。其特点是具有一定的权威性、政策性，并且知识内容较为丰富、系统，运行管理规范。

除了社会公益性网络外，还有一些民营商业性科普网站和商业性网站开办的“科学频道”，例如，科普空间、潮流科技、网易科学频道、中华网科技频道等。这类网站的特点是实用性强，设计新颖、生动，较多受商业利益影响。

另一股不可小视的力量来自完全由个人或几个人创办的科普网站或网页。例如，由一群教师志愿者制作维护的大眼睛科普教育网、科普作家陶世龙的“五柳村中华文化及科普”、外研社陈宇先生的“中华蝶网”等。这类网站的特点是以某一方向或领域的科普知识为主，主办者是这一领域的专家或爱好者，由于经费、精力等原因不能保证内容的及时更新，随意性较强。

中国大型综合科普网站主要由中国科学院、中国各省市科学技术协会与互联网相关的科研教育单位及大众媒体等主办，如表 2-1 所示。

表 2-1　中国大型综合科普网站一览表

网站名称	网　址	主办单位/省份
中国科普	http://www.cpus.gov.cn	科学技术部政策法规与体制改革司
中国科普博览	http://www.kepu.net.cn	中科院
中国科普网	www.sinotech.org.cn	上海市
中国公众科技网	http://www.cpst.net.cn/	中国科学技术协会
中国公众科普网	http://www.kpcn.org/	浙江温州平阳科学技术协会
中国科普研究	http://www.crsp.org.cn/	中国科普研究所
科学教育网	http://www.sedu.org.cn/	中国科协青少年工作部和中国科协信息中心
中国反邪教网	http://xh.cnfxj.org/	中国反邪教协会
中山科学馆	http://www.zskxg.com	广东省科协
科技之光	http://www.whbc.com.cn	武汉电视台
三思科学网	http://www.oursci.org	湖北武汉
科普信息网	http://www.yunast.cn/	云南科协
大众科技网	http://www.zast.org.cn/	浙江科协
大科普网	http://www.ikepu.com/	北京

1. 中国科普博览简介

中国科普博览是一个综合性的以宣传科学知识，提高全民科学文化素质为目的的大型科普网站。它利用中国科学院科学数据库为基本信息资源，以中国科学院分布在全国各地的一百多个专业研究所为依托，扩散到全国一些著名的科研机构、科普机构，系统采集全国各具特色的科普信息，内容包括天、地、生、数、理、化等各个学科。将每一类科普信息重新编写脚本并组织整理成虚拟科普博物馆与科普专题，以生动形象、图文并茂的方式通过互联网对外发布，融知识性和趣味性为一体，使之成为青少年课外学习的好去处，同时也为成年人继续学习提供了良好的素材。如图 2-15 所示的是该网站的主页。

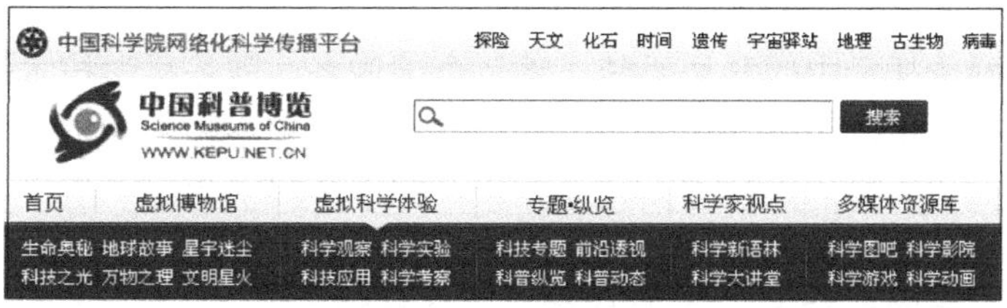

图 2-15　中国科普博览主页

2．中国科普网简介

“中国科普”是由国家科学技术部政策法规与体制改革司主办的，以青少年为受众重点，面向全社会公众进行科学普及，发布科技信息的综合类科普网站。“中国科普”以提高全民科学素质为宗旨，充分利用现代网络技术，追求内容新颖通俗，形式活泼生动，让公众于休闲中理解科学，以学生于快乐中接受教育。“中国科普”将努力做到，足不出户即可上天入海，通识万物。主页具有政策法规、科技新闻、科学生活、科学漫谈、科普论坛、校园科普等七个栏目。

中国科普博览是中国优秀科普网站。

3．科学教育网简介

科学教育网是由中国科学技术协会办公厅主办，由中国科协信息中心技术支持的。该主页有超越发现、美国科学教育从书选、国外科普文章、LASER 行动计划、理论研究、做中学、探究学习等栏目。

其中“超越发现”栏目是研究造福人类的科学探索之路，是美国科学院制定的一个长期项目，由一系列研究报告组成。这些文章告诉我们，引导科技与医学进步的根源在于基础学科的研究，而从事基础学科研究的科学家们并没有意识到，他们的研究成果在实际应用中具有远远超越其发现本身的价值。

这些文章由专业科普作家和著名科学家共同撰写完成。该网站为了能使大家更好地理解这些文章，建立了大量的相关详细内容的链接。如图 2-16 所示的是科学教育网主页。

图 2-16　科学教育网主页

4．中国公众科技网简介

中国公众科技网由中国科学技术协会主办，于 1999 年 6 月 30 日正式开通，是中国内地第一家开通的综合性专业科普网站。

中国公众科技网依托于中国科协系统，遍及全国城乡，覆盖科学技术各学科领域的基层组织和专业科普工作队伍，由中国科协系统共同建设，面向中国不同地域、不同生活状况、不同年龄段、不同知识水平的人群普及科学知识。在中国科协“十一五”事业发展规划中，中国公众科技网被列为重点建设项目，其建设目标是创建中国科协系统面向社会和公众的专业化科普门户网站。如图 2-17 所示的是中国公众科技网主页。

图 2-17　中国公众科技网主页

2.3　Internet 服务与 IP 地址

2.3.1　Internet 主要服务

Internet 的服务可以分为基本服务和扩充服务两种，其中基本服务是指 TCP/IP 协议所包括的基本功能，主要有电子邮件（E-mail）、文件传输（FTP）、远程登录（Telnet）。扩充服务是指在 TCP/IP 协议基本功能的支持下，由某些应用软件或用户提供的服务，主要有研讨服务（如电子公告服务 BBS、新闻组 Newsgroup、电子杂志等）、名录服务（如 Whoes、Netfind 和 X.500 服务等）、信息查询服务（如 Archie、WAIS、Gopher、WWW 等）。

1．电子邮件（E-mail）

电子邮件是采用简单邮件传输协议 SMTP（Simple Mail Transfer Protocol），利用网络交换文字信息的交互服务。

电子邮件的发送过程是：收、发双方之间建立一条 TCP 连接后，发信方先发出一个 MAIL 命令，其中指明发信者，以便收信方在需要时向其报告出错信息，再发一个 RCPT 命令来指出邮件的接收者。如果得知收信方能够接收邮件，发信方便可发 DATA 命令，后跟一串由 ASCII 字符行组成的信件，并由一个仅包含一个句号的行来表明结束。

电子邮件除了可以交换信件外，还可以用来查询信息。Internet 上的一些信息咨询服务中心为了让用户也能查到他们提供的信息，编制了邮件服务器软件，当用户想向这些信息中心查询资料时，只要向其指定的电子邮箱发送一封含有一系信息查询命令的电子邮件，邮件服务器软件会自动读取、分析收到的电子邮件中的命令，并将其检索结果以电子邮件的形式发回到用户的电子信箱中。

2．文件传输（FTP）

文件传输 FTP（File Transfer Protocol）是网际间的文件传输协议，它使 Internet 上的两台主机互相传送文件，它几乎可以传送任何种类的文件，如文本文件、二进制文件、超文本文件、图像文件（图像文件的格式最好使用 GIF 和 JPG）、声音文件、数据压缩文件等。

在传送信息时，用户需要登录网站名称、对方主机 IP 地址、用户名称、密码、登录类型、传输类型、初始远程目录、远端目录过滤目录、初始本地目录、本地目录过滤目录等内容。传送信息时可以通过 FTP 软件直接传送信息。

3．远程登录（Telnet）

远程登录 Telnet 是远程终端登录协议，它可以使自己的计算机成为 Internet 的远程计算机终端。用户可以在自己的主机上运行 Telnet 程序，就可以连接或登录到 Internet 上的某台远程主机上，一旦连接上，本地主机即可成为该远程主机上的一个分支终端，此时，本地主机可以调用远程主机上所提供的一切服务。在用户输入各种请求命令后，远程主机将会响应并提供服务，并将结果送回到用户终端屏幕上进行显示，也可以通过磁盘将其结果储存起来。

4．信息服务查询（WWW）

信息服务查询 WWW（World Wide Web）称为万维网、全球信息网、世界网等。这是一种将 Internet 上现有资源全部连接起来的，采用图形界面的，融网络技术、超文本技术和多媒体技术为一体的信息服务系统。

用户需要查询信息时，只要提出查询要求，至于到什么地方去查询及如何实现查询等，均由 WWW 自动完成。WWW 软件以 FTP 的方式将文件调到用户机上，其文档采用超文本标注语言 HTML，除了可以浏览文本信息外，还可以显示与文本内容相配合的图像、影视和声音等信息，是目前 Internet 上最受欢迎的和最先进的服务之一。

2.3.2 IP 地址概念

我们知道在家里用一台普通的家用计算机，只要能上宽带网就可以在家中浏览全世界所有的网页，这是怎么一回事呢？

要了解 Internet 是怎么工作的，首先要知道 Internet 中是怎样存放计算机的，每一个在 Internet 中的计算机地址是怎样规定的。

假设某旅馆是一个四层楼房，共有客房 16 间，在某一时刻房间内入住旅客的人数如图 2-18 所示。

从图中可知，101 号房间住的是 1 名男性、102 和 103 号房间住的是 2 名男性、104 号房间住的是 1 名女性……我们将房间号称为地址，住在房间号（地址）内的人数称为数据，其属性有男性或女性、有 1 名也有 2 名甚至 3 名。

也就是说，地址（房间号）是一个确定不变的量，而地址内储存的数据（旅客）是一个不确定可变的量，但是，一旦注册登记后，地址内住的旅客也就确定了。

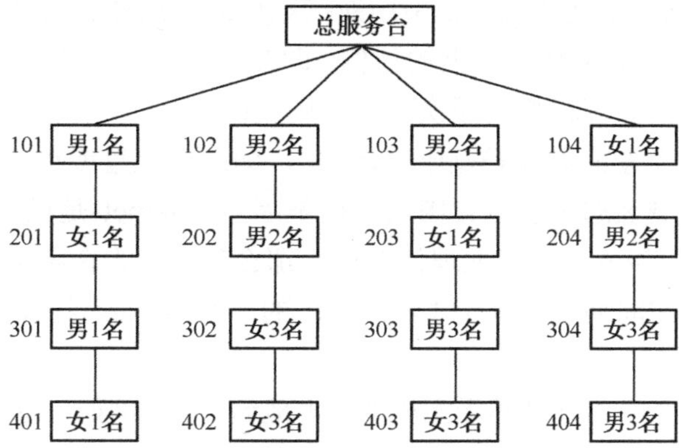

图 2-18 某旅馆某一时刻旅客入住情况

我们可以将 Internet 中的计算机看成是住在一个具有 20 亿个房间的旅馆里（当然，这个旅馆是分布在世界各个国家），旅馆中的每一个房间存放着一台计算机，每一个房间中的计算机可以是任何品牌、任何型号、任何配置，就像旅馆中每一个房间中住的旅客可以是男性、可以是女性、也可以是夫妻一样。

那么，在 Internet 中的计算机地址是如何分配的呢？我们知道，Internet 中具有 20 亿位用户，每一位用户的地址都必须是唯一的，这就需要有 20 亿个不同的地址，同时计算机只认识二进制所表示的数据，所以每一位用户分配到的一个世界上唯一的 32 位用二进制数表示的 Internet 地址（Internet Protocol Address，简称 IP Address），这一地址可用于与该计算机有关的全部通信，这个 IP 地址的格式是：使用二进制数来表示，其长度为 32 位，

以 XXXXXXXX.XXXXXXXX.XXXXXXXX.XXXXXXXX 格式表示，即将其分为 4 个 8 位二进制数，例如，10000111.01101111.00000101.00011011 是某一个连接在 Internet 上计算机节点的 IP 地址，这种的 IP 地址称为二进制格式源 IP 地址。

为了使用户和网管人员便于使用、掌握和记忆，我们将二进制格式转换为十进制格式，将每 8 位二进制数用一个十进制数表示，其值为 0～255，并以小数点分隔。例如，将上例的二进制格式的 IP 地址表示为十进制格式：135.111.5.27。即使是这样，想要记住各个网站的 IP 地址也是很困难的事情。于是我们就想到了域名，域名是与 IP 地址建立关系的一种途径。

2.3.3 域名定义及管理

1. Internet 的域名定义

域名是为了方便用户访问 Internet 而设置的一套转换系统。同一个域名只能被注册一次，因此，Internet 上的域名是稀缺资源；一个完美的域名由几个层次所组成，不同层次之间用小圆点隔开。例如，某主机的 IP 地址为 202.96.96.68，就意味着它的 32 位 Internet 地址是 11001010.01100000.01100000.01000100。这样一种数据要人们记住是一件非常困难的事情，对人们来说，比较容易记住的是较有规律的反映某种特征的名字，例如，pub.zjpta.net.cn 就

代表了 202.96.96.68，它的中文意思是说中国浙江电信局公众开放的主机域名。

Internet 的域名命名方式采用层次型的结构，即在主机命名中加入了层次型的结构，名字的层次对应于名字空间的管理机构的层次，其规则是：

（1）最高一级的名字空间划分是基于“国名”，即地理位置或组织的，例如，cn 表示中国。要注意的是美国的域名通常不包含国名，这是因为 Internet 是以美国为发源地的缘故，在 Internet 中约定，如果该域名没有地理位置域，那么就默认为在美国。

（2）第二级的名字空间划分是基于“组织名”的，例如，net 表示网络组织，com 表示商业组织等。

（3）第三级的名字空间划分是基于主机的“本地名”的，例如，zjpta 表示浙江省电信局。

（4）第四级的名字空间划分是基于“主机名”的，例如，pub 表示其中的一台计算机名。

如图 2-19 所示的是三个域名的例子，它们分别是：

① pub.zjpta.net.cn

② netlab.cs.nankai.edu.cn

③ ftp.microsoft.com

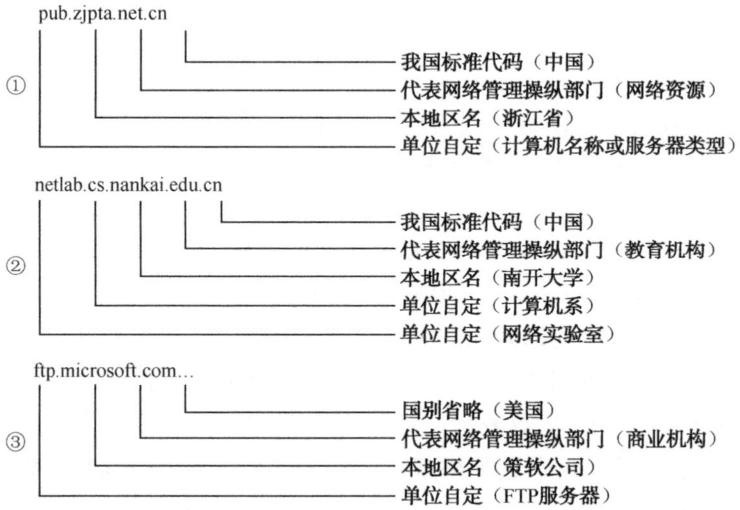

图 2-19 Internet 上主机域名组成

其中，第二个例子中的第四部分有两部分组成，一般对于较多主机的单位，命名时可以进一步地细分，例如，该例子中将第四部分的内容分成 netlab 和 cs，其中 netlab 表示南开大学的网络实验室，而 cs 则表示南开大学的计算机系。

常见的组织域名如表 2-2 所示，常见的地理域名如表 2-3 所示。

表 2-2 常见组织域名表

域 名	含 义	域 名	含 义
.int	国际组织	.com	商业组织
.edu	教育组织	.gov	政府组织

续表

域　名	含　义	域　名	含　义
.mil	军事组织	.org	非赢利法人商业组织
.net	网络资源组织	.firm	商业公司组织
.arts	文化和娱乐实体组织	.info	提供信息服务的实体组织
.store	商业销售企业组织	.web	与 WWW 相关的实体组织
.nom	个体或个人		

表 2-3　常见地理域名表

域　名	含　义	域　名	含　义
.au	澳大利亚	.al	阿尔巴尼亚
.ar	阿根廷	.at	奥地利
.be	比利时	.bg	保加利亚
.br	巴西	.ca	加拿大
.ch	瑞士	.cn	中国
.de	德国	.dk	丹麦
.eg	埃及	.es	西班牙
fi	芬兰	.fr	法国
gr	希腊	gl	格陵兰
gb	英国	hk	中国香港
.il	以色列	is	冰岛
in	印度	.it	意大利
.jp	日本	ie	爱尔兰
.mx	墨西哥	.nz	新西兰
.pl	波兰	.ru	俄罗斯
.tw	中国台湾	.tr	土耳其
.us	美国	.uk	英国
vn	越南	.vd	梵蒂冈

2. Internet 域名管理

域名方案应包括一个高效、可靠、通用的分布系统，实现名字对地址的映射。系统是分布的，由分布在多个网点的一组服务器协同操作，解决映射问题。系统是高效的，大多数名字映射在本地操作，只有少数名字映射需要在 Internet 上通信。系统是通用的，因为，它不限制于仅使用机器名。系统是可靠的，单台计算机故障不会影响系统的正确运行。

域名系统是用一个分布式主机信息数据库，它管理着整个 Internet 的主机名与 IP 地址。域名系统采用分层管理，因此，这个分布式主机信息数据库也是分层结构的，其结构像一个倒立的树。树中的每一个节点代表整个数据库的一个部分，即域名系统中的一个域。域可以进一步划分为子域，子域相当于树中一个分叉，即一个子节点。每个域都有一个域名，域名定义了它在数据库中的位置。一台 Internet 上的主机名全称是从一个叶节点延树向上，直到根部的所有域名组成的域名序列。域名之间用“.”分隔开。

如图 2-20 所示的是一个树结构的域名服务器的概念布局。树的根是识别顶层域的服务器，并知道解析每个域的服务器。给定要解析的名字后，根可为该名字选择一个正确的服务器，并逐级往下搜索，最后将结果返回。

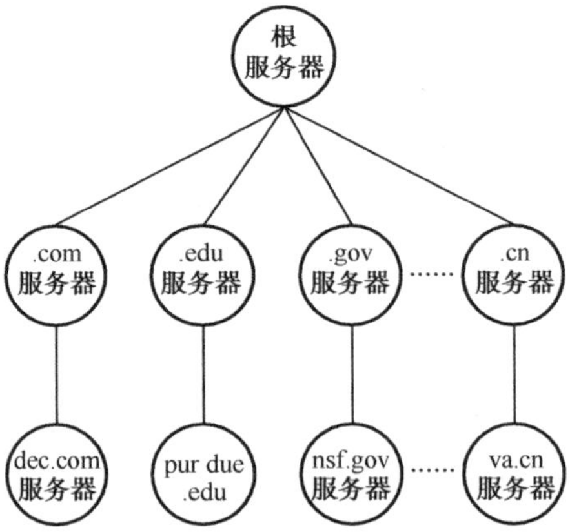

图 2-20 Internet 的域名层次

概念树中的链接并不表示物理网的连接，而是解析域名的一种逻辑连接。服务器树是用于 Internet 通信的一种抽象结构。从概念上讲，域名转换自上而下进行，从根服务器开始，逐级处理，直到树叶上的服务器。客户机必须知道如何与名字服务器联系，而域名服务器必须知道根服务器地址。域名服务器使用众所周知的协议端口通信，以便客户机方便地与域名服务器通信。

能力训练题 2　如何从网上寻找资料训练

一、能力训练前的准备

1．查看本地计算机是否已与 Internet 连接成功。

2．查看本地计算机的浏览器是否是最新版本的，建议最好是 IE 6.0 或以上的浏览器。

3．建立自己的子目录以备后用，以后可以将 Internet 上搜索到的资料下载到该子目录中去。建议最好将自己的子目录创建在除 C 盘以外的硬盘中，然后，待用完后再将其相应的资料内容复制到自己的网络硬盘中或 U 盘中。

4．准备 U 盘或网络硬盘。

二、能力训练目的要求

通过本次训练，使学生了解 Internet 环境和必要的技术操作技能，从中寻找有用的信息并下载到自己的文件夹内，以备后用。学会如何从 Internet 上搜索对自己有用的信息。

三、能力训练内容

【操作一】

从搜狐网站寻找信息

1．进入 Internet，直接在 IE 浏览器中的 URL 地址上输入“http://www.sohu.com”后，将出现该网站主页内容。

2．按部门分类的方式查找电子商务网站的站点，直接从网站主页中用鼠标器单击来完成所需的信息。

3．按搜索引擎的方式查找电子商务网站的站点，直接从搜索表单中输入关键字让系统自动完成搜索。

4．从各网站上获取信息（包括图片、文字、表格、表单、动画、脚本文件等），并下载到本地硬盘自己创建的文件夹中。

【操作二】

直接从著名网站“阿里巴巴”中寻找信息

1．进入 Internet，直接在 IE 浏览器中的 URL 地址上输入“http://china.alibaba.com”或“www.1688.com”后，出现该网站主页内容。

2．观看该主页的整体布局、框架等情况。

3．观看该主页的颜色搭配情况。

4．观看电子商务网站的具体内容，结构及链接方法。

5．实际感受一下电子购物的整体过程。单击某一个你认为所需的电子商品并对该物进行网上交易。

6．寻找有用的信息（包括图片、文字、表格、表单、动画、脚本文件等），并将它下载到本地硬盘自己创建的文件夹中。

【操作三】

提供国内外较有名的电子商务网站

1．国内较有影响的电子商务网站

（1）阿里巴巴网站　http://china.alibaba.com 或 http://www.1688.com

（2）珠穆朗玛电子商务网站　http://www.8848.net

（3）雅宝网站　http://www.yabuy.com

（4）易趣网站　http://www.eachnet.com

（5）酷！必得网站　http://www.coolbid.com.cn

2．国外较有影响的电子商务网站

（1）MSN 电子商务网站　http://carpoint.msn.com

（2）SFNB 电子商务网站　http://www.sfnb.com

（3）Turtle Trader 电子商务网站　http://www.turtletrader.com
（4）Expedia 电子商务网站　http://home.microsoft.com
（5）Hotmail 电子商务网站　http://www.hotmail.com

3. 其他电子商务网站地址

（1）易标　http://www.ebiao.com
（2）网路购物中心　http://www.imall.com.cn
（3）所有网　http://www.soyou.com
（4）大中华拍卖网　http://www.ibid.com.cn
（5）首都电子商城　http://www.beijing.com.cn
（6）广联一中国分类信息网　http://www.adlink.com.cn
（7）cshop　http://www.cshop.com.cn
（8）当当网上书店　http://www.dangdang.com
（9）北京搜搜跳蚤市场　http://www.soso.com.cn
（10）金桥商务网　http://sw.jqinfo.com
（11）中国电子商务网　http://shop.chinaeb.com.cn
（12）上海拍拍网　http://www.auctiondown.com
（13）百特商厦　http://www.byteplaza.com
（14）焦点拉拉手网站　http://www.lalasho.com
（15）中国拍卖　http://www.youthexpress.com
（16）85818 网上购物中心　http://www.85818.com.cn
（17）北京电子商务网　http://www.bjec.com.cn
（18）首都在线跳蚤市场　http://www.263.net
（19）东北热线拍卖广场　http://www.dlchina.com
（20）中国二手网　http://best.163.com/~2shou
（21）childshope　http://www.childshope.org/ch/
（22）ebstore　http://www.ebstore.com/
（23）ebauer　http://www.ebauer.com/
（24）worldport　http://www.worldport.com/gvstore
（25）merchant　http://merchant.reba.com/reba/
（26）shopping　http://www.shopping.com/
（27）swspectrum　http://www.swspectrum.com/
（28）fab4store　http://www.fab4store.com/
（29）1800flower　http://www.1800flowers.com/
（30）foxstore　http://www.foxstore.com/

四、能力训练报告

能力训练报告的格式如下。

1. 训练过程

目的要求：
训练内容：
训练步骤：
从搜狐网站寻找信息
直接从著名网站“阿里巴巴”中寻找信息

2. 训练结果

训练结果分析：
可以使用表格方式，也可以使用文字方式。

3. 总结

通过能力训练，总结自己的掌握程度，分析出错原因，提出改进措施。

习题 2

一、填空题

1. 互联网中的“线”有的是看得见的________________、________________、包括________________、________________，也有的是看不见的________________。我们把这些“线”称为________________，在这条公路上飞奔的是________________、图像、________________、________________，它们能够在________________内跨过万水千山，传到世界各地的计算机上。

2. 一个网络协议主要是由语法、语义、时序三要素组成，其中：
语法是____；
语义是____；
时序是____。

3. 集线器（HUB）又称为________________，集线器是连接网络上________________的一种装置。网桥的作用是________________两个________________的网络。

4. 由于网络受________________的限制，当网络段超过________________时，需要增加一个________________来延伸该网络，这个设备称为________________。主要用于________________以上的________________的连接。

5. 路由器是由在________________上实现________________互联的设备。路由器的功能比________________更强，它除了________________的全部功能外，还应具有__________功能。

6．目前中国可直接连接 Internet 的网络有 4 个，即__________网络、__________网络、__________网络、中国金桥信息网（CHINAGBN）等。

7．Internet 主要的服务有__________服务、__________服务、__________服务、__________服务等。

8．IP 地址是：__________分配到的一个世界上__________用二进制数表示的 Internet 地址，即将其分为__________二进制数。

9．域名是为了__________访问 Internet 而设置的__________系统。同一个域名只能__________，因此，Internet 上的域名是稀缺资源；一个完美的域名由__________所组成，不同层次之间用__________隔开。

10．域名方案应包括一个__________、__________通用的分布系统，实现__________对__________的映射。系统是__________，由分布在多个网点的__________协同操作，解决__________问题。

二、判断题

1．互联网就是一张大网，在这张大网里都是些看不见摸不着的网线。（　　）

2．Internet 中的协议是 TCP/IP，协议其实就是一种规章制度。（　　）

3．集线器是连接两个不同类型的网络。（　　）

4．中继器是用来放大网络信号的作用。（　　）

5．路由器是由在网络层上实现多个网络互联的设备。（　　）

6．Internet 最早的发明者是英国人。（　　）

7．中国科普博览是中国优秀科普网站。（　　）

8．IP 地址是由 11 位十进制数表示的唯一地址。（　　）

9．域名是为了方便用户访问 Internet 而设置的一套转换系统。（　　）

10．域名方案应包括一个高效、可靠、通用的分布系统，实现名字对地址的映射。（　　）

三、简答题

1．请写出什么是 Internet？

2．请写出网络协议的三要素内容？

3．请写出集线器的功能和特点？

4．请写出网桥的作用？

5．请写出路由器的作用？

6．请写出网关的作用？

7．请写出中国四大网络体系的名称？

8．请写出 Internet 主要服务的内容？

9．请写出 IP 地址的概念？

10．请写出 Internet 域名定义？

阅读材料 2——互联网、大数据、云计算、微生活是什么意思

（http://zhidao.baidu.com/question/1704706959760271540.html）

1．概述

首先，我认为大数据就是互联网发展到现今阶段的一种表象或特征而已，没有必要神话它或对它保持敬畏之心，在以云计算为代表的技术创新大幕的衬托下，这些原本很难收集和使用的数据开始容易被利用起来了，通过各行各业的不断创新，大数据会逐步为人类创造更多的价值。

其次，想要系统地认知大数据，必须要全面而细致地分解它，我着手从三个层面来展开：

（1）第一层面是理论，理论是认知的必经途径，也是被广泛认同和传播的基线。我会从大数据的特征定义理解行业对大数据的整体描绘和定性；从对大数据价值的探讨来深入解析大数据的珍贵所在；从对大数据的现在和未来去洞悉大数据的发展趋势；从大数据隐私这个特别而重要的视角审视人和数据之间的长久博弈。

（2）第二层面是技术，技术是大数据价值体现的手段和前进的基石。我将分别从云计算、分布式处理技术、存储技术和感知技术的发展来说明大数据从采集、处理、存储到形成结果的整个过程。

（3）第三层面是实践，实践是大数据的最终价值体现。我将分别从互联网的大数据、政府的大数据、企业的大数据和个人的大数据四个方面来描绘大数据已经展现的美好景象及即将实现的蓝图。

2．特征

最早提出大数据时代到来的是麦肯锡：“数据，已经渗透到当今每一个行业和业务职能领域，成为重要的生产因素。人们对于海量数据的挖掘和运用，预示着新一波生产率增长和消费者盈余浪潮的到来。”

业界（IBM 最早定义）将大数据的特征归纳为 4 个“V”，即量（Volume）、多样（Variety）、价值（Value）和速率（Velocity），或者说其特点有四个层面：第一，数据体量巨大。大数据的起始计量单位至少是 P（1000 个 T）、E（100 万个 T）或 Z（10 亿个 T）；第二，数据类型繁多。比如，网络日志、视频、图片、地理位置信息等；第三，价值密度低，商业价值高；第四，处理速度快。最后这一点也是和传统的数据挖掘技术有着本质的不同。

3．大数据

三分技术，七分数据，得数据者得天下。维克托·迈尔-舍恩伯格在《大数据时代》一书中举了百般例证，都是为了说明一个道理，即在大数据时代已经到来的时候要用大数据思维去发掘大数据的潜在价值。书中，

作者提及最多的是 Google 如何利用人们的搜索记录挖掘数据二次利用的价值。比如，预测某地流感爆发的趋势；Amazon 如何利用用户的购买和浏览历史数据进行有针对性的书籍购买推荐，以此有效提升销售量；Farecast 如何利用过去十年所有的航线机票价格打折数据，来预测用户购买机票的时机是否合适。

那么，什么是大数据思维？维克托·迈尔-舍恩伯格认为：

（1）需要全部数据样本而不是抽样；

（2）关注效率而不是精确度；

（3）关注相关性而不是因果关系。

阿里巴巴的王坚对于大数据也有一些独特的见解：

（1）今天的数据不是大，真正有意思的是数据变得在线了，这个恰恰是互联网的特点；

（2）非互联网时期的产品，功能一定是它的价值，今天互联网的产品，数据一定是它的价值；

（3）你千万不要想着拿数据去改进一个业务，这不是大数据。你一定是去做了一件以前做不了的事情。

特别是最后一点，我是非常认同的，大数据的真正价值在于创造，在于填补无数个还未实现过的空白。

有人把数据比喻为蕴藏能量的煤矿。煤炭按照性质有焦煤、无烟煤、肥煤、贫煤等分类，而露天煤矿、深山煤矿的挖掘成本又不一样。与此类似，大数据并不在“大”，而在于“有用”。价值含量、挖掘成本比数量更为重要。

第3章

WWW浏览器与信息搜索

知识要点

- WWW的相关概念
- Web技术结构
- 全球资源定位器的概念
- 主页基本概念

能力要点

- 掌握WWW浏览器的操作
- 学会在网上搜索信息

引例 3——现实生活中的电子商务

案例 1

王小姐是一家网络公司职员，现在已经是有八个月身孕的准妈妈。由于出行不是很方便，但是又要购置一些孕妇与婴儿出生后的物品。于是来到了淘宝网的母婴频道看看，最后在维平网购置了千余元用品。

分析：

如今，网上购物已经成为潮流。据有关资料表明，截至 2015 年 9 月底，我国网民规模达 6 亿多人，而网络购物用户规模超 3 亿人。有分析认为，到 2018 年，中国人网购消费在总消费中的占比将达到 20%。随着网上交易的安全保障、管理制度等越来越完善，网上购物将会有更大的发展，图 3-1 是网购示意图。

图 3-1　网购示意图

案例 2

李老师是某大学的教授，学院每月将他的工资直接存入他的建行账户。李老师只要登录建行的网站，在计算机上操作便可得知本月的工资数额。李老师还经常通过网络银行给他在国外留学的女儿汇款，免去了在银行柜台等待的麻烦。并且也经常通过网上银行实现账务查询、代缴费等多项业务。

分析：

目前，国内各大银行都开通了网上银行业务，办理信息咨询、银证转账、个人理财等多种业务。特别是办理数额较大的资金存取与转账业务，既方便、快捷，又安全。

案例 3

假期将至，李老师一家三口准备出境旅游，他希望了解一些境外的风土人情、旅游路线和旅行社的情况。为此，他访问了国内著名的旅游网站——携程旅行网（http://www.ctrip.com/），进行了详细的查询，认真的研究，最后确定了旅游线路，并且办理了预定手续。一家三口开始了快乐的旅行。

分析：

全球旅游电子商务已经连续 5 年以 350%以上的速度增长。在欧美等发达国家，旅游电子商务已经成为整个电子商务领域发展最快、最突出的部分。2016 年中国商务旅行支出将超美国，达到 3220 亿美元，旅游服务约 50%的业务都将在网络上进行。

3.1　WWW 基本概念

3.1.1　什么是 WWW

要在网上进行“网购”、“网聊”需要一种工具，这个工具就是 WWW 浏览器。

1. WWW 是什么

全球信息网服务系统 WWW（World Wide Web）称为万维网、全球信息网、世界网等。这是一种将 Internet 上现有资源全部连接起来的，采用图形界面的，融网络技术、超文本技术和多媒体技术为一体的信息服务系统。世界上成千上万的科研部门、大专院校、公司厂商、各种组织机构，甚至个人通过交互式多媒体的动态通信方式，向它提供各种信息，同时，用 Internet 进行各种信息的交互式传递、查询、管理等。

因此，WWW 的真正定义应该是：“为访问巨量文档资料所建立的一种通向广域超媒体信息检索的原始规约”，这种规约给 Internet 上的所有用户提供了一种通用而简单的手段去访问各种媒体和网络资源，也就是说，通过单一的操作界面便可以与目前大多数的网络系统兼容，并立即享用 Internet 上的全球信息服务。

WWW 是以超文本标注语言 HTML（Hyper Text Markup Language）与超文本传输协议 HTTP（Hyper Txte Transfer Protocol）为基础，能够提供面向 Internet 服务的、一致的用户界面的信息浏览系统。其中 WWW 服务器采用超文本链路来链接信息页，这些信息页既可放置在同一主机上，也可以放置在不同地理位置的主机上，文本链路由统一资源定位器（URL）维持，WWW 端软件（即 WWW 浏览器）负责信息显示与向服务器发送请求。

2. Web 的功能

理论上，Internet 范围的超文本文件系统的设计思想是要提供信息检索的最完美的途径及一个简单而方便的可用来发现和利用存在的各种类型数据的方法。然而，Web 的有用之处实际在于阅读超文本文件文章和访问 Internet 资源。

首先，超文本文件比普通文件更有价值之处是它具有关联，当你用 Web 读文章时，你会发现可以节约很多时间。你不仅能在需要时转到相关的专题去，也能通过忽略那些看起来乏味的关联跳过许多冗长的细节。Web 的第二个重要作用是访问 Internet 资源。

3．使用 Web

像许多 Internet 资源一样，Web 采用的是客户机/服务器系统。你用一个叫做浏览器的客户机程序作为进入 Web 的窗口。从 Web 的观点来看，宇宙的所有事情都是由文件和关联组成。因此，浏览器的工作就是读取文件及带着你跟选择的关联走。

也就是说，你只要具有三种基本技能就能使用 Web。

（1）能够控制文件显示；

（2）知道怎样告诉浏览器跟着关联走；

（3）必须指定你想用什么来检索一项索引。

要正确使用这些方法依赖于你使用什么样的浏览器。例如，你的浏览器使用带有鼠标的图形用户接口，那么关联项就被加亮，而你只需在一项关联上敲击回车键或按鼠标就能选中它。而对于一个字符型的浏览器，每一个关联都被分配了一个数字；要想选择一个关联，只需录入与它对应的数字就可以了。总之，不管你用什么类型的浏览器，都能很容易而且很直观地使用 Web。

3.1.2 Web 技术结构

1．Web 技术结构

Web 的技术结构如图 3-2 所示。

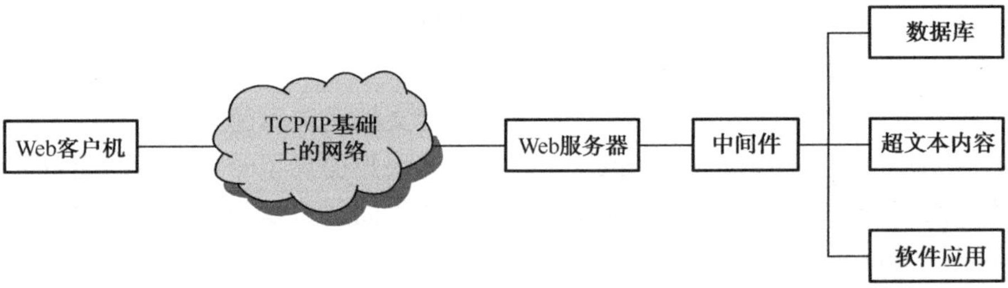

图 3-2 Web 的技术结构

从图 3-2 中可知：

（1）Web 客户机指的是在客户端浏览 Internet 信息的主机，而在客户机上显示 Internet 信息的软件，简称 Web 浏览器。通常使用的浏览器有以下几种。

① 美国微软公司（Microsoft）生产的 Internet Explorer 即 Internet 探索器，简称为 IE，版本有 IE6.0、IE7.0、IE8.0，最近新发布了 IE9.0，只适合 Win7 系统。

② 中国傲游天下科技有限公司开发并生产的傲游浏览器（傲游 1.x、2.x 为 IE 内核，3.x 为 IE 与 Webkit 双核），这是一款多功能、个性化多标签浏览器。它能有效减少浏览器对系统资源的占用率，提高网上冲浪的效率。

③ 中国搜狗公司开发并生产的搜狗浏览器，即“搜狗高速浏览器”，搜狗高速浏览器是

目前互联网上最快速最流畅的新型浏览器，与拼音输入法、五笔输入法等产品一同成为你高速上网的必备工具。搜狗浏览器拥有国内首款“真双核”引擎，采用多级加速机制，能大幅提高上网速度。

④ 中国 360 互联网安全公司开发并生产的 360 极速浏览器是一款极速、安全的无缝双核浏览器。它基于 Chromium 开源项目，具有闪电般的浏览速度、完备的安全特性及海量丰富的实用工具扩展。

⑤ 中国腾讯公司自主开发并生产的 QQ 浏览器是新一代免费手机浏览器，同时也有 PC 浏览器。腾讯公司官方介绍说手机 QQ 浏览器是更快、更方便的新一代手机浏览器。它不仅软件体积小，上网速度快，还通过多项领先技术，让手机上网的浏览效果更佳，流量费用更少，让你在手机上获得最佳的上网体验。

（2）Web 服务器指的是计算机信息资源的存放主机。

（3）中间件指的是可以调用 Web 服务器中的数据库数据、超文本内容和其他应用程序，常用的中间件有 CGI、JDBC、WEBAPI 等。

Web 通信的基本原理是：由浏览器向 Web 服务器发出 HTTP 请求，Web 服务器接到请求后，进行相应的处理，并将处理的结果以 HTML 文件的形式返回到浏览器，客户浏览器对其进行解释并显示给用户。Web 服务器要与数据库服务器进行交互，必须通过中间件才能实现。

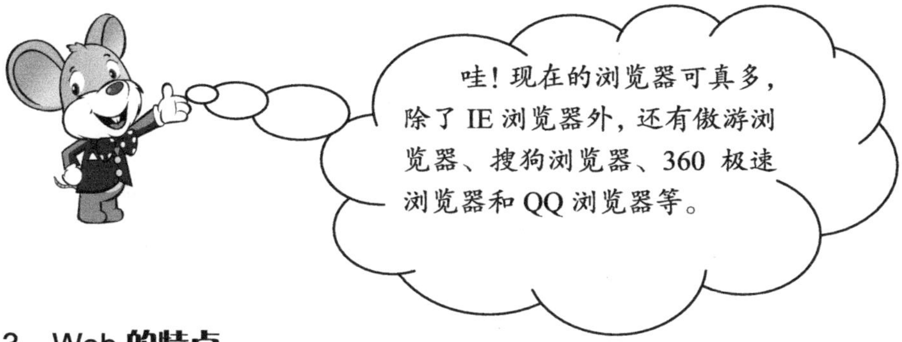

3.1.3　Web 的特点

1．Web 的特点

Web 可以根据用户的各种要求，通过超文本的链接将其链到用户所需要的某一个网址、网页、服务器或其他形式的媒体，例如，图形、图片、动画、声音、影视等。由于多媒体技术的出现，在 Web 中还可以使用超媒体，它是超文本和多媒体的有机结合。因此，Web 服务具有以下几个特点：

（1）以超文本方式组织网络多媒体信息；

（2）用户可以在世界范围内任意查找、检索、浏览及添加信息；

（3）提供生动直观、易于使用、统一的图形用户界面；

（4）网点间可以互相链接，以提供信息查找和漫游的透明访问；

（5）可以访问图像、声音、影像和文本信息。

2．什么是超文本（Hypertext）

超文本是一种特殊的文本，与一般文本不同处在于用户阅读超文本时，用户可以按非线性的方式，在不同的文本之间随机地转来转去，随心所欲地进行阅读。例如，某一个用户在阅读一份超文本时，需要查看文本中的有关图片，可以直接单击该图片名称，就能很轻松地获得，而这些图片可能放在不同的文本中，也可能放在地理位置相距很遥远的另一台计算机的硬盘中。

WWW 主要依靠超文本作为与用户联系的桥梁，在超文本里包含着一些可以作链接的词、词组、图标、网址等内容，用户只要用单击所需要的内容，就能进入与之相关的另一个文档，甚至是另一个计算机。通过超文本技术，用户可以不必熟知网络的任何知识，就能随心所欲地在 Internet 上轻松冲浪。

3．什么是超文本传输协议（HTTP）

超文本传输协议 HTTP 是 Hyper Text Transport Protocol 的缩写，它是一个用于超文本的通信协议，属于 TCP/IP 协议中的一个成员。HTTP 是用于分布式协作超文本信息系统的、通用的、面向对象的协议，它可以用于域名服务或分布式面向对象系统。

3.2 WWW 浏览器

3.2.1 主页基本概念

1．什么是主页

主页，也称首页、起始页，是用户打开浏览器时自动打开的一个或多个网页。主页也可以指一个网站的入口网页，即打开网站后看到的第一个页面，大多数作为首页的文件名是 index、default、main 或 portal 加上扩展名。用户可通过主页访问有关的信息资源，并可下载有关的内容。

主页通常是用户使用 Web 浏览器访问 Internet 上任何 Web 服务器所看到的第一个页面。图 3-3 所示的是利用搜狗高速浏览器看到的“携程旅行网”的信息内容。

一个主页一般包含以下几种信息元素。

（1）文本元素，最基本的元素，通常所说的是主页中的具体文字，表示对某个信息的文字介绍或说明。

（2）图像元素，是主页中常用的一种表示方式，Web 浏览器一般只识别 GIF 和 JPG 两种格式，因为这两种格式所保存的图像信息量最少，这是由于目前网络传播速度慢而采用的一种限制的办法。

（3）表格元素，类似于 Word 中的表格，表格单元内容一般为字符类型，当然也可以是图像、超文本链接等。

（4）超文本链接元素，HTML 中的最重要元素，用于将 HTML 元素与其他文档文件或主页进行相连或转接。

图 3-3　携程旅行网主页信息内容

（5）声音元素，在主页上嵌入各种声音或播放背景音乐，让网民在进入主页时享受艺术的美感，将会产生一个好心情。

（6）影视元素，在主页上也可以嵌入影视元素，播放公司的产品广告、产品操作指南、顾客使用产品后的反馈信息等。

2. 主页的作用

所有链接在 Internet 上的信息内容都是通过主页进行传送的，一般主页的作用有以下几个：

（1）主页是用来了解一个学校、公司、政府的重要手段。

（2）主页是企业、学校、机关或个人形象的标志，是对外宣传的窗口。

（3）主页可以成为商家发布商品信息、消费者查询信息并提交订单、供应商确认订单、消费者在线支付款项等电子商务实施过程的重要途径。

（4）主页可以成为读者看书、学习、讨论、交谈的重要场所。

（5）主页可以成为人们观看电视、新闻、电影等的重要界面。

3.2.2 全球资源定位器（URL）

1. URL 含义

URL 是 Uniform Resource Locator 的缩写，翻译成全球资源定位器。我们知道，在 Internet 上的每台计算机都将被分配一个 32 位的地址，又称 IP 地址，IP 地址是一串由“.”隔开的阿拉伯数字串，它从左到右分别确认主机所在的网络、子网和计算机，从而确定了要访问的唯一计算机。域名是一串有意义的字符串，从右到左确认主机所在的地理位置或所属类别以及计算机。而 Web 也使用同样的地址方案，存储 Web 数据系统都遵守相同的协议，属于系统本身的独一无二的资源地址称为一致资源定位器 URL。URL 指向 Web 上的文档和其他信息，以便浏览并对其进行寻找。

通俗地说，URL 用来指出某一项信息所在位置及存取方式。比如我们要上网访问某个网站，在 IE 或其他浏览器里的地址一栏中所输入的就是 URL。URL 是 Internet 上用来指定一个位置或某一个网页的标准方式。

HTML 的超文本链接也使用一致资源定位器来定位信息资源所在的位置。URL 描述了浏览器检索资源所用的协议、资源所在计算机的主机名，以及资源的路径与文件名，无论其位置在哪台主机、哪个子目录，只要给出文件的 URL 地址，就能在 Internet 信息海洋中准确无误地定位该文件，就像是一个全球的定位器。

2. URL 构成

URL 的一般语法格式为：protocol://hostdnorip［.port/path/file］

其中：

（1）第一部分是协议（或称为服务方式），即 protocol 是属于 TCP/IP 的具体协议，例如，http、ftp、telnet、gopher、wais 等。

（2）第二部分是存有该资源的主机 IP 地址（有时也包括端口号），即 hostdnorip 称为主机号，是用于标识在 Internet 上注册地址的主机。

（3）第三部分是主机资源的具体地址，如目录和文件名等，其中［　　］内为可选项，它们是 port 提供连接和传输的硬件和软件；path 为路径；file 为文件名。

（4）第一部分和第二部分之间用"：//"符号隔开，第二部分和第三部分用"/"符号隔开。第一部分和第二部分是不可缺少的，第三部分有时可以省略。

3. URL 举例

（1）使用 HTTP 协议的 URL 格式如下：http://www.microsoft.com/china/index.html，该例子表示：用户要连接到名为 www.microsoft.com/china 的主机上，采用 http 方式读取名为 index.html 的超文本文件内容。

（2）http://www.microsoft.com:23/exploring/exploring.html，其中，http:是协议名称，www.microsoft.com:是主机名称，23/是端口地址，exploring/是存放目录，exploring.html 是文件名称。

在 URL 语法格式中，除了协议名称及主机名称是必须有的外，其余像端口地址、存放目录等都可以不要。

（3）gopher://gopher.cemet.edu.cn，该例子表示，用户要连接到名为 gopher.edu.cn 的 Gopher 服务器。

（4）ftp://ftp.pku.edu.cn/pub/dos/readme.txt，该例子表示：用户要通过 FTP 连接来获得一个名为 readme.txt 的文本文件。

（5）file://linux001.nankai.edu.cn/pub/gif/wu.gif，该例子表示，用户要在所连接的主机上获得并显示一个名为 wu.gif 的图形文件。

（6）telnet://cs.nankai.edu.cn:10，该例子表示，用户要远程登录到名为 cs.nankai.edu.cn 的主机的 10 号端口。

3.2.3 360 浏览器

WWW 是 World Wide Web 的缩写，可译为"环球网"或"万维网"，它是基于 Internet

提供的一种界面友好的信息服务，用于检索和阅读连接到 Internet 上服务器的有关内容。该服务利用超文本（Hypertext）、超媒体（Hypermedia）等技术，允许用户通过浏览器检索远地计算机上的文本、图形、声音及视频文件。

1. 360 浏览器简介

360 安全浏览器（360 Safety Browser）是 360 安全中心推出的一款基于 IE 和 Chrome 双内核的浏览器，是世界之窗开发者凤凰工作室和 360 安全中心合作的产品。它与 360 安全卫士、360 杀毒软件等产品一同成为 360 安全中心的系列产品。360 安全浏览器拥有全国最大的恶意网址库，采用恶意网址拦截技术，可自动拦截挂马、欺诈、网银仿冒等恶意网址。它独创的沙箱技术，在隔离模式下即使访问木马也不会感染。

2. 360 8.1 浏览器特点

360 8.1 浏览器具有以下几个特点。

（1）360 极速浏览器是一款极速、安全的无缝双核浏览器。

（2）它基于 Chromium 开源项目，具有闪电般的浏览速度、完备的安全特性及海量丰富的实用工具扩展。

（3）它继承了 Chromium 开源项目超级精简的页面和创新布局。

（4）创新性地融入国内用户喜爱的新浪微博、人人网、天气预报、词典翻译、股票行情等热门功能，在速度大幅度提升的同时，兼顾国内互联网应用。

（5）智能拦截钓鱼网站和恶意网站，开心上网安全无忧。

（6）智能检测网页中恶意代码，防止木马自动下载。

（7）集成全国最大的恶意网址库，网站好坏大家共同监督评价。

（8）即时扫描下载文件，放心下载安全无忧。

（9）内建深受好评的 360 安全卫士流行木马查杀功能，即时扫描下载文件。

（10）木马特征库每日更新，查杀能力媲美收费级安全软件。

（11）超强安全模式采用“沙箱”技术，真正做到百毒不侵（木马与病毒会被拦截在沙箱中无法释放威力）。

（12）将网页程序的执行与真实计算机系统完全隔离，使得网页上任何木马病毒都无法感染计算机系统。

（13）颠覆传统安全软件“滞后查杀”的现状，所有已知未知木马均无法穿透沙箱，确保安全。

（14）体积轻巧、功能丰富（打开的网页在一个窗口内运行），媲美同类多窗口浏览器。

（15）支持鼠标手势、超级拖曳、地址栏自动完成等高级功能。

（16）广告智能过滤、上网痕迹一键清除，保护隐私免干扰。

（17）内建高速下载工具（有时赛过专业的下载工具），支持多线程下载和断点续传。

3. 360 8.1 浏览器界面

当安装了 360 8.1 浏览器后，用户只要在桌面系统上双击“360”图标即可启动 360 8.1，它的界面如图3-4所示。

（1）标题栏。位于浏览器界面第一行，显示的是当前正在浏览的Web主页或文件夹的名字，也是目前所连接的位置。

（2）菜单栏。位于浏览器界面第一行的右上方，提供了下拉式菜单，它们是文件、查看、收藏、工具、帮助等5个模块，每个模块各自又有若干个功能。

（3）URL地址栏。位于浏览器界面第二行，提供了输入和显示当前文档或网页URL地址的地方，用户也可以在这里输入所需访问的其他Web站点地址。

（4）刷新按钮。位于地址栏左边，方便用户重新登录刚登录过的地址。

（5）网页搜索框。位于导航条下面，其功能强大，输入关键词，可以轻松地搜索网络，还可支持添加更多搜索引擎的功能。

（6）网页浏览区。这是浏览器中占据位置最大的区域，主要用来显示当前Web页中的内容。

（7）状态栏。位于浏览器的最底端，当光标指向文档浏览区的某个链接位置时，状态栏可以显示该链接的URL。当某个文档正在向计算机传送时，这里显示传送的进度状态，当链接某个区域（如Internet）时，在状态栏内将显示出当前已链接的区域名称。另外还有今日直播、跨屏浏览、加速器、下载等功能。

图3-4　360 8.1 浏览器界面

3.2.4　搜狗高速度浏览器

1. 搜狗高速浏览器简介

搜狗浏览器是由搜狗公司出品，于2004年8月3日推出，目的是增强搜狐网的搜索技能，搜狗是搜狐公司旗下的子公司，主要经营搜狐公司的搜索业务；在搜索业务的同时，也推出搜狗输入法、免费邮箱、企业邮箱等业务。2010 年 8 月 9 日搜狐与阿里巴巴宣布将分拆搜狗成立独立公司，引入战略投资。

搜狗网页搜索作为搜狗最核心的产品，经过几年持续不断地优化改进，于 2015 年 7 月正式推出 6.0.5 版本。

全面升级的搜狗网页搜索 6.0.5 版凭借其自主研发的服务器集群并行抓取技术，成为全球首个收录量达到 100 亿的中文网页搜索引擎；每天 5 亿网页的更新速度、独一无二的搜狗网页评级体系，确保了搜狗网页搜索在海量、及时、精准三大基本指标上的全面领先。搜狗的其他搜索产品也各有特色。音乐搜索小于 2%的死链率，图片搜索独特的组图浏览功能，新闻搜索及时反映互联网热点事件的看热闹首页，地图搜索的全国无缝漫游功能，使得搜狗的搜索产品线极大地满足了用户的需求。

搜狗浏览器具有五级加速的技术。

（1）一级加速：真双核引擎——全球最快的浏览器内核，双核心高速兼容具备。搭载业界最快的 Webkit 引擎，网页显示速度大大加快。观看视频、浏览新闻、淘宝购物更加快捷。

（2）二级加速：下载加速器——下载变得更快更简单。内置下载管理器，通过多线程多镜像的下载模式全面提升文件下载速度，比 IE 下载快 1.5 倍以上，可媲美业界最快的下载软件。

（3）三级加速：不卡不死——开 100 个标签都不会卡。

（4）四级加速：全网加速——网通、电信、教育网全面提速。

（5）五级加速：网速保护——保护在局域网内其他人使用下载工具进行下载时，自己仍可高速浏览网页。

2．搜狗高速浏览器特点

搜狗高速浏览器具有以下几个特点。

（1）高速感知，精准预测。

① 搜狗浏览器新版本的“启动加速”功能效果惊人：用户打开搜狗浏览器，主页会实现“毫秒开启”的状态，主页网址导航的内容也将会一次性完整呈现；根据数据内容显示打开“启动加速”后，搜狗浏览器的开启速度将会提升 2 到 5 倍，平均每次将为用户节省 3 至 6 秒，彻底消灭“空白页”现象。

② 此功能的实现完全摆脱了网速及硬件配置的影响，开启了浏览器产品发展的新趋势。几乎所有试用用户均表示，直观感觉浏览器的开启速度加快十分明显。

③ 新版搜狗浏览器针对预取引擎加速再进化。精准预测提前加载资源，特别是单击“新建标签页”平均提速一倍以上。至此，搜狗浏览器秉承高速理念，在有限的带宽下通过优化内核、网速保护等策略，完成从“七级加速”到“九级加速”的完美升级。

（2）用尽芯思，至善至美。

① 搜狗浏览器新版本利用大数据优势，不仅对原有“打假助手”功能进行升级，增加了对京东商城的支持，还推出“私人阅读”、“片头雷达”、“音乐标签”等创新功能。

② 搜狗浏览器独家推出的网购打假功能，也在这一版本中有了升级。在支持天猫、淘宝的基础上，最新版“打假助手”已实现了对京东的支持。至此，搜狗浏览器实现了对国内最受欢迎购物平台的全面覆盖，为网购一族带来了更好的安全购物体验。在刚刚过去的

“618”购物节中，“打假助手”功能大显身手，获得了用户及业界的高度肯定。

（3）极致高速，延续本真。

众所周知，作为“双核”浏览器的鼻祖，搜狗带领浏览器行业掀起了中国网民的速度革命。面对着多家浏览器在不断进化过程中越来越笨重、创新遇瓶颈的问题，搜狗浏览器 6.0.5 版本的升级则延续本真，将用户的浏览速度发挥到了极致。不难发现，从最初单纯的改善浏览速度，到解决影响网页浏览相关的外部因素，搜狗浏览器一直围绕“高速”做文章，紧紧跟随用户需求，实践着从工具到服务的转变。

3. 搜狗高速浏览器界面

当用户安装了搜狗高速浏览器后，只要在桌面系统上双击“搜狗高速浏览器”图标即可启动搜狗高速浏览器，它的界面如图 3-5 所示，该界面是搜狗高速浏览器 6.0.5 版本。

图 3-5　搜狗高速浏览器 6.0.5 界面

从图 3-5 中可知，该界面有以下内容。

（1）菜单栏。它位于浏览器界面第一行右上方，提供了下拉式菜单，它们是：文件、查看、收藏、工具和帮助 5 个模块，每个模块各自又有若干个功能。

（2）URL 地址栏。它位于浏览器界面第二行，用于输入和显示当前文档或网页 URL 地址，用户也可以在这里键入所需访问的其他 Web 站点地址。

（3）搜狗搜索引擎按钮。它位于搜狗网址导航右侧，提供搜狗高速搜索引擎功能，方便用户随时进行搜索。

（4）查看版本。单击“帮助”模块下的“关于”功能，即可出现如图 3-6 所示的版本信息窗口。

（5）个性设置。用户可以根据自己的需要选择浏览器的显示方式。单击“个性设置”按钮后，出现如图 3-7 所示的窗口。

图 3-6　搜狗高速浏览器的版本信息

图 3-7　个性设置窗口

（6）换肤。用户可以根据自己所喜爱的样式进行换肤，单击“换肤”按钮后，出现如图 3-8 所示的窗口。

图 3-8　换肤窗口

（7）实用工具。用户可以根据需要选择常用工具，单击“实用工具”按钮后，出现如图 3-9 所示的窗口。

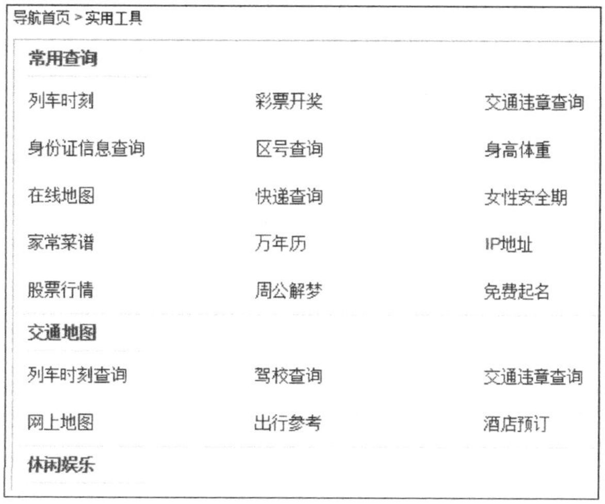

图 3-9　实用工具窗口

（8）七天天气预报。用户单击“搜狗天气”按钮后，出现如图 3-10 所示的窗口，可预报未来七天本市或本地区的天气情况。

图3-10　搜狗七天天气预报窗口

（9）网上购物。用户单击“网上购物”按钮后，出现如图3-11所示的窗口，用户可以直接选择其中的某个电子商务网站去购物，非常方便。

图3-11　网上购物窗口

讨论

1. 你知道现在有哪几种浏览器？

2. 你在上网浏览网页时使用的是什么浏览器？

3. 请比较任意三款浏览器的区别。

3.3 搜索网上的信息

3.3.1 网络信息获取的方法

1. 网上浏览

网上浏览是获取信息的最简单方法。通过网上浏览可以熟悉网站的特点、内容和风格，对于了解各网站的栏目设置情况、商人情况是有益的。但是从网络经济学的角度来讲，这种漫无边际的浏览会在时间上和经济上造成浪费。

2. 收藏和保存页面信息

对于在浏览中发现和获得的重要信息，可以把它收集并保存起来。收集和保存页面信息的方法很多，下面介绍几种常用的方法。

（1）使用“另存为”加以保存。

找到要保存的 Web 页面信息，单击“文件”菜单，选择“另存为”选项，在“另存为”对话框中指定保存的位置和名称，然后单击“保存”按钮，IE 便开始下载指定的内容。

（2）用电子邮件直接发送 Web 页面。

找到要发送的 Web 页面信息，单击“文件”菜单，将鼠标指针指向“发送”，然后单击“电子邮件页面”或者“电子邮件链接”，输入 Web 页面的目标地址后，单击工具栏上的“发送”。

（3）采用粘贴保存法。

首先用键盘上的 Print Screen 键复制网页，然后在 Word 文档中进行粘贴，并保存。

3．定向浏览

定向浏览是网上浏览的深层次发展形式，它不仅具有明确的目的性，而且具有捕捉信息的敏感性。通常有以下6个目的：

（1）寻找商气旺的目标发布网站；

（2）获取网上商品的情况和定价信息；

（3）寻找手中商品的现实商机；

（4）分析产品的网上流向；

（5）判断该网站的商业价值；

（6）为待进行的商务谈判做准备。

4．订制信息

订制信息是一种主动获取所需信息的方法。许多商业网站提高了这种订制信息的服务，只要登录这些网站，在该网站订制信息的登记栏内留下电子邮件地址，就完成了订制信息的操作。例如，利用邮件列表订制信息是网站的一种个性化服务。

5．搜索引擎

搜索引擎能够在互联网的信息中找到大量客户所需要的目标信息，它备受人们的喜爱。利用搜索引擎也获取信息是网络营销中的一种最基本、最直接、最快捷的方法。

6．利用IE提供的搜索功能在网上搜索

一般情况下，浏览器都具有搜索功能，可以使用精确匹配的方法进行搜索。单击工具栏上的“搜索”按钮，在文档窗口左侧出现默认的Google搜索引擎窗口中输入需要搜索的内容，可以实现具体的搜索。

要在网上查找信息需要一种服务，这种服务就是搜索引擎。

3.3.2 搜索引擎分类与工作原理

我们上网获取信息，肯定离不开搜索引擎。有句话这样说：内事问百度，外事找谷歌。没错，这句话道出两个搜索引擎不同的特点。百度是世界上最大的中文搜索引擎，而谷歌是世界上最大的搜索引擎。搜索引擎的准确率已经相当高了，我们能够在第一页就可以找到我们想要的，比如，我们想要知道的问题等。那么到底什么是搜索引擎呢？

1．什么是搜索引擎

搜索引擎是为网络用户提供信息查询服务的计算机系统，也可以说是一类提供信息“检

索”服务的网站，它根据一定的策略、运用特定的方法收集互联网上的信息，并对信息进行组织和处理，将处理后的信息通过计算机网络显示给用户。它包括信息收集、信息整理和用户查询三部分。

2. 搜索引擎分类

搜索引擎模式就是搜索引擎服务商凭借提供个性化、智能化的信息查询服务，吸引大量企业用户和消费者登录网站，以此为优势，通过竞价排名或固定排名等服务，吸引搜索引擎推广客户成为其付费客户，进行网站、产品、服务推广的互联网应用模式。

（1）全文搜索引擎。

全文搜索引擎是名副其实的搜索引擎，国外具有代表性的有 Google、Fast/AllTheWeb、AltaVista、Inktomi、Teoma、WiseNut 等，国内著名的有百度。它们都是从网站提取信息建立网页数据库。

从搜索结果来源的角度来看，全文搜索引擎又可细分为两种：一种是拥有自己的检索程序（Indexer），俗称“蜘蛛”（Spider）程序或“机器人”（Robot）程序，并自建网页数据库，搜索结果直接从自身的数据库中调用，如 google、百度引擎；另一种则是租用其他引擎的数据库，并按自定的格式排列搜索结果，如 Lycos 引擎。

按搜索引擎的自动信息搜集功能分类，一种是定期搜索，即每隔一段时间，搜索引擎主动派出“蜘蛛”程序，对一定 IP 地址范围内的互联网站进行检索，一旦发现新的网站，它会自动提取网站的信息和网址加入自己的数据库；另一种是提交网站搜索，即网站拥有者主动向搜索引擎提交网址，它在一定时间内定向向网站派出“蜘蛛”程序，扫描网站并将有关信息存入数据库，以备用户查询。

（2）目录式搜索引擎。

目录索引完全依赖手工操作。用户提交网站后，目录编辑人员会亲自浏览你的网站，然后根据一套自定的评判标准甚至编辑人员的主观印象，决定是否接纳你的网站。

搜索引擎收录网站时，只要网站本身没有违反有关的规则，一般都能登录成功。而目录索引对网站的要求则高得多，有时即使登录多次也不一定成功。

此外，在登录搜索引擎时，我们一般不用考虑网站的分类问题，而登录目录索引时则必须将网站放在一个最合适的目录。

搜索引擎中各网站的有关信息都是从用户网页中自动提取的，所以以用户的角度看，用户拥有更多的自主权；而目录索引则要求必须手工另外填写网站信息，而且还有各种各样的限制。更有甚者，如果工作人员认为你提交网站的目录、网站信息不合适，可以随时对其进行调整，当然事先是不会和你商量的。

目录索引，顾名思义就是将网站分门别类地存放在相应的目录中，因此用户在查询信息时，可选择关键词搜索，也可按分类目录逐层查找。如以关键词搜索，返回的结果跟搜索引擎一样，也是根据信息关联程度排列网站，只不过其中人为因素要多一些。如果按分层目录查找，某一目录中网站的排名则是由标题字母的先后顺序决定的。

（3）元搜索引擎。

元搜索引擎也叫集搜索引擎，是指在统一的用户查询界面与信息反馈的形式下，共享多个搜索引擎的资源库为用户提供信息服务的系统。著名的元搜索引擎有 InfoSpace、Dogpile、Vivisimo 等，中文元搜索引擎中具代表性的有搜星搜索引擎。

元搜索与一般搜索引擎的最大不同在于它可以没有自己的资源库和机器人，它充当一个中间代理的角色，接受用户的查询请求，将请求翻译成相应搜索引擎的查询语法。在向各个搜索引擎发送查询请求并获得反馈之后，首先进行综合相关度排序，然后将整理抽取之后的查询结果返回给用户。元搜索引擎的优点是返回结果的信息量大、查全率高、搜索范围更多更大，查准率比较高；缺点是不能充分使用元搜索引擎的功能，用户需要自行做更多的筛选。

3. 搜索引擎工作原理

搜索引擎起源于传统的信息全文搜索理论。它并不是搜索互联网，实际上是搜索预先整理好的网页索引数据库。

真正意义上的搜索引擎，通常指的是收集了互联网上几千万到几十亿个网页并对网页中的每一个词（关键词）进行索引，建立索引数据库的全文搜索引擎。当用户查找某个关键词的时候，所有在页面内容中包含了该关键词的网页都将作为搜索结果被搜出来。在经过复杂的算法进行排序后，这些结果将按照与搜索关键词的相关度高低，依次排列，如图 3-12 所示。

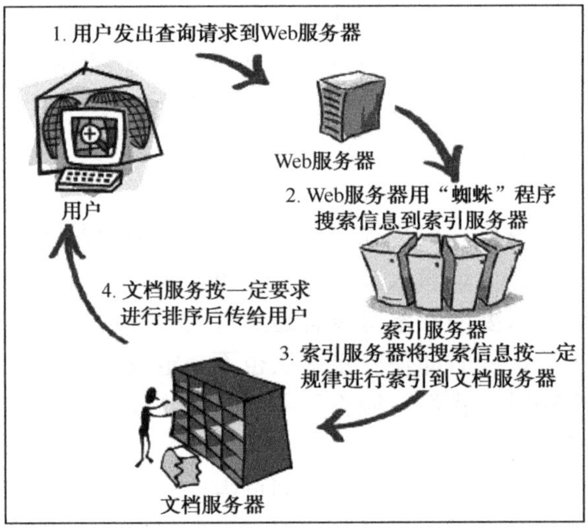

图 3-12　搜索引擎工作原理示意图

现在的搜索引擎已普遍使用超链分析技术，除了分析索引网页本身的内容，还分析索引所有指向该网页链接的 URL、AnchorText，甚至链接周围的文字。所以有时候，即使某个网页 A 中并没有某个词，如“恶魔撒旦”，但如果有别的网页 B 用链接“恶魔撒旦”指向这个网页 A，那么用户搜索“恶魔撒旦”时也能找到网页 A。而且，如果有越多网页（C、D、E、F……）用名为“恶魔撒旦”的链接指向这个网页 A，或者给出这个链接的源网页（B、C、D、E、F……）越优秀，那么网页 A 在用户搜索“恶魔撒旦”时也会被认为更相关，排序也会越靠前。

从图 3-12 中可知，搜索引擎的工作原理可以看做以下几步。

（1）从互联网上收集网页信息（抓取）。

搜索引擎首先会派出一种被称做“蜘蛛”或者是“机器人”的软件，根据一定规则扫描存在于互联网上的网站，并沿着网页上的链接从一个网页到另一个网页，从一个网站到另一个网站。为保证采集的资料最新，它还会回访已抓取过的网页。

（2）建立网页索引数据库（索引）。

由分析索引系统程序对收集回来的网页进行分析，提取相关网页信息（包括网页所在 URL、编码类型、页面内容包含的所有关键词、关键词位置、生成时间、大小、与其他网页的链接关系等），根据一定的相关度算法进行大量复杂计算，得到每一个网页针对页面文字中及超链中每一个关键词的相关度（或重要性），然后用这些相关信息建立网页索引数据库。

（3）在索引数据库中搜索排序（排序）。

当用户输入关键词搜索后，由搜索系统程序从网页索引数据库中找到符合该关键词的所有相关网页。因为所有相关网页针对该关键词的相关度早已算好，所以只需按照现成的相关度数值排序，相关度越高，排名越靠前。

（4）组织返回搜索结果（结果返回）。

由页面生成系统将搜索结果的链接地址和页面内容摘要等内容组织起来返回给用户。

以上介绍看起来非常简单，实际上对于搜索引擎来说，要找出并科学排序呈现结果，是一个相当复杂的过程。全世界网页数量超过 5500 亿，而搜索引擎找到的不过是冰山一角，如图 3-13 所示。

图 3-13　大部分网页无法搜索

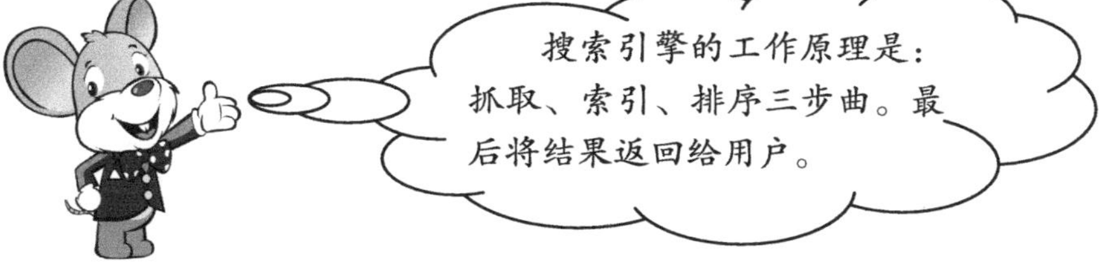

3.3.3 几种常用搜索引擎介绍

1. Google 搜索引擎

（1）Google 公司背景。

Google 公司，于 1998 年 9 月 7 日以私有股份公司的形式创立，公司总部位于加利福尼亚山景城。Google 网站于 1999 年下半年启动。Google 成立的第一步始于 1996 年 Google 创始人 Larry Page 和 Sergey Brin 在斯坦福大学的学生宿舍内共同开发了全新的在线搜索引擎，然后迅速传播给全球的信息搜索者。Google 目前被公认为全球规模最大的英文搜索引擎，它提供了简单易用的免费服务，用户可以在瞬间得到相关的搜索结果。

（2）Google 搜索引擎技术。

Google 是全世界最受欢迎的搜索引擎，使用一种自创的称为 PageRank™（网页级别）技术来索引网页，索引是由程序“Googlebot”执行的，它会定期地请求访问已知的网页新复制。页面更新越快，Googlebot 访问的也越多。再通过在这些已知网页上的链接来发现新页面，并加入数据库。

Google 搜索引擎以它简单、干净的页面设计和相关度最高的搜寻结果赢得了网民的厚爱。Google 秉持着开发“完美的搜索引擎”的信念，在业界独树一帜。所谓完美的搜索引擎，就如公司创始人之一 Larry Page 所定义的那样，可以“确解用户之意，切返用户之需”。为了实现这一目标，Google 坚持不懈地追求创新，而不受现有模型的限制。因此，Google 开发了自己的服务基础结构和具有突破性的 PageRank™ 技术，使得搜索方式发生了根本性变化。

（3）Google 搜索引擎的含义。

“Google”这个名字来源于单词“googol”，1 个 googol 所代表的数字为 1 后面加上 100 个零。Googol 是一个非常大的数字，宇宙中没有什么物质的数量可以达到 1 个 Googol。Google 之所以使用这个词，是为了反映其整合全球海量（并且似乎是无穷无尽的）信息的使命，使得人人皆可访问并从中受益。

（4）Google 搜索引擎徽标。

为了庆祝全球人民欢度节日，Google 经常会修改 Google 徽标，这些特殊的徽标称之为“doodle”，通常会投放 24 小时，如图 3-14 所示。

（5）Google 搜索引擎战略目标。

① 使命——整合全球信息，使得人人皆可访问并从中受益；

② 战略目标——要为互联网使用者提供网上最好的查询服务，促进全球信息的交流。

（6）Google 搜索引擎目标用户。

① 全球网民——让人们能够更加快捷、更加方便地获取和查找信息。

② 企业市场——助力企业内部信息整合，加强企业内部搜索；帮助企业实行网络营销。

（7）Google 搜索引擎产品与服务。

① 搜索服务、移动服务、分享与沟通服务、软件产品等。

② 搜索服务包括：网页搜索、图片搜索、视频搜索、音乐搜索、地图搜索、购物搜索、博客搜索、大学搜索、生活搜索、图书搜索、学术搜索等。

（a）地球日　（b）达芬奇诞辰

（c）梵高诞辰　（d）情人节

（e）中国春节　（f）澳大利亚日

图 3-14　Google 徽标

（8）Google 搜索引擎企业文化。

① 倡导并鼓励一种创新、民主的企业文化；

② 拥有文化委员会，在督导文化推广的同时，也倡导一些活动主题；

③ 老板与员工之间没有强烈的职位等级观念，更倡导民主的工作氛围，员工可以随时表达自己的想法甚至提出与管理层不同的意见。

2. 百度搜索引擎

（1）百度公司背景简介。

百度是全球最大的中文搜索引擎，2000 年 1 月由李彦宏、徐勇两人创立于北京中关村，致力于向人们提供“简单，可依赖”的信息获取方式。“百度”二字源于中国宋朝词人辛弃疾的《青玉案·元夕》词句“众里寻他千百度”，象征着百度对中文信息检索技术的执著追求。

百度公司从最初的不足 10 人发展至今，员工人数超过 10000 人。如今的百度，已成为中国最受欢迎、影响力最大的中文网站。百度拥有数以千计的研发工程师，这是中国乃至全球最为优秀的技术团队，这支队伍掌握着世界上最为先进的搜索引擎技术，使百度成为中国掌握世界尖端科学核心技术的中国高科技企业。

（2）百度搜索引擎技术。

百度搜索引擎技术具有以下几个特点。

① 基于字词结合的信息处理方式。巧妙解决了中文信息的理解问题，极大地提高了搜索的准确性和查全率。

② 支持主流的中文编码标准。包括 GBK（汉字内码扩展规范）、GB2312（简体）、BIG5（繁体），并且能够在不同的编码之间转换。

③ 智能相关度算法。采用了基于内容和基于超链接分析相结合的方法进行相关度评价，

能够客观分析网页所包含的信息，从而最大限度地保证了检索结果相关性。

④ 检索结果能标示丰富的网页属性（如标题、网址、时间、大小、编码、摘要等），并突出用户的查询串，便于用户判断是否阅读原文。

⑤ 百度搜索支持二次检索（又称渐进检索或逼进检索）。可在上次检索结果中继续检索，逐步缩小查找范围，直至达到最小、最准确的结果集。利于用户更加方便地在海量信息中找到自己真正感兴趣的内容。

⑥ 相关检索词智能推荐技术。在用户第一次检索后，会提示相关的检索词，帮助用户查找更相关的结果，统计表明可以促进提升检索量10%～20%。

⑦ 运用多线程技术、高效的搜索算法、稳定的UNIX平台和本地化的服务器，保证了最快的响应速度。百度搜索引擎在中国境内提供搜索服务，可大大缩短检索的响应时间（一个检索的平均响应时间小于0.5秒）。

⑧ 可以提供一周、二周、四周等多种服务方式。可以在7天之内完成网页的更新，是目前更新时间最快、数据量最大的中文搜索引擎。

⑨ 检索结果输出支持内容类聚、网站类聚、内容类聚+网站类聚等多种方式。支持用户选择时间范围，提高用户检索效率。

⑩ 智能性、可扩展的搜索技术保证最快最多的收集互联网信息。拥有目前世界上最大的中文信息库，为用户提供最准确、最广泛、最具时效性的信息提供了坚实基础。

⑪ 分布式结构、精心设计的优化算法、容错设计保证系统在大访问量下的高可用性、高扩展性、高性能和高稳定性。

⑫ 高可配置性使得搜索服务能够满足不同用户的需求。

⑬ 先进的网页动态摘要显示技术。

⑭ 独有百度快照。

⑮ 支持多种高级检索语法，使用户查询效率更高、结果更准。已支持“+”（AND）、“−”（NOT）、“|”（OR）、“site:”、“link:”，还将继续增加其他高效的搜索语法。

（3）百度徽标。

为了庆祝全国人民欢度节日，百度经常会修改百度徽标，如图3-15所示。

（a）教师节

（b）国庆节

（c）圣诞节

图3-15　百度徽标

（4）百度的战略目标。

百度的战略目标是：保持并继续稳固自己全球最大中文搜索引擎的地位；为各类企业提供软件；竞价排名以及关联广告等服务；为企业提供了一个获得潜在消费者的营销平台，并为大型企业和政府机构提供海量信息检索与管理方案。

百度是全世界最大的中文搜索引擎。

核心能力：超链分析（就是通过分析链接网站的多少来评价被链接的网站质量，这保证了用户在百度搜索时，越受用户欢迎的内容排名越靠前）。

（5）百度的企业文化。

百度的企业文化是：狂热地追求更好的搜索技术，追求给网民带来最好的搜索体验，追求为人们提供最便捷的信息获取方式。

百度正是以为互联中国提供及时、丰富的信息，为网友提供最好的上网体验，改变人们的生活方式为使命的。

3．奇虎论坛搜索

（1）奇虎论坛公司背景简介。

奇虎论坛搜索即奇虎问答是奇虎 360 公司旗下的网站。奇虎 360 公司创立于 2005 年 9 月，主营以 360 安全卫士为代表的免费网络安全平台。

奇虎 360 公司独创了 PeopleRank 搜索技术，并将此技术应用于 BBS 搜索，基于这一强大的社区搜索技术，2008 年 3 月，奇虎 360 公司正式发布问答网站奇虎网，为网民提供问问题和找答案的服务。

目前，奇虎问答已成为国内答案数量最多最全的问答网站，搜索范围覆盖中国 95%以上的社区网站，以及博客、点评类由用户创造的互联网个性化内容，形成了中国互联网上最大的用户经验库。

（2）奇虎论坛战略目标。

以收集整理存储在 BBS 中的大量信息为主，努力成为“搜索门户”，通过持续不断技术的创新，实现网民对分享智慧和获取信息的需求，让网民们能够高效快捷地分享彼此的经验和智慧。

（3）奇虎论坛商业模式。

奇虎的商业模式有：问答搜索（可以让用户输入问题搜索自己想要的答案）；博客搜索（收录全球大部分中文博客供用户搜索）；论坛搜索（收录全球大部分中文论坛供用户搜索）；学院服务（为大部分大专院校服务）；网址导航服务；口袋服务；社区服务等。

（4）奇虎论坛核心能力。

① 奇虎的核心能力在于其“社区+搜索”的互联网商业模式；

② 作为社区搜索门户，奇虎已经先后发布了论坛搜索、新闻搜索、博客搜索、生活搜索、经验搜索等多个专注于不同领域的垂直搜索产品，初步形成了一个“社区+搜索”的互联网商业模式。

（5）奇虎论坛搜索技术。

① 奇虎采用蜘蛛+全文搜索技术，能够检索更多的论坛信息。

② 所有的数据检索均在奇虎的服务器上实现，不会耗费论坛自身服务器的任何资源，因此效率远远高于论坛本身提供的数据库搜索。

③ 通常情况下，奇虎的抓取间隔为 4～12 小时，即新帖子发布后的 4～12 小时，只要此帖未设定特殊权限，即可被奇虎引擎搜索到。

④ 奇虎在经营上采用了社区营销联盟合作模式，即网站联盟模式。

⑤ 奇虎网站联盟是一个综合性网站联盟，该联盟提供包括广告联盟、无线联盟、论坛联盟、新闻联盟、音乐（MP3 搜索）联盟、奇酷（生活搜索）联盟 6 大类的联盟产品，与广大网站之间进行开放性合作，加盟合作的网站可以通过最为简便的形式把自己的流量转变成现金收入。

（6）奇虎论坛网址与主页。

奇虎论坛网址是 http://www.qihoo.com/，其主页如图 3-16 所示。

（7）奇虎论坛企业文化。

① 奇虎的企业品质：精益求精，每天进步一点点；

② 奇虎的企业创新理念：主动思考，不断寻找新的突破；

③ 奇虎的企业责任：勇于牺牲，不计荣辱；超越自我，追求完美。

（8）奇虎论坛的优势。

① 奇虎网拥有中国最领先的 BBS 搜索技术；

② 奇虎网更专业和专一，定位非常明确，致力于做好论坛搜索；

③ 奇虎网收录了中国 95%以上的论坛和博客的优质内容；

④ 在其他搜索服务商还在传统的搜索领域刀光剑影时，奇虎独辟蹊径抓住社区搜索趋势，率先进入。

图 3-16　奇虎论坛主页

4．奇搜商务搜索

（1）奇搜商务搜索公司背景简介。

奇搜网于 2007 年由深圳时代赢客网络有限公司创建，其运营总部位于深圳，研发基地设于北京，在中国所有一级城市均设有营销中心。

奇搜 2007 年推出的 Beta 版，在找产品与服务的便捷性与准确性方面受到用户的青睐，访问量极速上升，证明垂直搜索将成为互联网最大的应用之一。

2007 年年底，奇搜得到来自国际与国内的知名风险投资机构联合投资，正式开始市场运营。

奇搜网属于全文索引搜索引擎，也是垂直搜索引擎。

（2）奇搜商务搜索战略目标。

① 使命——让人们更便捷、更准确地找到所需产品与服务。

② 致力于打造成“找产品寻服务”的网络第一入口。

③ 战略目标——建立中国最大的商业搜索引擎，让用户“找产品寻服务，就用奇搜”。

（3）奇搜商务搜索目标用户。

奇搜的目标用户是需要采购商品的国内消费群体或海外的买家群体。

（4）奇搜商务搜索商务模式。

奇搜商务搜索商务模式有：采购搜索（针对 B2B 业务的搜索）；购物搜索（针对 B2C 业务的搜索）；资讯搜索；找服务；商问；空间等。其核心产品是“壹广告”。

（5）奇搜商务搜索赢利模式。

奇搜商务搜索赢利模式是：奇搜为企业提供专业性与针对性更强的广告服务，如“壹广告”。

（6）奇搜商务搜索技术模式。

① 奇搜不断追求技术的创新和深化，目前拥有 30 多项世界领先的技术专利与创新搜索模式专利。

② 奇搜采用独创的 Sclass Tree 智能分类导航技术与自动聚合算法，可以在数以万亿计的信息网页中分析和提取适合类别的信息，将同一个信息点的不同维度的信息组织在一起，大大扩展了信息的深度，带给用户一站式的信息查询享受，真正体现了垂直搜索引擎的巨大魅力。

③ 举办各种活动，扩大公司影响力，如主题巡讲活动。

④ 利用传统广告媒体进行品牌宣传，如传统品牌宣传广告、城际巴士视频广告。

（7）奇搜商务搜索企业文化。

① 注重用户——重视用户体验、及时响应用户需求；

② 开放平等——保持开放、充分信任、相互尊重；

③ 保持激情——永远保持创业的激情；

④ 创新超越——允许失败、敢于创新、不断超越自我；

⑤ 成本最小——设法以最小的成本去实现目标；

⑥ 价值最大——做有价值的人、并努力让自己的价值得以最大化。

（8）奇搜商务搜索的优势。

① 奇搜平台上的企业广告只在消费群体传播，避免了很多无效的广告传播与广告费用。

② 通过奇搜独创的语义匹配技术，奇搜广告能够在用户需求与客户信息之间建立最准确的连接，让广告传播更精准、效果更直接。

（9）奇搜商务搜索网址和主页。

奇搜商务搜索网址是：http://www.qeesoo.com，其主页如图3-17所示。

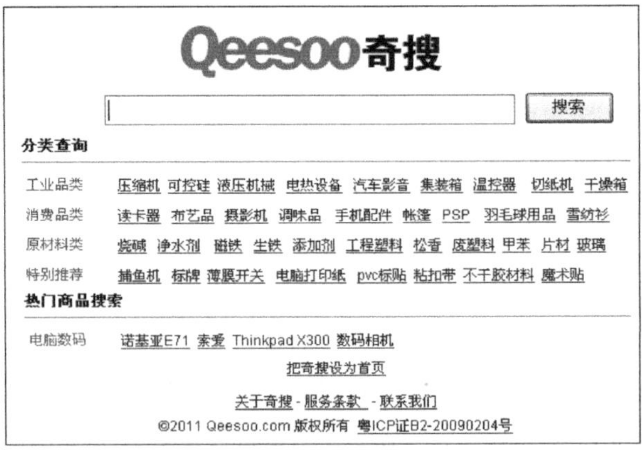

图3-17　奇搜商务搜索主页

能力训练题3　搜索引擎的使用

一、能力训练前的准备

1．查看本地计算机是否已与Internet连接成功。

2．查看本地计算机的浏览器是否是最新版本的，建议最好是IE8.0或以上的浏览器。

3．建立自己的子目录以备后用，以后可以将Internet上搜索到的资料下载到该子目录中去。建议最好将自己的子目录创建在除C盘以外的硬盘中，然后，待用完后再将其相应的资料内容复制到自己的网络硬盘中或U盘中。

4．准备U盘或网络硬盘。

二、能力训练目的要求

掌握使用搜索引擎搜寻指定信息的方法；能够有效地使用搜索引擎的一些特殊技巧，并保存搜索到的信息，学会总结和整理搜索到的信息。

三、能力训练内容

【操作一】

从百度搜索引擎网站寻找信息

1．进入Internet后，直接在IE浏览器中的URL地址上输入“http://www.baidu.com”后，

将出现该网站主页内容。

2．输入关键字“电子商务发展”，并单击“百度一下”按钮。

3．从搜索到的主画面中寻找 2～3 篇“电子商务发展前景”的文章，并下载至文件夹。

4．阅读分析后，写出 1000～1500 字的总结。

【操作二】

直接从著名网站“阿里巴巴”中寻找信息

1．进入 Internet 后，直接在 IE 浏览器中的 URL 地址上输入“http://china.alibaba.com”后，出现该网站主页内容。

2．观看该主页的整体布局、框架等情况。

3．观看该主页的颜色搭配情况。

4．观看电子商务网站的具体内容、结构以及链接方法。

5．在该网站上寻找“学生书包”产品，选中你所喜欢的书包，并截图。

【操作三】

从谷歌搜索引擎网站寻找信息

1．进入 Internet 后，直接在 IE 浏览器中的 URL 地址上输入“http://www.google.com”后，将出现该网站主页内容。

2．输入关键字“电子商务人才需求”，并单击“搜索”按钮。

3．从搜索到的主画面中寻找 2～3 篇“电子商务人才需求”的文章，并下载至文件夹。

4．阅读分析后，写出 1000～1500 字的总结。

四、能力训练报告

能力训练报告的格式如下。

1．训练过程

目的要求：
训练内容：
训练步骤：
从百度网站寻找信息；
从著名网站“阿里巴巴”中寻找信息；
从谷歌网站寻找信息。

2．训练结果

训练结果分析：
可以使用表格方式，也可以使用文字方式。

3．总结

通过能力训练，总结自己的掌握程度，分析出错原因，提出改进措施。

习题 3

一、填空题

1．全球信息网服务系统 WWW（World Wide Web）称为______、全球信息网、______等。这是一种将 Internet 上现有______全部连接起来的，采用______界面的、融______、______和多媒体技术为一体的______系统。

2．超文本是一种______的文本，与一般文本______在于用户阅读超文本时，可以按______的方式，在______之间随机地______，______地进行阅读。

3．超文本传输协议 HTTP，它是一个用于______协议，属于______协议集中的一个成员。http 是用于______协作超文本______系统的、通用的、______的协议，它可以用于______服务或______系统。

4．主页，也称为______、______，是用户打开______时自动打开的一个或多个______。主页也可以指一个______的入口网页，即打开网站后看到的______。

5．IE8.0 浏览器是由______公司于当地时间______，北京时间______正式发布的。

6．搜索引擎是为______提供______服务的计算机系统，也可以说是一类提供______服务的网站，它根据一定的______、运用特定的方法搜集______的信息，并对信息进行______和______，将处理后的______通过计算机网络显示给______。

7．搜索引擎一般可分为______、______和元搜索引擎等。其中元搜索引擎也叫做______，是指在统一的______与信息反馈的______下，共享多个______的资源库为用户提供信息服务的系统。

8．搜索引擎的工作原理是：第一步______、第二步______、第三步______、第四步______。

9．Google 公司，于______以______公司的形式创立，公司总部位于______。Google 网站于______启动。

10．百度是全球______搜索引擎，______由李彦宏、______两人创立于______，致力于______，可“依赖”的______方式。

二、判断题

1．WWW 就是全球信息网服务系统，也称为万维网、全球信息网、世界网。（　　）

2. WWW 是以 C 语言与超文本传输协议 HTTP 为基础。(　　)

3. 主页，也称为首页、起始页，是用户打开浏览器时自动打开的一个或多个网页，因此它也可以是 Word 文档，其文件扩展名为.DOC。(　　)

4. URL 是 Uniform Resource Locator 的缩写，翻译成全球资源定位器。(　　)

5. 搜狗高速浏览器是美国微软公司研究开发的。(　　)

6. 搜索引擎只为个人提供信息查询服务的计算机系统。(　　)

7. 搜索引擎找到的信息只是其中的冰山一角，大部分都不能找到。(　　)

8. Google（谷哥）搜索引擎是由中国由李彦宏、徐勇两人创立于北京中关村。(　　)

9. 百度搜索引擎是以私有股份公司的形式创立，公司总部位于加利福尼亚山景城。(　　)

10. 奇搜网于 2007 年由深圳时代赢客网络有限公司创建。(　　)

三、简答题

1. 请写出什么是 WWW。
2. 请写出 WWW 的功能和特点。
3. 请写出超文本的概念。
4. 请写出超文本传输协议的概念。
5. 请写出主页包含的信息元素有哪些。
6. 请写出主页的具体作用是什么。
7. 请写出 IE8.0 浏览器界面的功能。
8. 请写出什么是搜索引擎。
9. 请写出搜索引擎的工作原理。
10. 请写出搜索引擎的类型。

阅读材料 3——探析当前网络信息检索技术

（经济技术协作信息高冰/伊春市新青信息技术中心 2015（25））

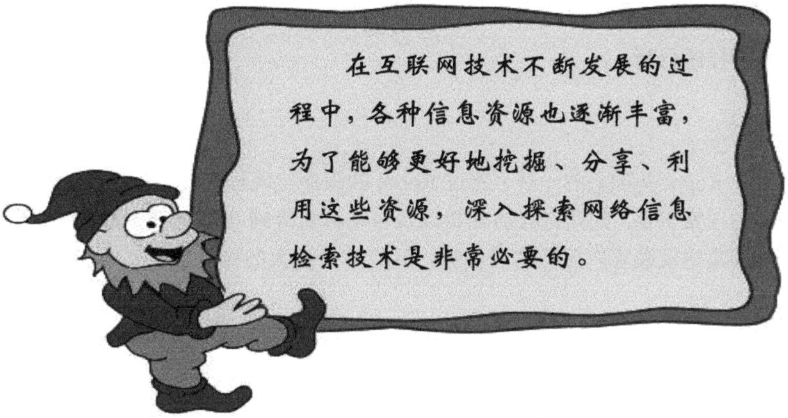

人们在使用计算机和运用网络的时候，无法离开信息检索技术，这项看似普通的技术实际上对人们的生产及生活有着非常大的影响。而全面分析这项技术，更好地加以利用是非常必要的。

一、网络信息检索的特点

1．信息检索空间拓宽

从因特网本身的特点来看，计算机网络实际就是一个网际网，各种各样的信息分布在服务器上面，在网络互联的前提下，各种信息就可以实现发布、分享。目前网络信息资源的分布已经遍及全球，这使得网络信息检索的空间不断扩大。

2．交互式作业方式

这种方式是用户在进行网络检索的过程中所应用的一种策略，它是一种根据实际需求及时进行检索策略的调整，并最终获得最好检索效果的方式，这种方式能够在遇到问题的时候获得联机帮助。

3．用户界面友好且操作方便

在信息计算技术中还包括用户界面的问题，现阶段的搜索技术基本采用的都是搜索引擎这样的检索工具，这种工具根据实际的需求，会采用一定的策略实现用户的信息搜集，为客户提供搜索服务，同时也具有一定的导航功能。

二、网络信息检索的一般方法

1．利用浏览方式来检索信息

简单地说，我们在进行网络信息使用和阅读的时候，往往会遇到利用文档中的连接直接从目前所在网页跳转到另外一个相关网页的现象，在跳转后的网页中可以查看到我们所需要的信息，这就是浏览。

2．通过网络资源指南查找信息

3．利用搜索引擎来检索

搜索引擎是常见的信息搜索方式，主要就是指利用因特网信息资源进行标引，并为检索者提供必要引导的工具。它具有很多检索功能，如字段检索、位置检索、截词检索等。

三、搜索引擎检索技术分析

1．全文搜索引擎

这种引擎是建立在Robot基础上的一种，通过Robot的程序实现程序的自动访问以及信息的提取，是一种自动程度相对较高的搜索引擎，并具有自动分类以及自动标引等辅助功能。该引擎的最显著的特点就是具有较强的交互性，能够集中反映客户服务器的优势，具有非常强大的检索功能。还可以进行二次检索。

2．目录导引式搜索引擎

这种引擎实际上由人工发现、抓取以及辨别信息，并进行编目。标引的知识，以图书分类或者是学科分类为依据进行主体树分层目录，并将采集筛选后的信息分门别类地放入各大类或子类目下，在Web页面上呈现出错落有致的上下级关系，用户通过层层点击，顺链而行，随范围的缩小与查询的专指度提高，最终满足用户的查询需求。例如，yahoo 这种搜索引擎的特点是，基于客户机服务器模式从客户端获取用户提问，经过转换比较适合主题浏览，一般主题检索都为检索用户的查找提供有价值的提示，检准率较高。由于该搜索引擎介入了人工来评价一个网站的内容，因此搜索结果的准确率较高，但检全率有限。

3. 元搜索引擎

又称集合式搜索引擎，是将多个搜索引擎集合在一起，并提供一个统一的检索界面。元搜索引擎的特点是检全率大大提高，但检准率较难保障。由于与元搜索引擎挂接的站点都有自己的一套检索语法，以统一的查询入口执行多个搜索引擎的查询，存在较大难度，所以元搜索引擎一般只支持“与或非”的简单操作。这类搜索引擎基于网上已有的搜索引擎进行操作，在集中罗列的过程中发挥了网站导航作用，起到了引擎之引擎的效果。

四、搜索引擎的现状

1. 目录导引式搜索引擎和索引式搜索

由于目录导引式搜索引擎和索引式搜索引擎有各自的优缺点，目前它们还谁也无法完全取代谁，于是很多搜索站点都同时提供这两种类型的服务。例如，yahoo 主要是目录导引式搜索引擎，但它也同时从有名的搜索引擎服务商那里获取网页搜索结果，当用户查询一个关键词时，yahoo 首先返回 direct 中查到的匹配项，如果用户对结果不满意，或者 direct 中没有匹配项，那么用户还可以继续查找与关键词匹配的网页。国内两个有名的中文搜索引擎 sohu 和 yahoo 都属于这种模式。

2. 多样化和个性化的服务

现在绝大多数搜索引擎都提供多样化的服务以吸引多用户，商业搜索引擎尤其注重这一点。

3. 强大的查询功能

与最早的搜索引擎相比，现在的搜索引擎在查询功能方面已有了很大的改进。除简单的“与”、“或”和“非”逻辑外，不少搜索引擎还支持相似查询，如 Alta Vista、Ly-COS 等支持短语查询，Alta Vista 的高级搜索功能支持 NEAR 逻辑等，还有一些站点，如 AltaVista、Infoseek 等搜索引擎支持对网页的多种域进行搜索。

五、提高网络信息检索功能的探讨

目前的各种搜索引擎都无法从各个方面做到尽善尽美，都有一定的缺陷，但也都具有各自的优势。通过对上述各种搜索引擎的比较分析，我们可以考虑通过下列途径提高搜索引擎的检索功能：

（1）提供布尔逻辑检索，并使用统一的运算符，不能有的支持，有的不支持；

（2）加强系统自动化侦测拼写错误；

（3）重视信息搜寻行为，加强联机指导；

（4）可将检索结果按相关程度进行排序；

（5）提供联机分类表和主题词表供用户浏览、辅助用户检索；

（6）提供整合向多种索引；

（7）支持模糊检索；

（8）智能检索代理，即用户将自己的信息需求交给智能检索代理，由它代替用户到各个数据库中检索相关信息并返回给用户；

（9）相关信息反馈。

六、结束语

在计算机网络技术不断发展的过程中，信息检索技术必然需要不断完善、不断更新、不断调整，这是其发展的必然。而现阶段我们需要的做的就是全面掌握网络信息检索技术的现状，时刻关注网络发展形势以及人们的需求。网络信息检索技术领域具有非常大的发展空间，抓住时机，进而为人们创造出更加方便、快捷的检索技术，才是目前计算机技术人员所要关注的热点问题。

第4章 移动电子商务

知识要点

- 移动互联网的基本概念
- 移动电子商务的基本概念
- 移动电子商务的基础技术
- 电子交易与支付概念

能力要点

- 掌握移动电子商务交易
- 掌握移动电子商务支付

引例4——移动电子商务的故事

案例1　被裁就去开网店　卖年货月入8000元

金融危机，让一些白领赤裸裸地暴露在裁员、减薪的经济寒潮下。但网络购物行业的大门始终向每一个有着创业梦想的人敞开着。人们选择在网上“淘”价格更便宜的年货来躲避经济寒流，因而不少新生的特色网店也应运而生。

曾在一家公关公司工作的小郑在两个月前接到了单位人力资源部的电话，她不幸成了单位首批被裁掉的员工之一。但是在网上开店给她带来的利润和成就感让她很快淡忘了被裁员带来了的失落。小郑的老家在运城万荣，那里被称为中国“苹果之乡”。小郑正是看到了这一商机，很快在淘宝网上开了一家专门卖山西苹果的小店。她告诉记者，山西苹果3.5元/斤非常抢手，尤其是元旦过后临近春节，买家一次购买基本都是20斤以上，每天接到全国各地几十张订单，当天她就将订单传真给老家的亲人，然后发货、确认收款后完成交易。“一个月能挣8000多元，比在单位上班要挣得多。”

小郑并不是依靠开网店“发财”的个案。刘先生和女友在同一家传媒公司就职，同样受到金融危机的影响，单位效益不佳，去年11月份开始，两人薪水锐减50%，为了维持正常的生活开销，两人另辟蹊径，也在网上开店卖年货。他们主要经营瑞士巧克力、东南亚热带干果、马来西亚特产西梅、缅甸特产燕窝奶丝糖、韩国风味的芝麻炒海苔和日本糙米海苔卷等目前热销的国外特产。

方便快捷、价格优惠、产品丰富是网民热衷网购的三大原因。而价格只是网购相对于传统购物方式最表层的优势，其实购物成本=价格成本+时间成本+精力成本+交通成本+人情成本……除了价格便宜之外，网购节省了百姓的时间、精力、来回超市的交通费用，以及托人购物的人情等综合成本。

网络购物相比传统购物的优势已成共识，金融危机时期人们的网购热情丝毫未减，特别是临近春节正值消费旺季，网购更是吸引了大批网民。同时网购的持续火爆客观上又促进了更多的人，特别是刚刚失业和在金融危机中收入下降的白领们，进入网购领域开店创收。

案例2　大西洋的娃娃鱼

娃娃鱼是经朋友介绍上淘宝的，那时正赶上联想3110打印机新年贴钱卖，他抱着试试的心理汇款过去了，第三天就接到电话向他确认地址，一个星期之内东西就到了，还有正规发票。那次的淘宝体验也让娃娃鱼对电子商务产生了巨大的兴趣！

在之后放寒假的一个半月里，娃娃鱼决定开始他的淘宝之旅，卖女鞋。娃娃鱼进的是广州货，一双鞋进价要25～40元。但由于一些以次充好的的商品把价格标得很低，导致恶性竞争，使娃娃鱼不能把价格抬到合理水平。

“一双时装鞋只能赚到5元钱，但是没有办法，我还是得继续做，只能自己送货，千方百计地省成本。”

虽然赚不了什么钱，但娃娃鱼依然很满足在淘宝开店的生活。“如果没有淘宝，我或许还在做着平庸的学生会干部；如果没有淘宝，或许我的大部分空闲时间还是用看碟来打发；

如果没有淘宝，我不会体会到生活的艰辛；如果没有淘宝，我不会认识这么多来自五湖四海的朋友。”

现在娃娃鱼已开始尝试高端品牌鞋市场，最近设立了香港雅奇利牛皮女鞋专柜，美国宾度王子牛皮男鞋专柜等，并通过自己的一些社会关系找到了正规的进货渠道，货源充足。“我相信在淘宝经营店铺是有前途的。”娃娃鱼表示，如果经营情况良好，会考虑毕业后把网上开店作为主业。

4.1　移动电子商务概述

4.1.1　移动互联网

移动互联网（Mobile Internet，MI）是一种通过智能移动终端，采用移动无线通信方式获取业务和服务的新兴业务，包含终端、软件和应用三个层面。

1. 移动互联网定义

移动互联网，就是将移动通信和互联网二者结合起来，成为一体，是指互联网的技术、平台、商业模式和应用与移动通信技术结合并实践的活动的总称，如图 4-1 所示。4G 时代的开启以及移动终端设备的凸显必将为移动互联网的发展注入巨大的能量，2015 年，中国移动互联网市场的增速保持在 77%，总市场规模达 3776 亿元，较 2014 年上升 1600 亿元。

图 4-1　移动互联网

广义的定义就是用户通过各种移动终端，通过各种无线网络接入到互联网中，如通过无线局域网（WLAN）、WiMax、移动通信网等。

狭义定义就是用户通过各种移动终端（手机/PDA，便携式PC或者其他手持设备）通过移动通信网（如GSM、CDMA、3G/4G网络等）接入互联网业务（包括开放式互联网、WAP、IMS等方式）。

2. 移动互联网的特点

（1）便捷性。

移动互联网的便捷性体现在它提供了丰富的应用场景，让人们可以在任何完整或零碎的时间使用，移动用户可随时随地方便地接入无线网络，诸多应用可以同时进行。此外，随时随地均可使用的移动应用还可以把很多消费的研究和决策往后推。例如，出行之前不用再去查找路线，上车后打开GPS即可。

（2）智能感知。

移动互联网的设备可以定位自己所处的方位，采集附近事物及声音的信息。而现在更新的设备还可以感受到温度、嗅觉、触碰感，这显然要比传统的设备“聪明”很多，如图4-2所示。

图4-2　智能感知

（3）个性化。

移动互联网的个性化表现为终端、网络和内容与应用的个性化。首先，终端个性化表现在消费移动终端与个人绑定，个性化呈现能力非常强。其次，网络个性化表现为移动网络对用户需求、行为信息的精确反映和提取能力，并可与Mashup等互联网应用技术、电子地图等相结合。

4.1.2 移动电子商务

1．移动电子商务定义

移动电子商务就是利用手机、PDA 及掌上电脑等无线终端进行的 B2B、B2C、C2C 或 O2O 的电子商务。它将因特网、移动通信技术、短距离通信技术及其他信息处理技术完美地结合，使人们可以在任何时间、任何地点进行各种商贸活动，实现随时随地、线上线下的购物与交易、在线电子支付，以及各种交易活动、商务活动、金融活动和相关的综合服务活动等，如图 4-3 所示。

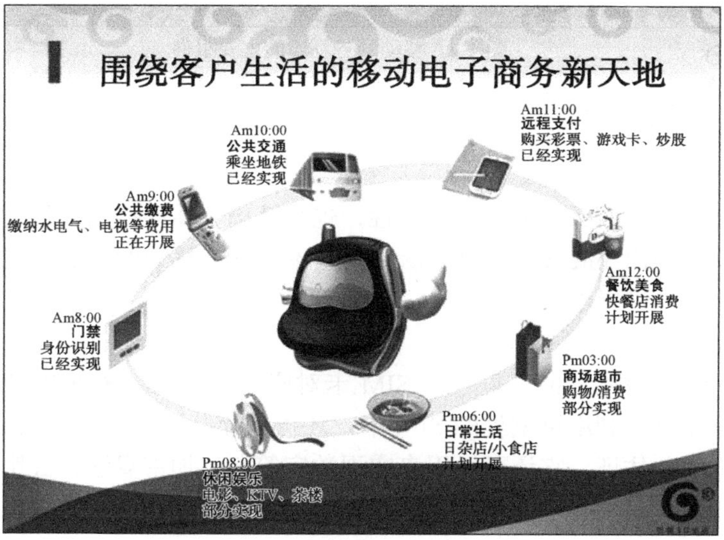

图 4-3　移动电子商务

移动商务作为新兴事务，不同的学者和专家也给出了若干不同的定义。但一般可以认为移动商务（M-Commerce）是由电子商务（E-Commerce）的概念衍生出来的，现在的电子商务以 PC 为主要界面，是“有线的电子商务”；而移动商务是那些依托移动通信网络，使用手机、掌上电脑、笔记本电脑等移动通信终端和设备所进行的各种商业信息交互和各类商务活动。移动电子商务的应用范围包罗万象，如在线交易、企业应用、获取信息和娱乐消费，这些服务将会在企业用户、专业人士和消费者中受到广泛的欢迎。通过移动电子商务，用户可随时随地获取所需的服务、信息和娱乐。

无线技术的使用通过提供移动性（参与）和便携性（技术）的额外方面，扩展了传统电子商务的性质和作用范围。因此，移动商务有时也称为移动电子商务。移动商务可以看做是固定式有线电子商务的许多负面的一种灵活的解决方案。基于无线的网络基础结构，以及支持这种结构的便携式移动技术，提供了商业系统领域内的灵活性和移动性。迄今为止，无线远程通信网络最商业化的应用已经成为了通过便携式设备（如 PDA 和特殊的移动电话）访问移动 Internet 的能力。但是，移动 Internet 只是移动电子商务世界中许多其他应用中的一种。类似地，移动电话已经被看做是无线世界中的主要设备，如图 4-4 所示为移动商务环境的主要组件。

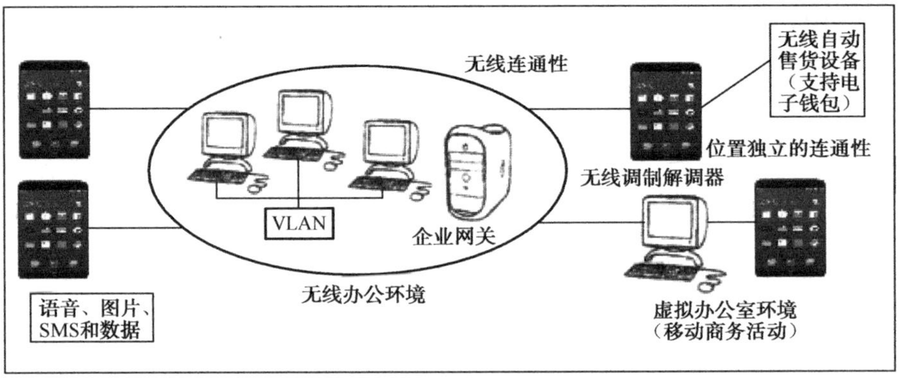

图 4-4　移动商务环境的主要组件

2．移动电子商务的特点

（1）移动接入。

移动接入是移动电子商务一个重要的特性，也是基础。移动接入是移动用户使用移动终端设备通过移动网络访问 Internet 信息和服务的基本手段。移动网络的覆盖面是广域的，用户随时随地可以方便地进行电子商务交易。

（2）身份鉴别。

SIM 卡的卡号是全球唯一的，每一个 SIM 卡对应一个用户，这使得 SIM 卡成为移动用户天然的身份识别工具，利用可编程的 SIM 卡，还可以存储用户的银行账号、CA 证书等用于标识用户身份的有效凭证。它还可以用来实现数字签名、加密算法、公钥认证等电子商务领域必备的安全手段。有了这些手段和算法，就可以开展比 Internet 领域更广阔的电子商务应用。

（3）移动支付。

移动支付是移动电子商务的一个重要目标，用户可以随时随地完成必要的电子支付业务。移动支付的分类方式有多种，其中比较典型的分类包括：按照支付的数额可以分为微支付、小额支付、宏支付等；按照交易对象所处的位置可以分为远程支付、面对面支付、家庭支付等；按照支付发生的时间可以分为预支付、在线即时支付、离线信用支付等。

（4）信息安全。

移动电子商务与 Internet 电子商务一样，需要具有 4 个基本特征（数据保密性、数据完整性、不可否认性及交易方的认证与授权）的信息安全。由于无线传输的特殊性，现有有线网络安全技术不能完全满足移动电子商务的基本需求。移动电子商务<优麦电子商务论文>的信息安全所涉及的新技术包括：无线传输层安全（WTLS）、基于 WTLS 的端到端安全、基于 SAT 的 3DES 短信息加密安全、基于 SignText 的脚本数字签名安全、无线公钥基础设施（WPKI）、KJava 安全、BlueTooth/红外传输信息传输安全等，不一而足。

3．移动电子商务的过去

开始网购还是在 2002 年，那时移动电子商务才刚刚开始，C2C 的老大是易趣，淘宝还是听不到名字的小弟弟。那时候也没有什么支付宝之类的第三方支付平台，而物流还要靠邮局的平邮。用简单的几句话来概括就是，物流基本靠走，通信基本靠吼，信誉基本靠狗，如图 4-5 所示。

图 4-5　移动电子商务的过去

4．移动电子商务的现在

现在移动电子商务处在加速期，电子商务“十二五”被列为国家战略性新兴产业。还是用简单的几句话来概括，完善的信誉评价体系，发达的物流配送，方便快捷的支付方式，如图 4-6 所示。

图 4-6　移动电子商务的现在

5. 移动电子商务对中国社会的影响

（1）它让信用开始等同于财富。由于有了电子商务，我们在网络上建立起了相应的信用评价机制，信用开始逐渐和财富画上等号。而在移动电子商务兴起之前，有信用的人未必有财富。

今天在淘宝网上，卖家和买家对每一个好评、每一个差评是何等的关注。假如我们不能在信用越好和财富越多之间画起等号来，商业社会看到的将永远是欺诈。

（2）它让消费者有了更多选择，并在选择中变得越来越聪明。以前你可能到商场去买一件衣服要花三千块钱，但是现在网上同样的衣服只卖三百块。一些人的惯性思维认为这肯定是假货，否则怎么可能这么便宜。事实上不是网上卖便宜了，而是商场卖贵了，这玩意儿本来就只值三百块。

（3）它让国内的制造业懂得了不仅仅要会制造，你还需要服务，还需要营销，还需要品牌。

6. 2015年“双十一”淘宝交易额

2015年11月12日零点消息，阿里巴巴刚刚公布了“双十一”的最终战绩：交易额突破912.17亿元，其中移动交易额626亿元，占比68.67%，物流订单量4.67亿。覆盖232个国家和地区。再次刷新“双十一”纪录，如图4-7所示。

2015天猫“双十一”成交额从11月11日零时就一路攀升。来自阿里巴巴实时数据显示，零点刚过1分12秒，2015天猫“双十一”交易额已超10亿元。5分45秒，交易额超50亿元。仅12分钟28秒，交易额就冲破了100亿元，其中无线交易额占比74.83%。去年交易额过100亿元用了38分钟28秒。上午11时50分，2015天猫“双十一”交易额超571亿元，打破2014年“双十一”全天交易额纪录。

图4-7　2015年“双十一”淘宝一天的交易额

4.2 移动电子商务模式

4.2.1 移动电子商务平台

移动电子商务平台就是使用移动互联网，通过手机就可以浏览平台上的相关产品信息。

1. 移动电子商务平台定义

新一代的 WAP 标准将使当今互联网技术顺利移植为如 XHTML 等以 XML 为基础的技术，包括传输控制协议（TCP）以及支持多媒体应用的彩色图像、动画、音乐文件和图片的下载。

移动电子商务平台就是利用手机、PDA 及掌上电脑等无线终端进行的 B2B、B2C 或 C2C 的电子商务。它将因特网、移动通信技术、短距离通信技术及其他信息处理技术完美结合，使人们可以在任何时间、任何地点进行各种商贸活动，实现随时随地、线上线下的购物与交易、在线电子支付，以及各种交易活动、商务活动、金融活动和相关的综合服务活动等。

2. 移动电子商务平台环境

移动电子商务平台的环境主要包括：用户、使用环境、移动设备、浏览器、互联网接入、网站结构和内容等。

（1）用户。

用户即使用者，中外皆如此。从语言层级的角度看，它比顾客低，也赶不上客户。用户一词更多指的是一种产品的使用者，它是中性的，有一定的技术色彩，特别是在互联网时代，考虑到人们使用的产品在规模上越来越大，用户的群体也越来越大，突破了阶层的局限。因此，用户是和产品分不开的，手机是一个典型的例子，手机既是一种媒介，也是一种产品，它在这个意义上诠释了麦克卢汉所说的媒介即讯息。当一个观众变成一个用户的时候，往往他的黏性也在增加，也就是我们经常说的媒介忠诚度。用户当然也是消费者，不同的是，用户有了更多共同生产和共享消费的元素。

（2）使用环境。

使用环境是指用户使用移动设备进行电子商务时所处的物理环境、社会环境和时间环境等。其中，物理环境包括地理位置、天气情况等；社会环境包括经济状况、文化、宗教信仰，以及其他人对用户的影响力等；时间环境指用户执行某个任务的时间点及时间限制。

（3）移动设备与浏览器。

移动设备即通常所指的具备联网功能的手机、PDA、掌上电脑等；浏览器指安装在移动设备上的网站浏览软件，如 QQ 浏览器、360 浏览器、百度浏览器和搜狐浏览器等。

（4）互联网接入。

互联网接入是指移动设备与无线网络和有线网络的联接。目前手机接入的网络有 2G、3G、4G 等。

① 2G 网络，是目前大多数人在用的。手机通过诸如 GPRS 网络等连接到移动基站，基站的网络设备是已经连接到国际互联网的。

② 3G 网络，移动的 TD-SCDMA、联通的 WCDMA、电信的 CDMA2000 都是 3G 网络，手机还是连接到移动基站，只是基站与手机之间的连接带宽更大了。

③ 4G 网络，手机还是连接到移动基站，只是手机与基站之间的带宽比 3G 网络更大，也就是理论上可以提供更快的上网速度。

从个人业务上讲，首先手机要支持相应的技术，比如要用电信的 3G 网络就得有一个支持 CDMA2000 的手机，还得有个手机号，还要开通相应的上网业务。

（5）网站结构与内容。

网站结构与内容是指企业为用户提供产品和服务的平台，是移动电子商务网站商业目的、信息和技术的综合体现。如图 4-8 所示的是手机淘宝网的平台。

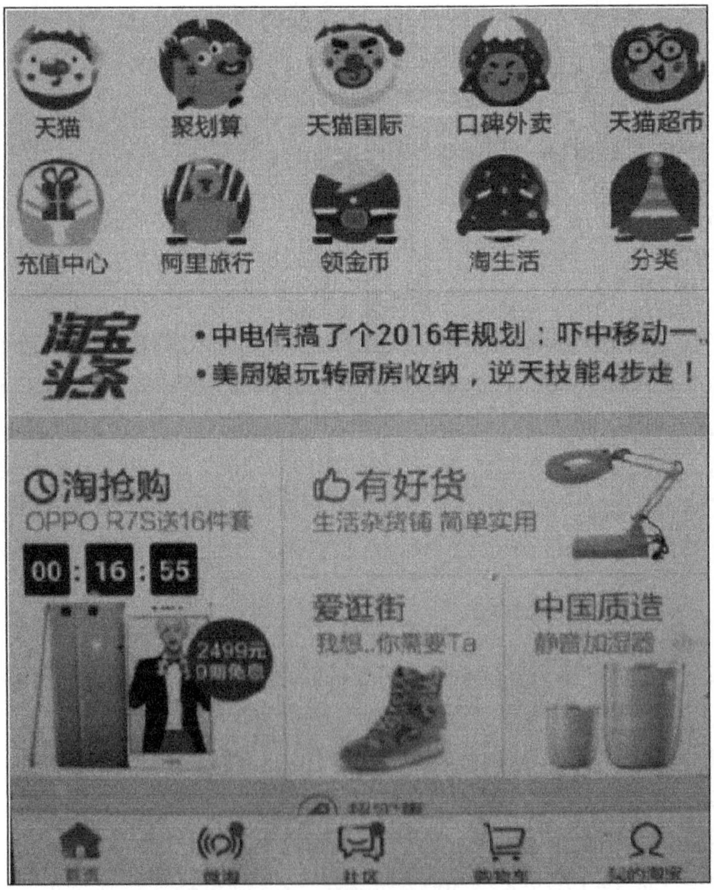

图 4-8　手机淘宝网的平台

4.2.2 移动电子商务应用模式

1．以手机淘宝、京东移动端等为代表的传统 PC 电商移植到移动电商

这类更多是传统 PC 电商向移动电商的移植，主要目标是拓展移动互联网的流量资源，平台、商家和供应链的本质并没有太多变化。

2．以买卖宝为代表的 WAP 移动 B2C 电商

专注三四线城市的人群，针对当时这类人群有手机无电脑的情况下进行的电商购物，采用 WAP 方式在 PC 时代具有一定差异化和壁垒。不过随着这类人群普及智能手机，这类电商会受到阿里和京东等电商的较大冲击。

3．以腾讯微商城、第三方微商城、企业微商城为代表的移动电商模式

以腾讯微商城为例，腾讯微商城是在微信爆发背景下的电商拓展，未来不管是易迅继续直营还是招募商家入驻，本质还是希望通过微信平台入口获取移动互联网流量资源和社会化营销资源，但信任背书关系和交易双方角色并未发生变化，实际是社会化电商的一种形式，目前国内的阿里和国外的 Facebook、Twitter 等都在发展。

4．以随手购、微店等为代表的 C2C 移动电商模式

这类是最近兴起的电商模式，即鼓励基于朋友信任背书的 C2C 交易。在此模式下，个体将转变为卖货人、买货人、信用背书人、采购人、首席体验官、客服等多种角色，但是信用风险也很大，需要在系统上做一些控制。

5．以 4G 环境为代表的移动电子商务模式

4G 网络的诞生为移动电子商务发展奠定了基础。4G 网络提供的服务更多，不论功能，还是性能都要好于 2G、3G，不久移动网络必然全面进入 4G 时代。因此移动电子商务发展应充分利用 4G 网络优势，创新改革移动电子商务模式。

（1）APP 商用模式。

现代社会中智能手机普及率越来越高，智能手机 APP 给商家带来了商机，很多商家纷纷开发自己的 APP 客户端，并通过 APP 客户端开展商务活动。京东移动客户端几乎覆盖了所有移动终端平台，APP 商用模式使京东营收增长了 21.8%。2014 年，我国互联网经济调查数据显示，移动网络经济中 APP 商用模式营收规模已达到了 626 亿元。APP 商用模式是通过 APP 客户端为用户和消费者提供服务，其最大特点是可视化操作界面及人性化服务，消费者可通过可视化操作界面直观地选择服务。并且 APP 客户端安装后可长时间存在用户移动设备中，这对于提升用户忠诚度也有着很大帮助。APP 商用模式必然成为移动电子商务的主流商务模式。

（2）微信营销模式。

微信营销模式是随着微信平台发展起来的新兴电子商务模式，微信营销模式主要是通过附近人搜索、品牌活动、折扣店、在线支付等形式实现的。商家可通过微信平台“附近的人”

功能获取到用户信息，从而了解用户的消费兴趣，通过增加用户来实现产品宣传和销售。2015年5月13日，腾讯发布的统计数据显示，微信平台已覆盖国内百分之九十以上的智能手机，每月活跃用户数量达5.6亿，如此庞大的市场，自然成为商家必争之地。目前已有许多企业和个人在微信平台上推出了品牌微店，利用微信营销模式进行商务活动。

4.3 移动电子商务技术

4.3.1 无线应用协议 WAP

移动电子商务技术主要有：无线应用协议、移动IP技术、蓝牙技术、GPRS技术、移动定位技术等。

1．无线应用协议 WAP 概述

无线应用协议WAP，是一项全球性的网络通信协议。它使移动Internet有了一个通用的标准，其目标是将Internet的丰富信息及先进的业务引入到移动电话等无线终端之中。

无线应用协议定义可通用的平台，把Internet网上HTML（标准通用标记语言SGML下的一个应用）的信息转换成用WML（Wireless Markup Language）描述的信息，显示在移动电话的显示屏上。WAP只要求移动电话和WAP代理服务器的支持，而不要求现有的移动通信网络协议做任何的改动，因而可以广泛地应用于GSM、CDMA、TD-SCDMA、3G等多种网络。

WAP的目标就是将Internet的丰富信息及先进的业务引入到移动电话等无线终端之中。它根据无线网络的特点（如低带宽、高延迟）进行优化设计，把Internet的一系列协议规范引入到无线网络中。此外WAP尽可能少地利用手持设备的ROM、RAM和CPU等资源，它通过加强网络的功能来弥补手持设备的缺陷。而基于Internet标准的微浏览器技术可以使手持设备根据自己不同的显示、输入方式来决定显示信息的方式。这样，各种终端，从最简单的手持机到功能丰富的PDA或笔记本电脑都能接到相同的信息和资源。

目前，许多电信公司已经推出了多种WAP产品，包括WAP网关、应用开发工具和WAP手机，向用户提供网上资讯、机票订购、游戏、购物等服务。

2．无线应用协议工作原理

用户可以借助无线手持设备，如掌上电脑、手机、呼机、双向广播、智能电话等，通过WAP获取信息。WAP支持绝大多数无线网络，所有操作系统都支持WAP，其中专门为手持设备设计的操作系统有PalmOS，EPOC，Windows CE，FLEXOS，OS/9及JavaOS。一些手持设备，如掌上电脑，安装微型浏览器后，可借助WAP接入Internet。微型浏览器文件很小，可较好地解决手持设备内存小和无线网络带宽不足的问题。虽然WAP能支持HTML（标准通用标记语言下的一个应用）和XML（标准通用标记语言的子集），但WML才是专门为小屏幕和无键盘手持设备服务的语言。WAP 也支持 WMLScript。这种脚本语言类似于 JavaScript，但对内存和 CPU 的要求更低，因为它基本上没有其他脚本语言所包含的无用功能。

采用客户机/服务器模式，在移动终端中嵌入一个于 PC 机上运行的微型浏览器，更多的事务和智能化处理交给 WAP 网关。服务和应用临时性地驻留在服务器中，而不是永久性地存储在移动终端中。

4.3.2 移动 IP 技术

1. 移动 IP 技术概述

移动 IP 通过在网络层改变 IP 协议，来实现移动计算机在 Internet 中的无缝漫游。移动 IP 技术使得节点在从一条链路切换到另一条链路上时无须改变它的 1P 地址，也不必中断正在进行的通信。移动 IP 技术在一定程度上能够很好地支持移动电子商务的应用。

移动 IP 不是移动通信技术和 Internet 技术的简单叠加，也不是无线话音和无线数据的简单叠加，它是移动通信和 IP 的深层融合，也是对现有移动通信方式的深刻变革。它将真正实现话音和数据的业务融合，移动 IP 的目标是将无线话音和无线数据综合到一个技术平台上传输，这一平台就是 IP 协议。

2. 移动 IP 技术工作原理

（1）几个基本概念。

移动 IP 技术的网络实体主要由以下几个部分组成。

① 移动节点：可从一条链路切换到另一条链路上，而仍然保持所有正在进行的通信，并且只使用它的家乡地址的那些节点。

② 家乡代理：即本地代理，有一个端口与移动节点家乡链路相连的路由器。

③ 外地代理：在移动节点的外地链路上的路由器。

④ 隧道：当一个数据包被封装在另一个数据包的净荷中进行传送时所经过的路径。家乡代理为将数据包传送给移动节点，需先把数据包通过隧道送往外地代理。

⑤ 转交地址：家乡代理和移动节点的隧道出口。有两种转交地址。

外地代理转交地址：即外地代理的 IP 地址，有一个端口连接移动节点所在的外地链路。外地代理转交地址的网络前缀并不一定与外地链路的网络前缀相同。

配置转交地址：即暂时分配给移动节点的某个端口 IP 地址，其网络前缀必须与移动节点当前所连的外地链路的网络前缀相同。

（2）移动 IP 技术的工作原理。

① 家乡代理和外地代理周期性发布代理广播消息，链路上的主机通过接收这个信息判断自己是处在家乡链路上还是外地链路上。同时，连在外地链路上的移动节点从代理广播消息中得到转交地址。

② 处于外地链路的移动节点向家乡代理注册转交地址。

③ 家乡代理和其他路由器广播对移动节点家乡地址的可达性，接收发往移动节点家乡

地址包。

④ 家乡代理截取发往移动节点家乡地址的包，并通过隧道送往它的转交地址，外地代理从隧道中取出原始数据包，并通过外地链路送往移动节点。

（3）移动 IP 的实现。

移动口的实现，主要通过以下三个步骤来完成。

① 代理搜索，主要完成以下几个功能：判断移动节点当前连在家乡链路上还是外地链路上；检测移动节点是否切换了链路；当移动节点连在外地链路上时，得到一个转交地址。

② 注册，主要完成以下几个功能：同时注册多个转交地址，家乡代理将送往移动节点家乡地址的数据包，通过隧道送往每个转交地址。可以在注销一个转交地址的同时保留其他转交地址；在先前不知家乡代理的情况下，移动节点可以通过注册动态地址得到一个可能的家乡代理的地址。

③ 数据包的选路，对于数据包的选路过程，主要考虑当移动节点在外地链路上的情形。因为当移动节点位于家乡链路上时，数据包的选路与固定节点的选路原理相同。只有当移动节点位于外地链路上时，才使用移动口机制进行选路。

4.3.3 “蓝牙”技术

1. “蓝牙”技术概述

“蓝牙”技术（Bluetooth）是由爱立信、IBM、诺基亚、Intel 和东芝共同推出的一项短程无线连接标准，旨在取代有线连接，实现数字设备间的无线互连，以确保大多数常见的计算机和通信设备之间可方便地进行通信。“蓝牙”作为一种低成本、低功率、小范围的无线通信技术，可以使移动电话、个人电脑、个人数字助理（PDA）、便携式电脑、打印机及其他计算机设备在短距离内无须线缆即可进行通信。例如，使用移动电话在自动售货机处进行支付，这是实现无线电子钱包的一项关键技术。

2. “蓝牙”系统组成

蓝牙系统一般由天线单元、链路控制（固件）单元、链路管理（软件）单元和蓝牙软件（协议栈）单元四个功能单元组成。

（1）天线单元。

蓝牙要求其天线部分体积十分小巧、重量轻，因此蓝牙天线属于微带天线。蓝牙空中接口是建立在天线电平为 0dB 的基础上的。空中接口遵循 FCC 有关电平为 0dB 的 ISM 频段的标准。

（2）链路控制（固件）单元。

在目前蓝牙产品中，人们使用了 3 个 IC 分别作为连接控制器、基带处理器及射频传输/接收器，此外还使用了 30～50 个单独调谐元件。基带链路控制器负责处理基带协议和其他一些低层常规协议。

（3）链路管理（软件）单元。

链路管理（LM）软件模块携带了链路的数据设置、鉴权、链路硬件配置和其他一些协议。LM 能够发现其他远端 LM 并通过 LMP（链路管理协议）与之通信。

（4）蓝牙软件（协议栈）单元。

蓝牙的软件（协议栈）单元是一个独立的操作系统，不与任何操作系统捆绑。它必须符合已经制定好的蓝牙规范。蓝牙规范是为个人区域内的无线通信而制定的协议，它包括两部分：第一部分为核心（Core）部分，用以规定诸如射频、基带、连接管理、业务搜寻（servicediscovery）、传输层，以及与不同通信协议间的互用、互操作性等组件；第二部分为协议子集（Profile）部分，用以规定不同蓝牙应用（也称使用模式）所需的协议和过程。

4.3.4　通用分组无线业务（GPRS）技术

1. GPRS 概述

GPRS 是通用分组无线业务（General Packet Radio Service）的简称，它突破了 GSM 网只能提供电路交换的思维方式，只通过增加相应的功能实体和对现有的基站系统进行部分改造来实现分组交换，这种改造的投入相对来说并不大，但得到的用户数据速率却相当可观。GPRS 是一种以全球手机系统（GSM）为基础的数据传输技术，可以说是 GSM 的延续。GPRS 和以往连续在频道传输的方式不同，是以封包（Packet）式来传输的，因此使用者所负担的费用是以其传输资料单位来计算的，并非使用其整个频道，理论上较为便宜。

GPRS 的传输速率可提升至 56Kbps，甚至 114Kbps。而且，因为不再需要现行无线应用所需要的中介转换器，所以连接及传输都会更方便容易。如此，使用者可联机上网，参加视讯会议等互动传播，而且在同一个视讯网络上（VRN）的使用者，甚至可以无须通过拨号上网，而持续与网络连接。

2. GPRS 技术优势

（1）相对低廉的连接费用。

在 GSM 网络中，GPRS 首先引入了分组交换的传输模式，使得原来采用电路交换模式的 GSM 传输数据方式发生了根本性的变化，这在无线资源稀缺的情况下显得尤为重要。按电路交换模式来说，在整个连接期内，用户无论是否传送数据都将独自占有无线信道。在会话期间，许多应用往往有不少的空闲时段，如上 Internet 浏览、收发 E-mail 等。对于分组交换模式，用户只有在发送或接收数据期间才占用资源，这意味着多个用户可高效率地共享同一无线信道，从而提高了资源的利用率。GPRS 用户的计费以通信的数据量为主要依据，体现了“得到多少、支付多少”的原则。实际上，GPRS 用户的连接时间可能长达数小时，却只需支付相对低廉的连接费用。

（2）传输速率高。

GPRS 可提供高达 115Kbps 的传输速率（最高值为 171.2Kbps，不包括 FEC）。这意味着在数年内，通过便携式电脑，GPRS 用户能和 ISDN 用户一样快速地上网浏览，同时也使一些对传输速率敏感的移动多媒体应用成为可能。

（3）接入时间短。

GPRS 主要是在移动用户和远端的数据网络（如支持 TCP / IP、X.25 等网络）之间提供一种连接，从而给移动用户提供高速无线 IP 和无线 X.25 业务。

GPRS 采用分组交换技术，它可以让多个用户共享某些固定的信道资源。如果把空中接口上的 TDMA 帧中的 8 个时隙都用来传送数据，那么数据速率最高可达 164Kbps。GSM 空中接口的信道资源既可以被话音占用，也可以被 GPRS 数据业务占用。当然在信道充足的条件下，可以把一些信道定义为 GPRS 专用信道。要实现 GPRS 网络，需要在传统的 GSM 网络中引入新的网络接口和通信协议。

4.3.5 移动定位系统 GPS

1．移动定位系统概述

移动定位是指通过特定的定位技术来获取移动手机或终端用户的位置信息（经纬度坐标），在电子地图上标出被定位对象的位置的技术或服务。定位技术有两种，一种是基于 GPS 的定位，一种是基于移动运营网的 LBS 基站定位。基于 GPS 的定位方式是利用手机上的 GPS 定位模块将自己的位置信号发送到定位后台来实现移动手机定位的。基站定位则是利用基站对手机的距离的测算距离来确定手机位置的。后者不需要手机具有 GPS 定位能力，但是精度很大程度依赖于基站的分布及覆盖范围的大小。前者定位精度较高。此外还有利用 Wi-Fi 在小范围内定位的方式。

2．GPS 定位原理

完整的 GPS 包括以下三部分。

（1）空间部分。

GPS 的空间部分是由 24 颗卫星组成的（21 颗工作卫星，3 颗备用卫星），它位于距地表 20200 千米的上空，均匀分布在 6 个轨道面上（每个轨道面 4 颗），轨道倾角为 55°。卫星的分布使得在全球任何地方、任何时间都可观测到 4 颗以上的卫星，并能得到在卫星中预存的导航信息。GPS 的卫星因为大气摩擦等问题，随着时间的推移，导航精度会逐渐降低。

（2）地面控制系统。

地面控制系统由监测站（Monitor Station）、主控制站（Master Monitor Station）和地面天线（Ground Antenna）所组成，主控制站位于美国科罗拉多州春田市（Colorado Spring）。地面控制站负责收集由卫星传回之讯息，并计算卫星星历、相对距离，大气校正等数据。

（3）用户设备部分。

用户设备部分即 GPS 信号接收机。其主要功能是能够捕获到按一定卫星截止角所选择的待测卫星，并跟踪这些卫星的运行。当接收机捕获到跟踪的卫星信号后，就可测量出接收天线至卫星的伪距离和距离的变化率，解调出卫星轨道参数等数据。根据这些数据，接收机中的微处理计算机就可按定位解算方法进行定位计算，计算出用户所在地理位置的经纬度、高度、速度、时间等信息。接收机硬件和机内软件，以及 GPS 数据的后处理软件包构成了完整的 GPS 用户设备。GPS 接收机的结构分为天线单元和接收单元两部分。接收机一般采用机内和机外两种直流电源。设置机内电源的目的在于更换外电源时不中断连续观测。在用机外电源时机内电池自动充电。关机后，机内电池为 RAM 存储器供电，以防止数据丢失。目前各种类型的接受机体积越来越小，重量越来越轻，便于野外观测使用。其次则为使用者接收器，现有单频与双频两种，但由于价格因素，一般使用者所购买的多为单频接收器。

我们通常所说的 GPS 往往仅指用户设备部分，它通过接收天空不同位置的三颗以上的卫星信号，测定手持机所在的位置，简单来说是利用了数学上三条线确定一个点的原理。

4.4　电子交易与支付

4.4.1　电子货币概述

> 电子货币是无形的电子数据，只有通过使用某些电子化方法才能将该数据直接转移给支付对象。

1．什么是电子货币

所谓电子货币（Electronic Money），是指以电子化机具和各类交易卡为媒介，以计算机技术和通信技术为手段，以电子数据形式存储在银行的计算机系统中，并通过计算机网络以信息的传递形式实现流通和支付功能的货币。

因此，电子货币的定义为用一定金额的现金或存款从发行者处兑换并获得代表相同金额的数据，通过使用某些电子化方法将该数据直接转移给支付对象，从而能够清偿债务。

电子货币发行和运行的流程如图 4-9 所示。

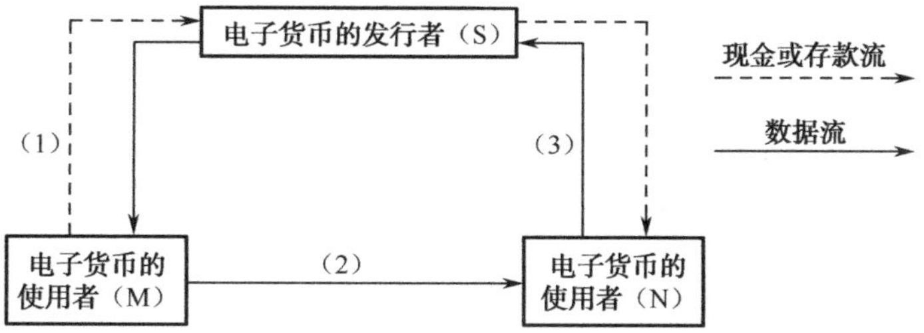

图 4-9　电子货币发行和运行流程

从图 4-9 中可知，电子货币发行和运行的流程分为以下三个步骤：

（1）发行。电子货币的使用者（M）向电子货币的发行者（S）（银行、信用卡公司等）提供一定金额的现金或存款并请求发行电子货币，S 接受来自 M 的有关信息之后，将相当于一定金额的电子货币的数据对 M 授权。

（2）流通。电子货币的使用者（M）授受了来自 S 的电子货币，为了清偿对电子货币的另一使用者（N）的债务，将电子货币的数据对 N 授权。

（3）回收。S 根据 N 的支付请求，将电子货币兑换成现金支付给 N，或者存入 N 的存款账户。

2. 电子货币体系

电子货币体系基本上以图4-9所示的基本形态为基础，尚有另一种较典型的体系，即在发行者与使用者之间有中介机构介入。例如，在基本形态中的S、M、N三个当事人之外，S、M之间介入了银行A，S、N之间介入了银行B，如图4-10所示。

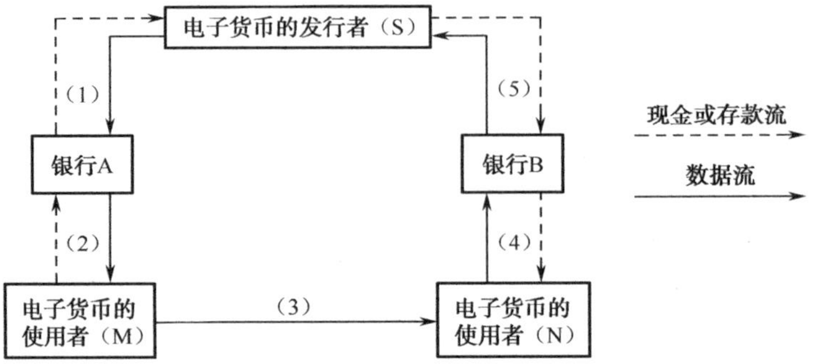

图4-10　有中介机构介入的电子货币体系

该电子货币体系的运行分为以下几个步骤：

（1）S根据A银行的请求，发行电子货币与现金或存款交换。

（2）M对A提供现金或存款，请求得到电子货币，A将电子货币向M授权。

（3）M将由A接受的电子货币用于清偿债务，授权于N。

（4）N的开户银行B根据N的请求，将电子货币兑换成现金支付给N（或存入N的存款账户）。

（5）A根据从N处接受了电子货币的银行B的请求，与电子货币兑换将现金支付给B（或存入B的存款账户）。

3. 电子货币的特点

电子货币作为现代科技和现代金融业务相结合的产物，具有以下几个突出的特点。

（1）电子货币是一种虚拟货币。

电子货币是在银行电子化技术高度发达的基础上出现的一种无形货币，它采用数字脉冲代替金属、纸张等载体进行传输和显示资金，通过芯片进行处理和存储，因而没有传统货币的物理形态、大小、重量和印记，持有者得不到持有的实际感觉。

（2）电子货币是一种在线货币。

电子货币通常在专用网络上传输，通过POS、ATM进行处理，也就是说，电子货币是在现有的银行、支票和纸币之外，通过网络在线大量流通的钱。电子货币保管需要有存储设备，交换需要有通信手段，保证其安全需要加密和解密用的计算机。

（3）电子货币是一种信息货币。

电子货币说到底只不过是观念化的货币信息，它实际上是由一组含有用户的身份、密码、金额、使用范围等内容的数字构成的特殊信息。人们使用电子货币交易时，实际上交换的是相关信息，这些信息传输到开设这种业务的银行后，银行就可以为双方交易结算，从而使消费者和企业能够通过比现实银行系统更省钱、更方便和更快捷的方式相互收付资金。

4.4.2　电子货币的表现形式

电子货币的形式是多种多样的。包括以下几种。

1. 电子支票

（1）定义。

电子支票是客户向收款人签发的，无条件的数字化支付指令。它可以通过互联网或无线接入设备来完成传统支票的所有功能。

电子支票是纸质支票的电子替代物，它与纸质支票一样是用于支付的一种合法方式，它使用数字签名和自动验证技术来确定其合法性。监视器的屏幕上显示出来的电子支票样子十分像纸质支票，填写方式也相同，支票上除了必须的收款人姓名、账号、金额和日期外，还隐含了加密信息。电子支票通过电子函件直接发送给收款方，收款人从电子邮箱中取出电子支票，并用电子签名签署收到的证实信息，再通过电子函件将电子支票送到银行，把款项存入自己的账户，如图 4-11 所示。

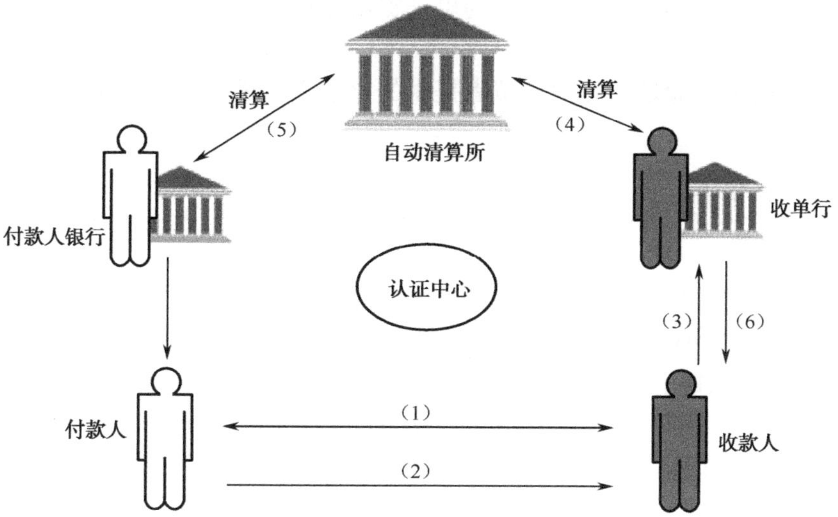

图 4-11　电子支票工作流程

（2）特点。

电子支票具有以下几个特点：

① 电子支票以传统支票为雏形，客户容易接受而且容易上手。

② 电子支票较好的支持了 B2B、B2C 的电子商务市场。

③ 电子支票采用先进技术提供了比传统支票更为可靠的安全防欺诈手段。

④ 电子支票打破境域的限制，最大限度地缩短了支票运转周期，减少在途资金。

⑤ 电子支票业务流程的自动化和网络化，节省了大量的人力物力，极大地降低了处理成本。

（3）电子支票交易流程。

电子支票交易流程如图4-12所示。

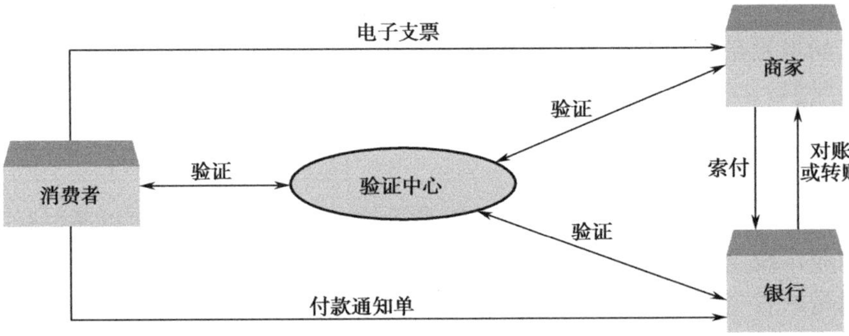

图4-12　电子支票交易流程

电子支票交易的过程可分以下几个步骤：

① 消费者和商家达成购销协议并选择使用电子支票支付。

② 消费者通过网络向商家发出电子支票，同时向银行发出付款通知单。

③ 商家通过验证中心对消费者提供的电子支票进行验证，验证无误后将电子支票送交银行索付。

④ 商家索付时通过验证中心对消费者提供的电子支票进行验证，验证无误后即向商家兑付或转账。

2．银行卡（信用卡）

（1）概述。

信用卡（Credit Card）是一种非现金交易付款的方式，是简单的信贷服务。信用卡一般是长85.60毫米、宽53.98毫米、厚1毫米的塑料卡片（尺寸大小是由ISO 7810、7816系列文件定义的），由银行或信用卡公司依照用户的信用度与财力发给持卡人，持卡人持信用卡消费时无须支付现金，待结账日时再行还款。除部分与金融卡结合的信用卡外，一般的信用卡与借记卡、提款卡不同，信用卡不会由用户的账户直接扣除资金。如图4-13所示的是中国工商银行的不同类型的信用卡。

图4-13　中国工商银行信用卡

（2）定义。

信用卡是商业银行向个人和单位发行的，凭以向特约单位购物、消费和向银行存取现金，具有消费信用的特制载体卡片，其形式是一张正面印有发卡银行名称、有效期、号码、持卡人姓名等内容，背面有磁条、签名条的卡片。

通俗地说，信用卡就是银行提供给用户的一种先消费后还款的小额信贷支付工具。即当你的购物需求超出了你的支付能力或者你不希望使用现金时，你可以向银行借钱，这种借钱不需要支付任何的利息和手续费。信用卡就是银行答应借钱给你的凭证，信用卡告诉你：你可以借银行多少钱、需要什么时候还。

（3）运作过程。

信用卡的运作过程如图4-14所示。

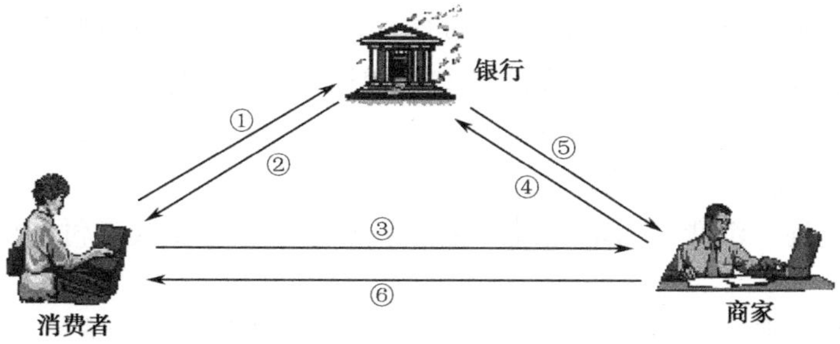

图4-14 信用卡运作过程

① 用户到银行开立一个信用卡账户。

② 用户就可以从开户行得到一张信用卡。

③ 用户要购买某种商品时，就把自己的信用卡号和密码提供给商家，申请购物，并在购物单上签字。

④ 商家得到购物申请后，与开卡行取得联系，请求开卡行进行支付确认。

⑤ 开卡行在确认持卡人的身份之后，给商家返回一个确认信息批准交易。

⑥ 商家供货给持卡人，银行则把相应的货款由持卡人的账户转到商家的账户上。

（4）特点。

信用卡具有以下几个特点。

① 不需存款即可透支消费，并可享有20～56天的免息期，按时还款分文利息不收。

② 购物时刷卡不仅安全、卫生、方便，还有积分礼品赠送。

③ 持卡在银行的特约商户消费，可享受折扣优惠。

④ 积累个人信用，在信用档案中增添诚信记录，让你终生受益。

⑤ 通行全国无障碍，在有银联标识的ATM和POS机上均可取款或刷卡消费。

⑥ 可以进行电子购物。使用信用卡支付可以通过电话或网络进行。

当然，使用信用卡也存在着一些问题。其中最主要的就是安全问题。盗用信用卡的事件也时常有所发生，如果在SET协议的规范下，进行安全电子交易，在一定程度上可以避免这样的事情发生。

3. 电子钱包

（1）定义。

电子钱包是电子商务购物活动中常用的一种支付工具，适用于小额购物。在电子钱包内存放的是电子货币，如电子现金、电子零钱、电子信用卡等。使用电子钱包购物，通常需要在电子钱包服务系统中进行。电子商务活动中电子钱包的软件通常都是免费提供的。世界上有 VISA Cash 和 Mondex 两大在线电子钱包服务系统。

（2）作用。

电子钱包具有以下几个作用。

① 个人资料管理，消费者成功申请钱包后，系统将在电子钱包服务器端为其开立一个属于个人的电子钱包档案，消费者可在此档案中增加、修改、删除个人资料。

② 网上付款，电子钱包消费者在网上选择商品后，登录到电子钱包，选择入网银行卡，向“金融联”支付网关发出付款指令来进行支付。

③ 交易记录查询，消费者可对通过“金融联”电子钱包完成支付的所有历史交易记录进行查询。

④ 银行卡余额查询，消费者可通过“金融联”电子钱包查询个人银行卡的余额。

⑤ 商户站点链接，“金融联”电子钱包内设众多商户站点链接，用户可通过链接直接登录商户站点进行购物。

（3）运作过程。

电子钱包的运作过程如图 4-15 所示。

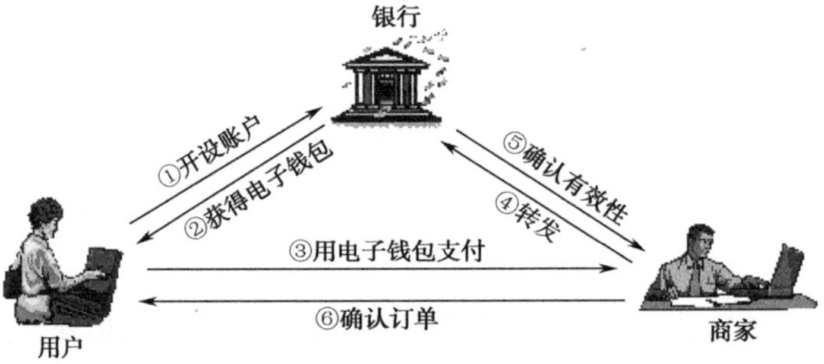

图 4-15　电子钱包运作过程

① 用户向银行申请，填写相关信息。

② 银行经审核后向用户发出获得电子钱包的信息。

③ 用户购买商品或服务。

④ 商家将相关信息转发给银行。

⑤ 银行经审核后，将确认有效信息返回给商家。

⑥ 商家收到银行的确认信息后，确认订单开始向用户发货。

4.4.3 电子交易概念

1．什么是电子交易

所谓电子交易（Screen Trading）是指通过电子系统进行的交易，不同于在交易所、交易大厅面对面进行的交易。在电子商务中没有哪一部分比电子交易更引人注目了。电子交易将不再是简单地开辟一条新的网上销售渠道。它将降低经营成本并能帮助企业与客户、供货商以及合作伙伴建立更为密切的合作关系。电子交易使你能够在增加收入的同时建立起客户忠诚度，通过提高订单处理效率得以降低成本，降低库存和库房开支的同时还能保持满货率，并降低销售交易的实际成本。

Internet 上的电子交易可以分为三个方面：信息服务、交易和支付。主要内容包括：电子商情广告；电子选购和交易、电子交易凭证的交换；电子支付与结算，以及售后的网上服务等。主要交易类型有企业与个人的交易（B to C 方式）和企业之间的交易（B to B 方式）两种。 参与电子交易的实体有四类：顾客（个人消费者或企业集团）、商户（包括销售商、制造商、储运商）、银行（包括发卡行、收单行）及认证中心。

2．电子交易的特征

电子交易是一种新的交易形式，与传统的交易方式相比，具有以下特点：

（1）虚拟交易。

虚拟交易是通过 Internet 为代表的计算机互联网络进行的贸易，买卖双方可以在网上提供信息并搜寻对方，通过信息的推拉互动，签订电子合同，完成交易并进行电子支付。整个交易都在网络这个虚拟的环境中，无须当面进行。

（2）直接交易。

电子交易大大简化了商品流通环节，提高了交易效率。电子交易利用电脑网络快捷、便利的通信手段，在更广阔的时空里实现了商品流通，信息的咨询、交换，以至直接开展网上贸易。在这里，Internet 用一条前所未有的纽带把全世界的商品供需双方联系在一起，客户在不与商家碰面的情况下即可完成意向洽谈、看样订货、实际购买和支付货款的交易全过程。电子交易模式的出现，取代了商品流通中大量的中间行为，商品代理制、分销商、层层叠叠的批发，以及展览会、展销会等都有可能随着电子交易这种新型销售方式的崛起而变得不再那么重要。

（3）实时交易。

电子商业时代的交易是当场交易，即实时交易，服务的特征为不间断的全天候型。电子商业实时交易运作的神速，可以称为“商业的魔术”。电子商业的电子商店是一个全天候永不关闭的展览厅，供访问者随时参观和接受反馈意见。

（4）便利交易。

电子商业在时空上缩短了距离，可以免去交通工具和时间。在电子商业时代，电子通信完全代替了交通，这是电子商业的一大特点。很多商业活动可以在网上完成，不必到商店办理。有一个统计数表明，日本一家制造企业按传统的方式实现销售 100 万美元的目标，要花费一个人 100 公里的交通费和 10 小时的时间。如果利用网上完成，则可以节省这部分的费用和时间。对于家庭购物更是方便，有人做过一个测试，一个普通的三口人家庭，要购买其生活所需品，每个月花费在购物上的时间是 15～20 小时，如果再加上交通时间，这就更长了。在网上购物，足不出户，就可以购买到自己所需的产品，节省了大量的购物时间。

（5）透明交易。

买卖双方从交易的洽谈、签约，以及货款的支付、交货通知等整个交易过程都在网络上进行。通畅、快捷的信息传输可以保证各种信息之间互相核对，可以防止伪造信息的流通。例如，在典型的许可证 EDI 系统中，由于加强了发证单位和验证单位的通信、核对，所以假的许可证就不易漏网。海关 EDI 也帮助杜绝边境的假出口、兜圈子、骗退税等行径。

（6）高效交易。

由于因特网将贸易中的商业报文标准化，使商业报文能在世界各地瞬间完成传递与计算机自动处理，原料采购、产品生产、需求与销售、银行汇兑、保险、货物托运及申报等过程无须人员干预就可在最短的时间内完成。传统贸易方式中，用信件、电话和传真传递信息，必须有人的参与，每个环节都要花不少时间。有时由于人员合作和工作时间的问题，会延误传输时间，失去最佳商机。电子交易克服传统贸易方式费用高、易出错、处理速度慢等缺点，极大地缩短了交易时间，使整个交易非常快捷与方便。

（7）优质交易。

顾客可以通过网络直接与厂家见面和交谈，与每个商品厂家都有实时的联系，建立对话关系，这是传统报刊、杂志和电视广告没法做到的。顾客可以在网上听取厂家对商品的介绍，厂家也以解答顾客的疑问，这样会有良好的顾客关系和销售成果。

4.4.4 电子支付概念

1. 什么是电子支付

电子支付是指电子交易的当事人，包括消费者、厂商和金融机构，使用安全电子支付手段，通过网络进行的货币支付或资金流转。电子支付是电子商务系统的重要组成部分。

电子支付是指通过互联网为载体进行的资金转移，利用银行所支持的某种数字金融工具，发生在购买者和销售者之间的金融交换，而实现从买者到金融机构、商家之间的在线货币支付、现金流转、资金清算、查询统计等过程，由此为电子商务服务和其他服务提供金融支持。

支付宝（Alipay）最初是淘宝网公司为了解决网络交易安全所设的一个功能，该功能首先使用了“第三方担保交易模式”，由买家将货款打到支付宝账户，由支付宝向卖家通知发货，买家收到商品确认后指令支付宝将货款放于卖家，至此完成一笔网络交易。支付宝于 2004 年 12 月独立为浙江支付宝网络技术有限公司，是阿里巴巴集团的关联公司。

2. 电子支付工作流程

电子支付工作流程如图 4-16 所示。

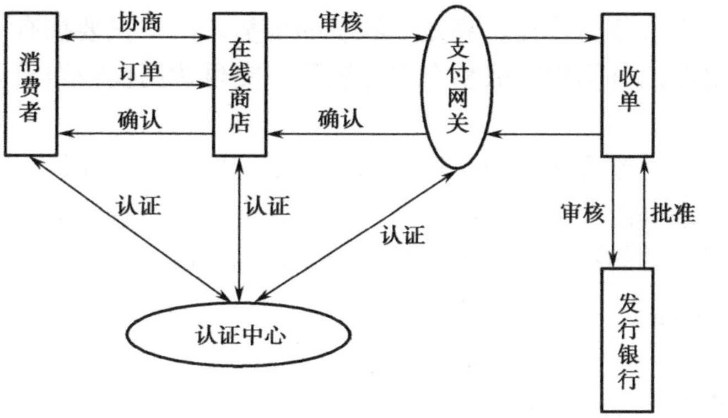

图 4-16　电子支付工作流程

从图 4-16 中可知，整个电子支付工作流程分为下面七个步骤。

（1）消费者利用自己的 PC 通过互联网选定所要购买的物品，并在计算机上输入订单，订单上需包括在线商店、购买物品名称及数量、交货时间及地点等相关信息。

（2）系统通过电子商务服务器与有关在线商店联系，在线商店做出应答，告诉消费者所填订单的货物单价、应付款数、交货方式等信息是否准确，是否有变化。

（3）消费者选择付款方式，确认订单，签发付款指令。此时 SET 开始介入。

（4）在 SET 中，消费者必须对订单和付款指令进行数字签名。同时利用双重签名技术保证商家看不到消费者的账号信息。

（5）在线商店接受订单后，向消费者所在银行请求支付认可。信息通过支付网关到收单银行，再到电子货币发行公司确认。批准交易后，返回确认信息给在线商店。

（6）在线商店发送订单确认信息给消费者。消费者端软件可记录交易日志，以备将来查询。

（7）在线商店发送货物或提供服务，并通知收单银行将钱从消费者的账号转移到商店账号，或通知发卡银行请求支付。

在认证操作和支付操作过程中，通常会有一个时间间隔，如在每天的下班前请求银行结一天的账。

3．电子支付特征

与传统的支付方式相比，电子支付具有以下特征。

（1）电子支付是采用先进的技术通过数字流转来完成信息传输的，其各种支付方式都是通过数字化的方式进行款项支付的；而传统的支付方式则是通过现金的流转、票据的转让及银行的汇兑等物理实体来完成款项支付的。

（2）电子支付的工作环境基于一个开放的系统平台（即互联网）；而传统支付则是在较为封闭的系统中运作。

（3）电子支付使用的是最先进的通信手段，如 Internet、Extranet，而传统支付使用的则是传统的通信媒介；电子支付对软、硬件设施的要求很高，一般要求有联网的微机、相关的软件及其他一些配套设施，而传统支付则没有这么高的要求。

（4）电子支付具有方便、快捷、高效、经济的优势。用户只要拥有一台上网的 PC 机，便可足不出户，在很短的时间内完成整个支付过程。支付费用仅相当于传统支付的几十分之一，甚至几百分之一。

在电子商务中，支付过程是整个商贸活动中非常重要的一个环节，同时也是电子商务中准确性、安全性要求最高的业务过程。电子支付的资金流是一种业务过程，而非一种技术。但是在进行电子支付活动的过程中，会涉及到很多技术问题。

4.4.5 电子交易模型

1. B2C 直销模式

B2C 直销模式实质上就是通过简化、消灭中间商，来降低产品的流通成本，从而满足顾客利益最大化的需求。在非直销模式中，有两支销售队伍，即制造商到经销商，再由经销商到顾客。直销模式的最大特点是供需直接见面，环节少、速度快、费用低。其流转过程如图 4-17 所示。

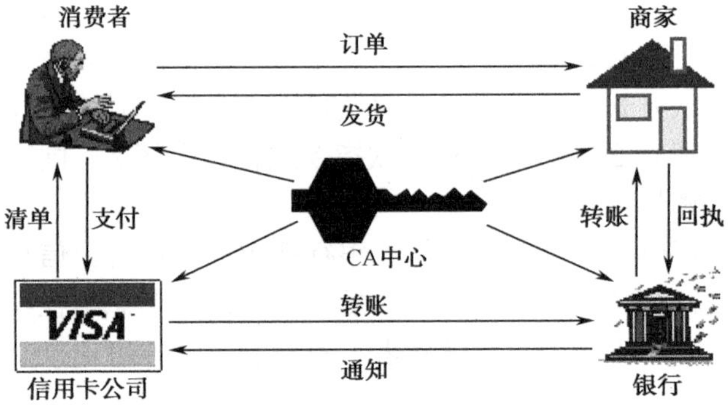

图 4-17 B2C 直销流程

B2C 直销模式过程可以分为以下 6 个步骤：

（1）消费者进入 Internet，查看企业和商家的主页。

（2）消费者通过购物对话框填写姓名、地址、商品品种、规格、数量、价格。

（3）消费者选择支付方式，如信用卡，也可选用借记卡、电子货币或电子支票等。

（4）企业或商家的客户服务器检查支付方服务器，确认汇款额是否认可。

（5）企业或商家的客户服务器确认消费者付款后，通知销售部门送货上门。

（6）消费者的开户银行将支付款项传递到消费者的信用卡公司，信用卡公司负责发给消费者收费单。

在整个过程中，需要第三方证书授权（CA），以确认在 Internet 上经商者的真实身份。所有这些过程均在 SET 协议下进行，应用在安全电子商务交易的四个环节中，即从消费者、商家、支付网关到认证中心。

2. B2C 直销模式的特点

B2C 网上直销的特点如下：

（1）信息特点。

B2C 模式通过掌握大量个人和客户的信息，甚至购买习惯和个性需求，开展有针对性的网上促销和个性化服务。

（2）短渠道特点。

B2C 越过了销售渠道的重要环节——传统的代理商，这使得一些厂商或超大型的 MALL 公司利用传统的商品价格及物流仓储优势，通过网络实现销售给最终用户，这样的边际利润率相对较高。

（3）客户忠诚度特点。

B2C 模式培养了客户对产品的好感，形成了偏好，一方面会重复购买同样的产品，另一方面也会向亲朋好友宣传介绍产品，使之成为忠诚客户。

（4）资金的安全特点。

B2C 在支付环节上通常不会有很大的矛盾。个人购物通常都习惯以现金或信用卡在完成购买流程后即时支付，这对于网络公司的资金周转是非常有利的。至少，公司可以通过流程来控制和预计资金的流出和流入，而且出入比较小，便于管理和控制资金流量，坏账的可能性非常小。

3. B2B 直销模式

B2B 直销模式如图 4-18 所示。

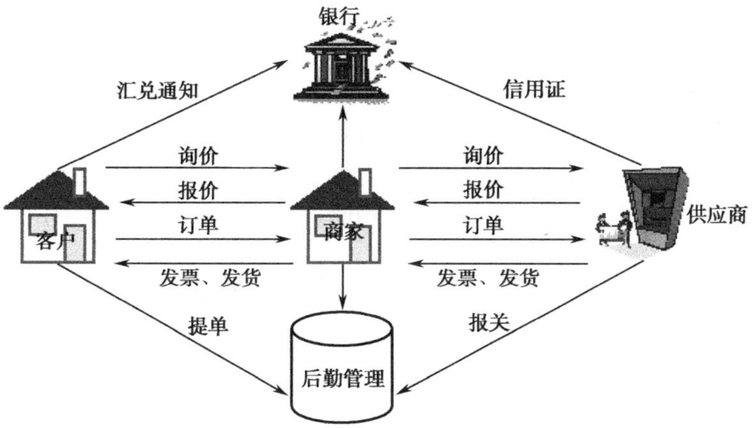

图 4-18 B2B 直销流程

B2B 直销模式的交易过程可以分为以下四个阶段：

（1）交易前的准备。

这一阶段主要是指买卖双方和参加交易各方在签约前的准备活动。

① 买方根据自己要买的商品，准备购货款、制订购货计划、进行货源市场调查和市场分析，反复进行市场查询，了解各个卖方国家的贸易政策，反复修改购货计划和进货计划，确定和审批购货计划。再按计划确定购买商品的种类、数量、规格、价格、购货地点和交易方式等，尤其要利用 Internet 和各种电子交易网络寻找自己满意的商品和商家。

② 卖方根据自己所销售的商品，召开商品新闻发布会，制作广告进行宣传，全面进行

市场调查和市场分析，制订各种销售策略和销售方式，了解各个买方国家的贸易政策，利用Internet和各种电子交易网络发布商品广告，寻找贸易伙伴和交易机会，扩大贸易范围和商品所占市场的份额。其他参加交易的各方，如中介方、银行金融机构、信用卡公司、海关系统、商检系统、保险公司、税务系统、运输公司等，也都为进行电子交易做好准备。

（2）交易谈判和签订合同。

这一阶段主要是指买卖双方对所有交易细节进行谈判，将双方磋商的结果以文件的形式确定下来，即以书面文件形式和电子文件形式签订贸易合同。电子交易的特点是可以签订电子交易贸易合同，交易双方可以利用现代电子通信设备和通信方法，经过认真谈判和磋商后，将双方在交易中的权利，所承担的义务，对所购买商品的种类、数量、价格、交货地点、交货期、交易方式和运输方式，违约和索赔等合同条款，全部以电子交易合同做出全面详细的规定，合同双方可以利用电子数据交换（EDI）进行签约，可以通过数字签名等方式签名。

（3）办理交易进行前的手续。

这一阶段主要是指买卖双方签订合同后到合同开始履行之前办理各种手续的过程，也是双方贸易前的交易准备过程。交易中要涉及到有关各方，即可能要涉及到中介方、银行金融机构、信用卡公司、海关系统、商检系统、保险公司、税务系统、运输公司等，买卖双方要利用EDI与有关各方进行各种电子票据和电子单证的交换，直到办理完可以将所购商品从卖方按合同规定开始向买方发货的一切手续为止。

（4）交易合同的履行和索赔。

这一阶段是从买卖双方办完所有各种手续之后开始的，卖方要备货、组货，同时进行报关、保险、取证、发信用证等工作，卖方将所购商品交付给运输公司包装、起运、发货，买卖双方可以通过电子交易服务器跟踪发出的货物，银行和金融机构也按照合同，处理双方收付款、进行结算，出具相应的银行单据等，直到买方收到自己所购商品，才完成了整个交易过程。索赔是在买卖双方交易过程中出现违约时，需要进行违约处理的工作，受损方要向违约方索赔。

参加交易的买卖双方在做好交易前的准备之后，通常都是根据电子交易标准规定开展电子交易活动，电子交易标准规定了电子交易应遵循的基本程序，简述如下：

① 客户方向供货方提出商品报价请求，说明想购买的商品信息。

② 供货方向客户方回答该商品的报价，说明该商品的价格信息。

③ 客户方向供货方提出商品订购单，说明初步确定购买的商品信息。

④ 供货方向客户方对提出的商品订购单进行应答，说明有无此商品及规格型号、品种、质量等信息。

⑤ 客户方根据应答提出是否对订购单有变更请求，说明最后确定购买商品的信息。

⑥ 客户方向供货方提出商品运输说明，说明运输工具、交货地点等信息。

⑦ 供货方向客户方发出发货通知，说明运输公司、发货地点、运输设备、包装等信息。

⑧ 客户方向供货方发回收货通知，报告收货信息。

⑨ 交易双方收发汇款通知，买方发出汇款通知，卖方报告收款信息。

⑩ 供货方向客户方发送电子发票，买方收到商品，卖方收到货款并出具电子发票，完成全部交易。

4.4.6 电子支付模型

电子支付功能是网上购物的关键问题，既要使消费者感到方便快捷，又要保证交易各方的安全保密，这就需要一个比较完善的电子交易模型。目前，电子支付模型有以下几种。

1. 支付系统无安全措施的模型

（1）流程。

用户从商家订货，并把信用卡信息通知商家。信用卡信息的传递方法有两种，一种是通过电话、传真等非网上手段，另一种是通过网络传送，但没有安全措施。信用卡信息的合法性检查是在商家和银行之间进行的。其运作流程如图 4-19 所示。

图 4-19 支付系统无安全措施模型的流程

（2）特点。

① 风险由商家承担。

② 商家完全掌握用户的信用卡信息。

③ 信用卡信息的传递无安全保障。

（3）不足。

① 商家得到了用户的信用卡信息，这样商家就有义务妥善保护用户的这些信息，否则用户的隐私权很容易遭到侵犯。事实上，有些商家并未履行这个义务，而是为了商业利益把信息透露给第三方。

② 信用卡信息的传递没有安全保障，这样就很容易被人截获或篡改。由此可以看出，这种模型是很不安全可靠的。

2. 通过第三方经纪人支付的模型

（1）流程。

用户首先需要在网上经纪人处开一个账户，网上经纪人持有用户的账户和信用卡号。用户用这个账户向商家订货，商家将用户账户提供给经纪人验证，经纪人验证商家身份和用户身份后，给用户发送电子邮件，要求用户确认购买和支付后，经纪人将信用卡信息传给银行，完成支付过程。其运作流程如图 4-20 所示。

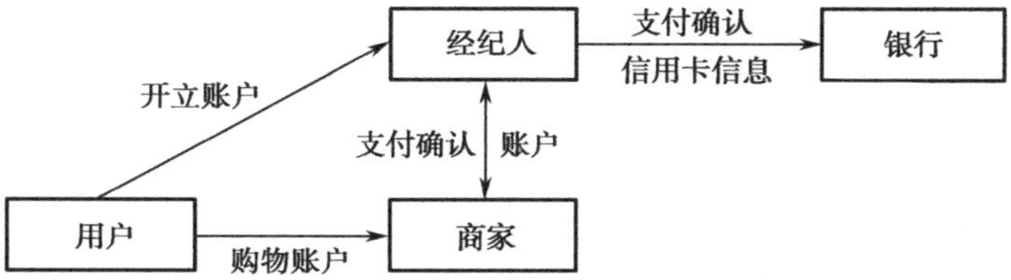

图 4-20 通过第三方经纪人支付的模型

（2）特点。

① 用户账户的开设不通过网络。

② 信用卡信息不在开放的网络上传送。

③ 通过电子邮件来确认用户身份。

④ 商家自由度大，风险小。

⑤ 支付是通过双方都信任的第三方（经纪人）完成的。

这种方式的关键在于第三方，交易双方都对它有较高的信任度，风险主要由它承担，保密等功能也由它实现。

3. 数字现金支付模型

（1）流程。

用户在银行开立数字现金账户，购买兑换数字现金。然后使用个人电脑数字现金终端软件从银行账户取出一定数量的数字现金存在硬盘上。用户从商家订货（该商家同意接收数字现金），使用数字现金支付所购商品的费用。接收数字现金的商家与用户银行之间进行清算，用户银行将用户购买商品的钱支付给商家。其运作流程如图 4-21 所示。

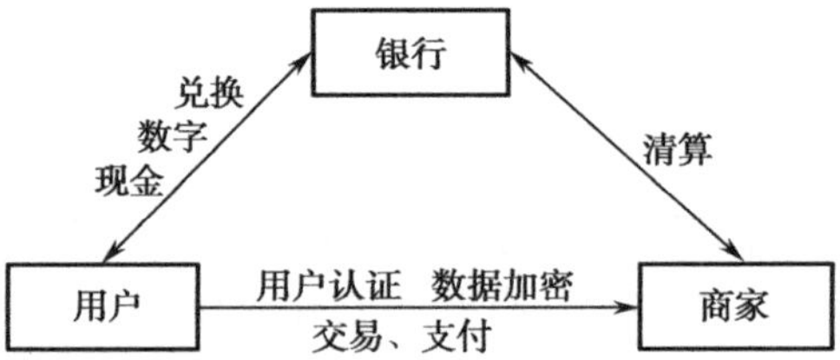

图 4-21 数字现金支付模型

（2）特点。

① 银行和商家之间应有协议和授权关系。

② 用户、商家和数字现金的发行方都需要使用数字现金软件。

③ 适用于小额交易。

④ 身份验证是由数字现金本身完成的。数字现金的发行方在发放数字现金时使用数字签名。商家在每次交易中将数字现金传送给银行，由银行验证数字现金的有效性。

⑤ 数字现金的发行方负责用户和商家之间实际资金的转移。

⑥ 数字现金与普通现金一样，可以存、取和转让。

4. 简单加密支付系统模型

（1）流程。

用户在银行开立一个信用卡账户，并获得信用卡号。用户向商家订货后，把信用卡信息加密并传给商家服务器。商家服务器对接收到信息的有效性和完整性进行验证后，将用户加密的信用卡信息传给业务服务器，商家服务器是无法看到用户的信用卡信息的。业务服务器验证商家身份后，将用户加密的信用卡信息转移到安全的地方解密，然后将用户信用卡信息通过安全专用网传送到商家银行。商家银行通过普通电子通道与用户信用卡发生联系，确认信用卡信息的有效性。得到证实后，将结果传送给业务服务器，业务服务器通知商家服务器交易完成或被拒绝，商家再通知用户。

整个过程只需经历很短的时间。交易过程的每一步都需要交易方以数字签名来确认身份，用户和商家都必须使用支持此种业务的软件。数字签名是用户、商家在注册系统时产生的，不能修改。用户信用卡加密后的信息一般都存储在用户的家用电脑上。其运作流程如图 4-22 所示。

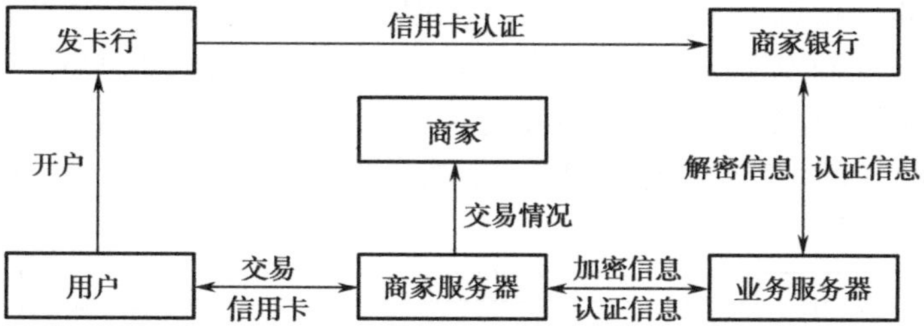

图 4-22　简单加密支付系统模型

（2）特点。

① 信用卡等关键信息需要加密。

② 使用对称和非对称加密技术。

③ 可能要启用身份认证系统。

④ 以数字签名确认信息的真实性。

⑤ 需要业务服务器和服务软件的支持。

这种模型的关键在于业务服务器，保证业务服务器和专用网络的安全就可以使整个系统处于比较安全的状态。由于商家不知道用户信用卡的信息，就杜绝了商家泄露用户隐私的可能性。

5．SET（Security Electronic Transaction）模型

“安全电子交易”，简称为 SET，是一个在开放的因特网上实现安全电子交易的国际协议和标准。SET 最初是由 VisaCard 和 MasterCard 合作开发完成的，其他合作开发伙伴还包括 GTE、IBM、Microsoft、Netscape、SAIC、Terisa、Verisign 等。

（1）SET 是以信用卡支付为基础的网上电子支付系统规范，为了满足用户、银行和软件厂商的多方需求，它必须实现以下目标：

① 信息在因特网上安全传输，不能被窃听或篡改。

② 用户资料要妥善保护，商家只能看到订货信息，看不到用户的账户信息。

③ 持卡人和商家相互认证，以确定对方身份。

④ 软件遵循相同的协议和消息格式，具有兼容性和互操作性。

（2）SET 标准的内容。

① 加密算法。

② 证书信息及格式。

③ 购买信息及格式。

④ 认可信息及格式。

⑤ 划账信息及格式。

⑥ 实体之间消息的传输协议。

（3）流程。

SET 协议的工作流程与实际购物流程非常接近，但一切操作都是通过 Internet 完成的。用户在银行开立信用卡账户，获得信用卡。用户在商家的 Web 主页上查看商品目录选择所需商品。用户填写订单并通过网络传递给商家，同时附上付款指令。订单和付款指令要有用户的数字签名并加密，使商家无法看到用户的账户信息。商家收到订单后，向发卡行请求支付确认。发卡行确认后，批准交易，并向商家返回确认信息。商家发送订单确认信息给用户，并发货给用户。然后，商家请求银行支付货款，银行将货款由用户的账户转移到商家的账户。其运作流程如图 4-23 所示。

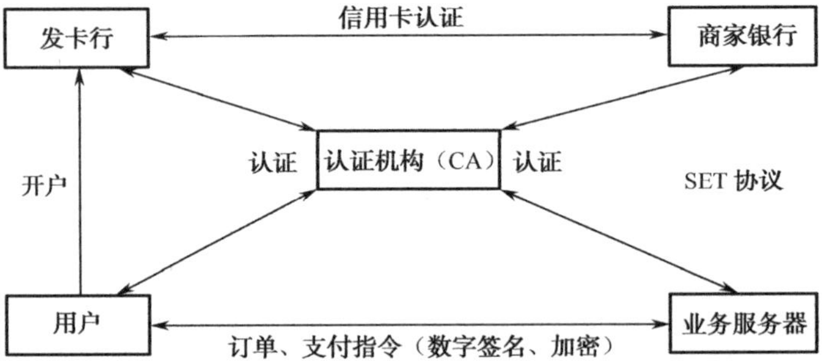

图 4-23　SET 模型

（4）SET 协议的安全措施。

① 加密技术：同时使用私钥与公钥加密法。

② 电子认证：电子交易过程中，必须确认用户、商家及其他相关机构身份的合法性，这要求建立专门的电子认证机构（CA）。

③ 电子信封：为了保证信息传输的安全性，交易所使用的密钥必须经常更换，SET 使用电子信封的方式更换密钥。方法是，由发送方自动生成专用密钥，用它加密明文，再将生成的密文同密钥一起用公钥密钥的手段加密传出去。收信人用公钥方法解密后，得到专用密钥，再次解密。

④ 自动柜员机（ATM）。

客户可以在银行营业网点、大商场、宾馆等场所的自动柜员机上获得包括存款、取款、转账、查询在内的各种服务。自动柜员机不受银行工作日的限制，客户可得到一周 7 天、每天 24 个小时的全天候服务。

⑤ 售货终端机（POS）。

银行在饭店、商场等消费场所设置 POS 机，客户在消费时可凭银行卡在 POS 机上进行支付。

⑥ 电话和客房终端。

客户通过电话、客房终端等接受银行提供的金融服务，如账户信息查询、转账、证券买卖等。

⑦ 电子钱包。

电子钱包是电子商务购物（尤其是小额购物）活动中常用的一种支付工具。在电子钱包内存放的是电子货币，如电子现金、电子零钱、电子信用卡等。使用电子钱包购物，通常需要在电子钱包服务系统中进行。电子商务活动中电子钱包的软件通常都是免费提供的。

⑧ SWIFT。

SWIFT 是一种专用金融服务系统，用于处理电子票据的安全传输。SWIFT 使用专用网络进行电子支付，软件系统是专门设计的，对安全有严格要求，应用范围主要是企业与企业之间（如银行与银行或银行与普通企业）。

能力训练题 4　电子钱包申领

一、能力训练前的准备

1．查看本地计算机是否已与 Internet 连接成功。

2．建立自己的子目录以备后用，以后可以将 Internet 上搜索到的资料下载到该子目录中去。建议最好将自己的子目录创建在除 C 盘以外的硬盘中，待用完后再将其相应的资料内容复制到自己的网络硬盘或 U 盘中。

二、能力训练目的要求

通过实训要求学生熟悉电子钱包的申领步骤，学会申请数字证书的方法和技巧，申请一个电子钱包。具体要求如下：

1．了解电子钱包的作用。

2．掌握电子钱包的申请及安装设置。

3．掌握基于 SET 协议和 SSL 协议的网上电子支付解决方案。

三、能力训练内容

1．进入中国银行支付帮助网页。

2．阅读如何申请一张中国银行长城电子借记卡。

3．阅读如何获得中银电子钱包。

4．阅读如何安装中银电子钱包。

5．阅读如何申请电子证书。

6．阅读中银电子钱包使用功能。

7．进行实地操作并记录好数据。

【操作步骤】

1. 进入中国银行支付帮助网页，地址是 http://www.chinajob.com/purchase/zgyhdzjjk.html。

2．阅读相关资料。

3．申请电子钱包。下载电子钱包软件，并运行该软件，按照系统提示进行操作。

4．申请电子证书。访问认证中心：单击“获取证书”后，刚安装好的“电子钱包”会自动打开，输入用户名和口令后，进入“电子钱包”。 首先电子钱包会提示您添加卡和账户信息，接下来的操作按提示的默认值进行即可。

5．获取证书。单击“获取证书”按钮，可以看到电子钱包的左下角出现“等待初始化响应”，“正在处理证书初始化响应”的提示，最后屏幕上出现“中国银行认证中心电子证书管理规定”。阅读相关资料，单击“接受”即可。

6．进入电子商务网站，选购商品并进行交易支付。

四、能力训练报告

能力训练报告的格式如下：

1．训练过程

目的要求：
训练内容：
训练步骤：
如何进行申请注册：
如何使用安全的支付模型：

2．训练结果

训练结果分析：
可以使用表格方式，也可以使用文字方式。

3．总结

通过能力训练，总结自己掌握程度，分析出错原因，提出改进措施。

习题4

一、填空题

1．移动互联网，就是将________________和互联网二者结合起来，成为一体。是指互联网的____________、____________、____________和应用与移动通信技术结合并实践的活动的总称。

2．移动电子商务就是利用手机、____________及____________等无线终端进行的 B2B、B2C、C2C 或____________的电子商务。

3．所谓移动电子商务平台环境主要包括：________、________、________、浏览器、互联网接入、____________和内容等。

4．移动电子商务技术主要有：____________、________、________、________、移动定位技术等。

5．所谓电子货币是指以________________ 和各类________________ 为媒介，以计算

机技术和________________为手段，以________________形式存储在______________的计算机系统，并通过计算机____________________以信息的__________________形式实现________________和支付功能的货币。

6. 电子支票是_______________向____________人签发的，无条件的____________支付指令。它可以通过________________或________________设备来完成传统支票的所有功能。

7. 信用卡是一种________________付款的方式，是简单的________________。信用卡一般是长______________毫米、宽________________毫米、厚________________毫米的塑料卡片，由________________或________________公司依照用户的______________与____________发给持卡人，持卡人持信用卡消费时___________现金，待____________时再行还款。

8. 电子钱包是电子商务________________活动中常用的一种________________工具，适用于________________。在电子钱包内存放的是________________。

9. 电子交易具有的特点是________________________特点、________________________特点、__________________特点、____________________特点、______________________特点、______________________等特点。

10. 常用的电子支付模型有____________________模型、______________________模型、________________________________模型、__________________________________模型、______________________________等模型。

二、判断题

1. 移动互联网广义的定义就是用户通过各种移动终端，通过各种无线网络接入到互联网中，如通过无线局域网（WLAN）、WiMax、移动通信网等。（ ）

2. 移动电子商务平台就是手机网站。（ ）

3. 所谓用户就是客户、消费者和顾客等。（ ）

4. 无线应用协议 WAP，是一项全球性的网络通信协议。（ ）

5. 移动定位是指通过特定的定位技术来获取移动手机或终端用户的位置信息，在电子地图上标出被定位对象的位置的技术或服务。（ ）

6. 电子货币就是与传统的货币一样，只不过它用在网络上的。（ ）

7. 电子货币就是电子支票和电子钱包。（ ）

8. 电子支票和电子钱包就是电子货币。（ ）

9. 所谓电子交易是指通过电子系统进行的交易。（ ）

10. 信用卡是一种非现金交易付款的方式，是简单的信贷服务。（ ）

三、简答题

1. 简述移动互联网的基本概念。

2. 简述移动电子商务的基本概念。

3. 简述移动电子商务的特点。

4．简述移动电子商务平台环境。

5．简述电子货币的基本概念。

6．简述电子货币的特点。

7．简述信用卡的概念。

8．简述电子钱包的概念。

9．简述电子交易的概念。

10．简述电子支付的概念。

阅读材料 4——移动电商时代已经来临

（http://www.eckuaibao.com/a/2015/1201/30516.html）

一、2015 年双十一 1 天交易额为 912 亿

京东双十一也过了百亿。

这个算是 2015 年中国电商第一大新闻与最大电商事件，从这个数字，可以预测出 2016 年中国电商的格局，即中国电商双寡头的电商格局形成：中国电商将只剩下阿里（淘宝天猫苏宁易购等）及腾讯京东系（京东、微商等）两个电商垄断之寡头格局，两家电商占中国电商 90%以上市场份额的格局 3～5 年内不会被改变，其他中档的电商特别是 B2C 电商将基本都要消失合并。

那么这个事件对传统企业 2016 年做电商具体启示是什么呢？

中国传统企业做电商，第一步还是要做好淘宝天猫京东，第二步做全网电商渠道，第三步才考虑微电商及社交电商。由于中国电商垄断的既定格局，做电商要用改良的思路来做，千万不要用电商革命的思路来做，即绕开淘宝天猫京东，你一步就走向社会化电商之路，凡是互联网激进革命思路的传统企业电商，都会死得很惨，因为你绕过了中国 90%现有电商人群来做电商，不会有什么大的收获。

二、2015 年大的生活服务电商纷纷合并

2015 年美团、大众点评、携程去哪儿、滴滴快的、58 与赶集等生活服务电商纷纷合并，还有 BAT 对生活服务电商的投资，如百度投资糯米，阿里扶持口碑等，这预示着 2016 年中国生活服务电商也将出现垄断与寡头趋势，即也就剩下几家生活服务电商平台。这种格局的出现意味着电商格局的垄断和新的电商生命的诞生，怎么才能保证电商的平稳发展而不是被实体店所代替，这就需要开拓一个新的电商市场了。

生活服务（吃喝玩乐）的传统实体店要拥抱互联网及电商，首先用新渠道思路来做，即入驻这些生活服务电商平台巨头，这个是绕不过去的坎，其流量与用户为我所用；然后将电商作为新市场来做，既要用微博、

微信等手段来做新市场，也需要专业的电商平台去推广。

三、2015 年 O2O 行业的冰与火与线上线下融合

2015 年上半年，是 O2O 火爆的上半年，各种 O2O 获得融资的消息不绝于耳，特别是上门服务 O2O 的那种，而 2015 年下半年，开始各种 O2O 电商倒闭的消息纷纷传来，有消息说 2016 年获得融资的 O2O 项目至少 80%以上会倒闭，即 2015 年中国 O2O 行业也和微商一样，经过了火与冰的过山车体验，最终屹立不倒的才有机会去突破和发展。

而 2015 年电商与线下实体零售融合趋势也很明显，从阿里投资苏宁、融合银泰，京东投资永辉等，这个趋势说明，电商要发展，需要越来越往线下走，要流量（如 2015 年双十一阿里做了双十一春晚）。2016 年线下将成为电商流量的最大入口之一。以后像这种晚会的电商新宣传形式也会越来越普遍，这意味着电商会成为一个全民互动的节目。

四、2015 年微商的冰与火

2015 年微商行业是火与冰之年，这已经成为共识，时间分界点是 2015 年 5 月。在 5 月以前，微商火爆得不行，人人赚钱，家家暴利。但 5 月 CCTV 出面来抨击微商，其他传统媒体也来夹击，到 2015 年 11 月，微商进入冰点，即最低点，到现在才开始反弹，经过洗礼，现在微商已经是一个正常的商业与行业，卖代理权的微商模式已经崩溃，微商零售已经崛起。可以预测 2016 年微商将有大的发展：按照微电商思路大发展、微商是电商的一个多渠道；平台微商、微博微商、网红微商、服务微商、社交微商等，在 2016 年将迎来大发展；2016 年也是海外微商的一个突破口。

启示与行动：对于传统企业来说，微商会变成用户沟通宣传的工具，不一定卖货是第一位；用朋友圈沟通，而用第三方微商平台做成交，才是传统企业做微商的正道（毕竟腾讯绝对不会允许朋友圈微商做大与泛滥，毕竟朋友圈定位还是社交，不是电商）。

五、互联网思维与传统思维思潮之争

2015 年发生过好多起互联网思维与传统思维的打赌，并都有了结果，如王健林与马云 CCTV 关于传统零售与电商打赌，以王健林承认失败而告终；互联网思维的小米雷军与抵触电商的格力董明珠 CCTV 打赌，以董明珠承认失败而告终。而这个双十一，代表传统思维的华为手机与代表互联网思维的小米手机，打了个平手。

即 2015 年前，凡是传统思维与互联网之争，都是互联网思维胜利，传统思维失败，而 2015 年是个转折年，我预测 2016 年后，传统思维与互联网思维之争，将都会是传统思维胜利，互联网思维失败。这个点是说传统思维在今后的生活中对电商的影响是很深的。

看看 2015 年双十一排名，前 3 名，80%是传统品牌，淘品牌及电商网络已经完全没落。而 2015 年前，双十一各类目销量排名，都是 80%是淘品牌（网络专销品牌）胜利，只有 20%传统品牌入围。即 2015 年是个传统品牌与电商品牌的分水岭；淘宝品牌也许会继续壮大，但传统品牌绝不会甘于落后。

而对于传统企业来说，2016 年赶紧大力发展互联网与电商，加上互联网思维的翅膀。你们传统品牌的春天来了，以后电商及互联网全部是你们传统企业的天下，但前提是你要下水大力做，先用新渠道思维做，再用新市场思维做。做大做强才有机会把传统的品牌推广出去，让大众接受和了解。

六、移动电商时代已经来临

2015 年双十一，移动电商已经达到 69%，而京东唯品会等移动电商已经占到其中的 80%左右，即 2015 年是移动电商与 PC 电商的分水岭，以前 80%PC 电商，20%移动电商；而到了 2015 年，就变成了 80%是移

动电商，20%是PC电商；PC电商已死，新的变局时代又来临。

现在的电商形态是：①B2C行业已经出局没有人关注了；②淘宝天猫电商是老一代旧电商势微，但仍占80%份额；③B2B及跨境毕竟不是大众电商，而是是小众，和绝大多数传统企业与创业者关系不大，这里不再多说；④目前热门的被关注排第一的是移动电商与微商，其次是生活服务O2O电商。

这给我们的启示是传统企业未赶上PC电商时代，就让它过去，直接从移动电商开始干，传统企业做移动电商，也是第一步做移动电商渠道，第二步做移动电商新市场，第三步用移动电商新模式来做。

众所周知，目前中小企业在国民经济中占有绝对的数量比重优势，但是近年来，随着互联网的发展与冲击，不管哪个行业的传统企业几乎都或多或少地遇到了些难题，生存可谓是步履维艰！比如，销售渠道的单一导致产品越来越难卖，房租人力等成本的飞速上涨，营销方式上不得其法以致于浪费诸多的人力物力和财力，等等。所以，在这个移动互联网时代，传统企业抓住时代发展的命脉，寻找一个专业的互联网营销策划公司，助力自己向互联网、移动电商或者O2O转型可谓是大势所趋，当然也越发地迫在眉睫！

七、农产品电商之火

2015年，不知道为什么，农产品电商那么火爆，如在微商领域，农产品取代面膜化妆品成为第一大品类；在欣欣向荣的微博电商领域，微博上卖货最多的最大群体微博主也是农产品人；而阿里京东在2015年都将二三线农村市场作为自己的三大电商战略之一。

但2015年农产品电商主要还是以小打小闹为主，数量庞大、人数众多、呈蚂蚁雄兵之势，但整体体量不会很大。预计2016年农产品电商越来越多的整合并购会发生，农产品电商势必会成为电商的重要一环，而合并整合也会壮大农产品电商。

发展农产品电子商务，是推动现代农业的进程，打造现代农业市场流通体系的现实需要，是农业信息化发展的必然趋势。此次电商大会的一个主要议题就是互联网改造传统农业，聚集精英智慧，破解发展短板，加快推动农产品电商的发展。农产品电商的未来值得期待。

八、2015年电商投资

观察2015年中国电商行业的投资，浮在表面的是VC投资的消息（那些VC融资的消息对于创业者与传统企业来说可不用太关注，没有什么用处与好处），其实更多的融资并购发生在产业资本层面，即传统企业或传统上市公司投资与并购电商微商的项目 。

随着2016年传统企业受到912亿刺激，会有越来越多的传统企业大举进攻电商微商，收购投资将成为主流，而这个趋势对传统企业做电商与微商的启示与行动是：见到一个电商团队或微商团队或项目，就花点钱收购吧，毕竟新的时代，人与团队才是第一位的。

九、B端电商化是最大机会

中国之互联网化与电商化几个大概数据是：中国传统企业电商化比例是8%左右，消费者电商化比例是50%以上，企业老板的电商化比例估计只有1%；而美国传统企业电商化（互联网化）比例已经高达80%左右，而消费者电商化比例估计比中国还低。也就是说中国消费品产品与生活服务电商比例够高、发展够快，全球第一，但中国传统企业应用互联网工具及电商系统的比例还很低。

中国电商前端够强、中国电商后端够弱，大前端、小后台，这就是商业机会，即未来中国传统企业的电商化比例很快超过80%，人人电商、每家企业都电商的时代很快来临，其中隐藏的电商服务机会很大：做B端市场，深入到企业流程与电商柔性供应链，这个机会越来越大。而这个对于传统企业来讲，2016年只有做好后端的电商柔性供应链、电商整体系统思维才能最后取得整体胜利。

十、电商环境管理趋严，走正道是出路

苏宁与京东开放平台都是利用自己的线下仓储、物流、店面等优势来发展的。从这个角度来说，中国的房地产还是很重要的，中国自古以来就很重视“地”。现在还是这样，房价的节节飙升对所有的中国国民来说都是一件非常痛苦的事，因为这意味着可能要做好几年的房奴去还房贷。但是现在房产用在电商上面，虽然说消费者还是要为此支付一定的费用，但是相比高昂的房价，这算是很不错的了！

但是它们在物流、服务上的具体运营方式还是不一样的。苏宁最大的优势在于它有庞大的线下实体店，在实体店中，商家既可以展示自己的商品，也可以在苏宁店中进行销售，当然，苏宁的物流也可以用，起码比用第三方物流的费用要低！

对于京东呢？它只是为商家提供物流支持，还有销售渠道，商家如果愿意的话，可以尝试京东为其制定的销售方式，京东有强大的后台数据，为商家找到特定的用户群是不难的。当然，京东的亚洲第一仓就要建成了，到那时，物流问题将会得到很好的缓解。这也是刘强东在今年的电商大会上提出的规划设想。

阿里现在也是在忙着做物流，马云的“菜鸟网络公司”聚集了大量的第三方物流公司，这些公司是依靠阿里生存的，京东和苏宁对其的作用不是太大，所以在一般情况下，第三方物流公司是不会离开阿里的。再加上现在的“民间银行”，马云对这一块也是虎视眈眈。毕竟做电商，资金流、信息流、物流都要跟得上才行，缺了哪个都不行。

总结 2015 年中国电商环境的政府与政策环境，总体是越来越严，如新广告法的颁布对电商行业影响很大，政策与舆论对电商假货的关注，对刷单的关注，对集资传销电商的曝光与打击，等等。这就对电商创业者及传统企业做电商给了一个启示：还是走正道吧，擦边球等只能是短期的，电商正道是沧桑。

第 5 章

文件传输与其他

知识要点

- ❖ 文件传输的基本概念
- ❖ FTP 工具的使用
- ❖ 远程登录服务
- ❖ 远程登录软件的使用
- ❖ 新闻组服务的方法

能力要点

- ❖ 学会如何上传文件到服务器
- ❖ 掌握 cuteFTP 软件的使用方法与技巧

引例 5——为什么要使用 FTP 传输文件？

1. 我需要使用 FTP 吗？

FTP（文件传输协议）使用非常简单，它是一套公认的协议，决定了文件如何被上传到主机或从主机下载到你的个人计算机。当然，它真正的实现并不是这么简单。

如果要将重要的文件（例如，你的银行账号、保险箱密码等）、你的隐私放到异地服务器上，你就需要来回地传输文件，这就需要使用 FTP。它是传输文件的一个最有效的方法，尤其是传输多个文件。同时，它也是上传文件的唯一有效的途径，可以把文件从你的计算机中上传到服务器供朋友和同事使用。实际上，你可能已经在使用 FTP，只是你没有意识到。

去一个喜爱的 Web 站点并且要下载文件时，你所使用的协议可能就是 FTP。大多数新的浏览器都包含一个内置的 FTP 客户端，它允许这种 FTP 传输。这就意味着你可以使用浏览器来直接访问一个 FTP 站点下载文件，这个站点是一个专门用来传输文件的 Internet 服务器。

其实 Internet 招人喜爱的一个重要原因就是有好的程序、软件、图片、音乐……可供朋友们下载！而 FTP 就是满足这一类需求的文件传输协议。通过它，我们可以在两台不同的计算机间交换各种文件。国内外有许多提供 FTP 服务的主机，你只要拥有登录账号及密码便可进入该主机获取文件或软件。不过，并不是所有 FTP 服务主机都可让各位进行文件的传送，因此网络间有一种匿名 FTP，它可以提供给网络上任何一位用户使用，连上 FTP 服务器主机之后，你只需输入 anonymous 当做登入的账号，E-mail address 为自己的密码，即可从该网站下载文件到自己的计算机里了。

下面我们列出国内较为常见的 FTP 主机地址。

（1）金蜘蛛软件下载中心，FTP 地址为：ftp.download.com.cn。

（2）北大图书馆，FTP 地址为：ftp.lib.pku.edu.cn。

（3）计算机之家，FTP 地址为：ftp.pchome.net。

（4）海阔天空，FTP 地址为：ftp.ilike.com.cn。

一般来说，通过 FTP 传输文件要比使用其他协议（如 HTTP）更加有效，这主要有两个原因。

第一，FTP 协议就是用来传输文件的，而且仅仅用来传输文件。它不像 HTTP 还有其他的一些功能，FTP 的唯一工作就是确保文件正确传输，除了校验发送和接收的文件是否一致以外，它不会像 HTTP 那样停下来翻译文件。

第二，通常主机的 FTP 事务处理是 FTP 服务器的唯一工作。既然这样，计算机的处理器资源被完全投入 FTP 事务处理中，而不会被几个竞争服务器的工作所分割。

2. 使用浏览器传输文件

通过 FTP 传输文件有两种基本的方法。如果你所要做的只是下载文件，最简单的方法就是使用浏览器连接到一个 FTP 服务器上。使用现有的浏览器，只需要在浏览器的地址栏中简单地输入你要下载文件的 FTP 服务器地址，而不是输入 HTTP 地址。

连接 FTP 服务器时，需要将 Internet 地址 http://部分改成 ftp:// ，并且地址开头部分通常是 ftp 而不是 www。一个典型的 FTP 服务器地址应该是 ftp://ftp.×××。

一般单击要下载的文件后会产生一个 Windows 下载文件的对话框，它会提问是将文件保存到计算机中还是在服务器上打开。大多数情况下，将文件保存到硬盘中，会方便今后使用（安装、阅读及运行）。

现在有些 FTP 网站已修改为和 WWW 一致的超链接网页，且其地址输入的方式和一般网页的输入方式没有什么差别。如计算机之家的 FTP 网站便作了这样的修正，所以此类 FTP 网站的操作方式和一般具超链接 WWW 网页完全一致。

5.1 文件传输（FTP）概念

5.1.1 什么是 FTP

FTP 使用非常简单，它可以让你的文件保存到异地服务器中，既安全又保密哦。

1. FTP 概述

FTP（File Transfer Protocol，FTP）是 TCP/IP 网络上两台计算机传送文件的协议，FTP 是在 TCP/IP 网络和 Internet 上最早使用的协议之一，它属于网络协议组的应用层。FTP 客户机可以给服务器发出命令来下载文件、上传文件，创建或改变服务器上的目录。

FTP 是一个 8 位的客户端—服务器协议，能操作任何类型的文件而不需要进一步处理，就像 MIME 或 Unencode 一样。但是，FTP 有着极高的延时，这意味着，从开始请求到第一次接收需求数据之间的时间会非常长，并且不时地必须执行一些冗长的登录进程。

FTP 服务一般运行在 20 和 21 两个端口。端口 20 用于在客户端和服务器之间传输数据流，而端口 21 用于传输控制流，并且是命令通向 FTP 服务器的进口。当数据通过数据流传输时，控制流处于空闲状态。而当控制流空闲很长时间后，客户端的防火墙会将其会话置为超时，这样当大量数据通过防火墙时，会产生一些问题。此时，虽然文件可以成功地传输，但因为控制会话会被防火墙断开，传输会产生一些错误。

2. FTP 目标

FTP 具有以下几个目标。

（1）促进文件的共享（计算机程序或数据）；

（2）鼓励间接或者隐式地使用远程计算机；

（3）向用户屏蔽不同主机中各种文件存储系统的细节；

（4）可靠和高效地传输数据。

3. FTP 作用

FTP 具有以下的几个作用。

（1）与远程网点连接；

（2）在该远程网点执行有限的文件搜索和文件传输等相关操作；
（3）允许用户把文件从远程网点下载到本地主机；
（4）把本地计算机中的文件上传到远程的计算机中去。

4. 文件传输方式及二进制文件

FTP 传输的文件可以是程序、图像、动画、声音等文件，但大多是以 ASCII 文件存储的，即采用的是纯文本方式，不同类型的文件要求使用不同的传输方式进行传输。FTP 有两种不同的传输方式，一种是 ASCII 方式，它适用于纯文本文件、BinHex 文件（Macintosh）、uu 编码文件（UNIX 传输编码）和 Postscript 文件；另一种是二进制方式，它适用于所有其他类型的文件。如表 5-1 所示的是常见的文件类型，以及检索这些文件时应采用的传输方式。

表 5-1　常见的文件类型及传输方式

文件扩展名	文件类型含义	传输方式
.c	使用 C 语言编辑的源程序代码	文本/ASCII 方式
.com	不仅可在 DOS 下执行命令程序，而且也能在 Windows 操作系统下执行该程序	二进制方式
.exe	不仅可在 DOS 下执行计算机程序，而且也能在 Windows 操作系统下执行该程序	二进制方式
.gif	采用"图形交换格式"的文件	二进制方式
.gz	使用 UNIX GNU gzip 工具程序压缩后的 UNIX 文件，用户在使用之前需要对其进行处理	二进制方式
.h	使用 C 语言编辑的头文件	文本/ASCII 方式
.hqx	压缩后的 Macintosh 文件，这种文件需要应用 Macintosh 解压程序进行处理	二进制方式
.ps	PostScript 文件，必须使用 PostScript 浏览程序才能观察文件中的内容，或必须使用 PostScript 打印机才能打印该文件中的内容	文本/ASCII 方式
.sit	经过 Stuffit 程序处理的 Macintosh 文件	二进制方式
.tar	采用 UNIX 磁带文档格式的 UNIX 文件，用户在使用之前需要用 UNIX.tar 工具对其进行处理	二进制方式
.tat.z	压缩后的 UNIX.tar 文件，用户应使用解压缩工具，随后再使用 tar 工具对其进行处理	二进制方式
.z	经过压缩的 UNIX 文件，用户在使用之前必须对其执行 UNIX 解压操作	二进制方式
.zip	采用 Windows 的 zip 工具压缩后的文件，使用前需要对其进行解压处理	二进制方式

5.1.2 FTP 工作原理

1. FTP 工作流程

以下载文件为例，当你启动 FTP 从远程计算机复制文件时，实际上启动了两个程序：一个本地机上的 FTP 客户程序：它向 FTP 服务器提出拷贝文件的请求。另一个是启动在远程计算机上的 FTP 服务器程序，它响应你的请求把你指定的文件传送到你的计算机中。FTP 采用"客户机/服务器"方式，用户端要在自己的本地计算机上安装 FTP 客户程序。FTP 客户程序有字符界面和图形界面两种。字符界面的 FTP 命令复杂、繁多。图形界面的 FTP 客户程序，操作上要简洁方便得多，如图 5-1 所示。

具体的步骤如下所示。

（1）FTP 服务器运行 FTPd 守护进程，等待用户的 FTP 请求。

（2）用户运行FTP命令，请求FTP服务器为其服务。例如，用户在客户端的计算机上输入以下命令：FTP 202.119.2.197。

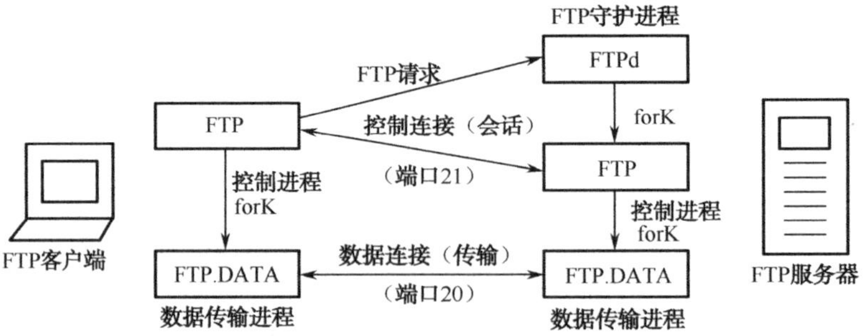

图5-1 FTP工作原理示意图

（3）FTPd守护进程收到用户的FTP请求后，派生出子进程FTP与用户进程FTP交互，建立文件传输控制连接，使用TCP端口21。

（4）用户输入FTP子命令，服务器接收子命令，如果命令正确，双方各派生一个数据传输进程FTP-DATA，建立数据连接，使用TCP端口20，进行数据传输。

（5）本次子命令的数据传输完，拆除数据连接，结束FTP-DATA进程。

（6）用户继续输入FTP子命令，重复（4）、（5）的过程，直至用户输入quit命令，双方拆除控制连接，结束文件传输，结束FTP进程。

2. FTP命令

从上面的分析中可以知道，FTP传输过程中所有的操作都是通过在客户端发送命令完成的，FTP常见的命令如表5-2所示。

表5-2 FTP常用命令一览表

命　令	描　述
USER	为用户验证提供用户名
PASS	为用户验证提供密码
PWD	输出FTP服务器的当前工作目录
TYPE	设置传输的文件类型
SYST	获取FTP服务器的操作系统
LIST	获取FTP服务器上当前目录的文件列表
PORT	指定使用主动模式进行数据传输
PASV	指定使用被动模式进行数据传输
HELP	从FTP服务器上获取帮助文件
STOR	从客户端上传指定的文件到FTP服务器
RETR	从FTP服务器下载指定的文件到客户端
DELE	删除FTP服务器上指定的文件
MKD	在FTP服务器上新建目录
RMD	删除FTP服务器上的指定目录
QUIT	退出关闭FTP连接

3. FTP 应答代码

从上面的分析中可以知道，对客户端发出的所有命令，FTP 服务器都会对其做出应答，FTP 常见的应答代码如表 5-3 所示。

表 5-3　FTP 常用应答代码一览表

应答代码	描　述
125	打开数据连接，且此连接可用于数据传输
200	命令被成功执行
211	FTP 服务器忙
212	FTP 服务器返回当前的目录状态给客户端
213	FTP 服务器返回当前的文件状态给客户端
214	FTP 服务器返回用户请求的帮助信息
226	FTP 服务器返回文件传输完成的消息给客户端
331	FTP 服务器返回用户名正确，需要密码的消息给客户端
425	FTP 服务器返回不能打开数据连接的消息给客户端
452	FTP 服务器返回写文件错的消息给客户端，可能是空间不足
500	FTP 服务器返回客户端命令不能识别的消息给客户端
501	FTP 服务器返回客户端命令的参数不能识别的消息给客户端
502	FTP 服务器返回未实现的模式类型的消息给客户端

4. FTP 使用方式

FTP 有以下两种不同的使用方式：

（1）一种方式是用户使用自己的账号或 ID 进行登录并传输文件到远程服务器上；

（2）另一种方式是用户作为来宾或匿名用户进行登录并传输文件到远程服务器上。使用匿名 FTP 时，基于安全方面的考虑，用户在主机系统上的权限将受到严重的限制。

5. 匿名 FTP 机制

匿名 FTP 是这样一种机制，用户可以通过它连接到远程主机上，并从其下载文件，而无需成为其注册用户。系统管理员建立了一个特殊的用户 ID，名为 anonymous，Internet 上的任何人在任何地方都可使用该用户 ID。

通过 FTP 程序连接匿名 FTP 主机的方式同连接普通 FTP 主机的方式差不多，只是在要求提供用户标识 ID 时必须输入 anonymous，该用户 ID 的口令可以是任意的字符串。习惯上，用自己的 E-mail 地址作为口令，使系统维护程序能够记录下来谁在存取这些文件。

值得注意的是，匿名 FTP 不适用于所有 Internet 主机，它只适用于那些被提供了这项服务的主机。当远程主机提供匿名 FTP 服务时，会指定某些目录向公众开放，允许匿名存取。系统中的其余目录则处于隐匿状态。作为一种安全措施，大多数匿名 FTP 主机都允许用户从其下载文件，而不允许用户向其上传文件，也就是说，用户可将匿名 FTP 主机上的所有文件全部复制到自己的机器上，但不能将自己机器上的任何一个文件复制至匿名 FTP 主机上。即使有些匿名 FTP 主机确实允许用户上传文件，用户也只能将文件上传至某一指定上传目录中。随后，系统管理员会去检查这些文件，他会将这些文件移至另一个公共下载目录中，供其他用户下载，利用这种方式，远程主机的用户得到了保护，避免了有人上传有问题的文件，如带病毒的文件。例如，校园网里使用这种匿名 FTP 机制上传教师的备课笔记，学生的作业等。

作为一个 Internet 用户，可通过 FTP 在任何两台 Internet 主机之间复制文件。但是，实际上大多数人只有一个 Internet 账户，FTP 主要用于下载公共文件，例如，共享软件、各公司技术支持文件等。Internet 上有成千上万台匿名 FTP 主机，这些主机上存放着数不清的文件，供用户免费复制。实际上，几乎所有类型的信息，所有类型的计算机程序都可以在 Internet 上找到。这正是 Internet 吸引我们的重要原因之一。

匿名 FTP 使用户有机会存取到世界上最大的信息库，这个信息库是日积月累形成的，并且还在不断增长，永不关闭，涉及几乎所有主题。而且，这一切是免费的。

匿名 FTP 是 Internet 网上发布软件的常用方法。Internet 之所以能延续到今天，是因为人们使用通过标准协议提供标准服务的程序。像这样的程序，有许多就是通过匿名 FTP 发布的，任何人都可以存取它们。

Internet 中有数目巨大的匿名 FTP 主机及更多的文件，那么到底怎样才能知道某一特定文件位于哪个匿名 FTP 主机上的哪个目录中呢？这正是 Archie 服务器所要完成的工作。Archie 将自动在 FTP 主机中进行搜索，构造一个包含全部文件目录信息的数据库，使你可以直接找到所需文件的位置信息。

5.1.3 FTP 工作模式

1. FTP 系统工作流程

FTP 是仅基于 TCP 的服务，不支持 UDP。与众不同的是 FTP 使用 2 个端口，一个数据端口和一个命令端口（也可叫做控制端口）。通常这两个端口是 21（命令端口）和 20（数据端口）。但 FTP 的工作方式不同，数据端口并不总是 20。

FTP 有两种使用模式：主动和被动。主动模式要求客户端和服务器端同时打开并且监听一个端口以建立连接。在这种情况下，客户端由于安装了防火墙会产生一些问题，所以，创立了被动模式。被动模式只要求服务器端产生一个监听相应端口的进程，这样就可以绕过客户端安装的防火墙问题。FTP 系统工作流程如图 5-2 所示。

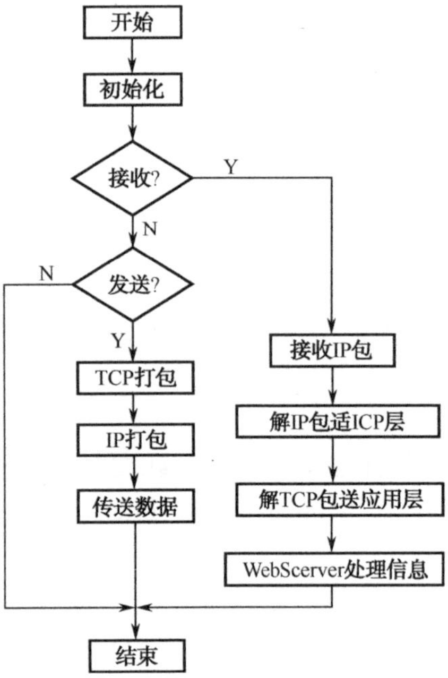

图 5-2 FTP 系统工作流程

2. FTP 主动模式

（1）概述

在主动模式下，客户端从一个任意的非特权端口 N（N> 1024）连接到 FTP 服务器的命令端口，也就是 21 端口。然后客户端开始监听端口 N+1，并发送 FTP 命令“port N+1”到 FTP 服务器。服务器接收到命令后，会用其本地的 FTP 数据端口（通常是 20）来连接客户端指定的端口 N+1，进行数据传输。针对 FTP 服务器前面的防火墙来说，必须允许以下通信才能支持主动方式 FTP：

① 任何大于 1024 的端口到 FTP 服务器的 21 端口。（客户端初始化的连接）；

② FTP 服务器的 21 端口到大于 1024 的端口。（服务器响应客户端的控制端口）；

③ FTP 服务器的 20 端口到大于 1024 的端口。（服务器端口初始化数据连接到客户端的数据端口）；

④ 大于 1024 端口到 FTP 服务器的 20 端口（客户端发送 ACK 响应到服务器的数据端口）。

（2）FTP 主动模式连接过程

FTP 主动模式连接过程如图 5-3 所示。

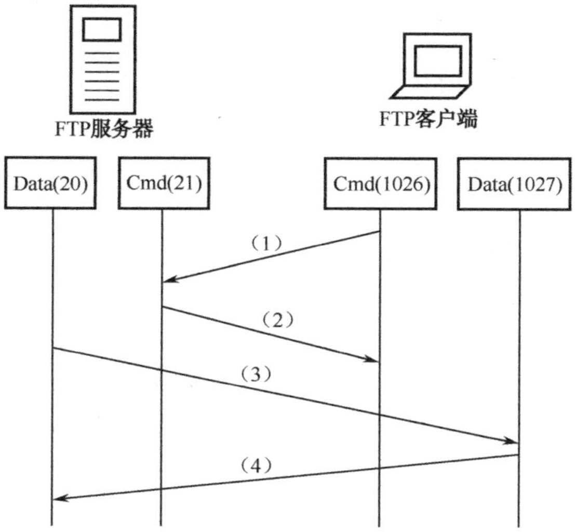

图 5-3　FTP 主动模式连接过程

从图 5-3 中可知：

① 客户端的命令端口与 FTP 服务器的命令端口建立连接，并发送命令“PORT 1027”；

② FTP 服务器给客户端的命令端口返回一个“ACK”命令；

③ FTP 服务器发起一个从它自己的数据端口 20 到客户端先前指定的数据端口 1027 的连接；

④ 客户端给服务器返回一个“ACK”。

主动方式 FTP 的主要问题实际上在于客户端。FTP 的客户端并没有实际建立一个到服务器数据端口的连接，它只是简单地告诉服务器自己监听的端口号，服务器再回来连接客户端这个指定的端口。对于客户端的防火墙来说，这是从外部系统建立到内部客户端的连接，通常是会被阻塞的。

3．FTP 被动模式

（1）概述

为了解决服务器发起的到客户端的连接问题，人们开发了一种不同的 FTP 连接方式。这就是所谓的被动方式，或者叫做 PASV，当客户端通知服务器它处于被动模式时才启用。

在被动方式 FTP 中，命令连接和数据连接都由客户端发起，这样就可以解决从服务器到客户端的数据端口的方向连接被防火墙过滤掉的问题。

在被动模式下，FTP 客户端随机开启一个大于 1024 的端口 N 向服务器的 21 端口发起连接，同时会开启 N+1 端口。然后向服务器发送 PASV 命令，通知服务器自己处于被动模式。服务器收到命令后，会开放一个大于 1024 的端口 P 进行监听，然后用端口 P 命令通知客户端，自己的数据端口是 P。客户端收到命令后，会通过 N+1 端口连接服务器的端口 P，然后在两个端口之间进行数据传输。

对于服务器端的防火墙来说，必须允许下面的通信才能支持被动方式的 FTP：

① 从任何大于 1024 的端口到服务器的 21 端口（客户端初始化的连接）；

② 服务器的 21 端口到任何大于 1024 的端口（服务器响应到客户端的控制端口的连接）；

③ 从任何大于 1024 端口到服务器的大于 1024 端口（客户端初始化数据连接到服务器指定的任意端口）；

④ 服务器的大于 1024 端口到远程的大于 1024 端口（服务器发送 ACK 响应和数据到客户端的数据端口）。

（2）FTP 被动模式连接过程

FTP 被动模式连接过程如图 5-4 所示。

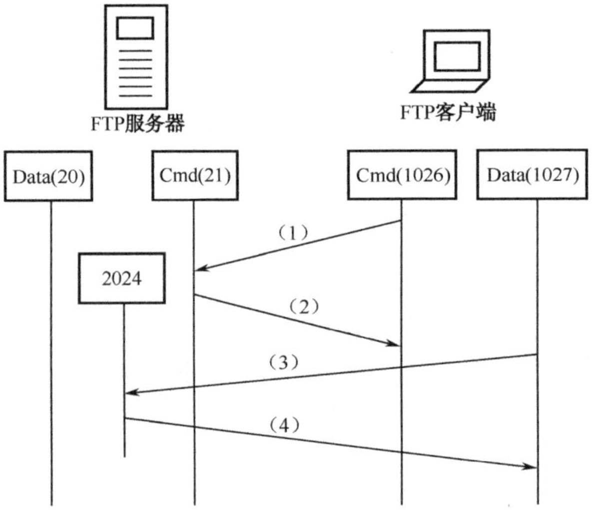

图 5-4　FTP 被动模式连接过程

从图 5-4 中可知：

① 客户端的命令端口与 FTP 服务器的命令端口建立连接，并发送命令“PASV”；

② FTP 服务器给客户端的命令端口返回一个“PORT 2024”命令，告诉客户端用哪个端口侦听数据连接；

③ 客户端初始化一个从自己的数据口到服务器指定的数据端口的数据连接。

④ 服务器给客户端的数据端口返回一个“ACK”响应。

被动方式的 FTP 解决了客户端的许多问题，但同时给服务器带来了更多的问题，其中第一个问题，需要允许从任意远程终端到服务器端口的连接；第二个问题，客户端有的支持被动模式，有的不支持被动模式，必须考虑如何能支持这些客户端，以及为他们提供解决的方法。随着 WWW 的广泛流行，许多人习惯用 Web 浏览器作为 FTP 客户端。大多数浏览器只在访问 FTP：//这样的 URL 时支持被动模式。

5.2　cuteFTP 软件的使用

5.2.1　什么是 cuteFTP

cuteFTP 是 Windows 操作系统环境下一个最常用的 FTP 软件，使用非常方便。

1．cuteFTP 概述

目前 Windows 操作系统环境中最常用的 FTP 软件是 cuteFTP。FTP 有一个根本的限制，那就是如果用户未被某一 FTP 主机授权，就不能访问该主机，实际就是用户不能远程登录（Remote Login）进入该主机。也就是说，如果用户在某个主机上没有注册获得授权，没有用户名和口令，就不能与该主机进行文件的传输。而匿名 FTP 则取消了这种限制。

cuteFTP 可以使用自己的账号或 ID 进行登录并传输文件到远程服务器，cuteFTP 的版本由原来的 cuteFTP 1.0、2.0 发展至目前的 cuteFTP 8.0，使用越来越方便简单了。

cuteFTP 是一种客户端/服务器结构，既需要客户端软件，也需要服务器软件。cuteFTP 客户端程序在本地用户计算机上执行，而服务器程序在远程 cuteFTP 服务器主机上执行。用户启动 cuteFTP 客户端程序，通过输入用户名口令同远程主机上的 cuteFTP 服务器连接成功后，就可在 Internet 上为两者之间建立起一条命令链路。本节我们以 cuteFTP 8.0 为例，介绍其操作方法。

2．cuteFTP 8.0 界面

cuteFTP 8.0 是一个不需要安装的软件，下载该版本的软件后就可以直接启动。当启动该软件后，出现如图 5-5 所示的窗口。

从图 5-5 中可知：

（1）标题栏，位于窗口的第一行，列出该软件的名称、版本等信息。

（2）菜单栏，位于窗口的第二行，列出该软件的功能模块，有文件模块、编辑模块、查看模块、工具模块、窗口模块和帮助模块共 6 个模块，每个模块下又有若干个功能。

（3）工具栏，位于窗口的第三行，列出该软件的工具箱，它们是：站点管理、连接向导、连接、快速连接、断开、重新连接、连接到 URL、刷新、停止、新建文件夹等。

（4）信息栏，位于窗口的第四行，列出该软件的用户信息，它们是：主机连接地址、用户名、密码、端口等信息。

（5）本地文件夹左窗口，位于窗口的左面，列出了客户端计算机中的文件夹信息。

（6）远程文件夹，位于窗口右面，是远程服务器中的文件夹信息。

（7）信息队列窗口，位于最下面，列出了操作时的一些信息，例如，下载、上传等，包括项目名称、地址、大小、进程，本地、远程、起始时间、完成时间、已用、剩余、速度、多线程、状态等信息。

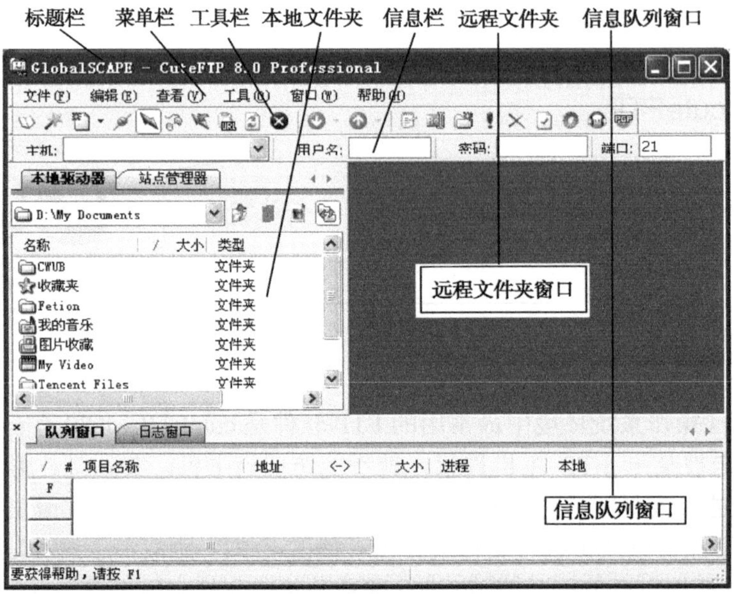

图 5-5　cuteFTP 8.0 主界面窗口

3．cuteFTP 8.0 菜单栏

cuteFTP 8.0 菜单栏中共有 6 个模块，它们是文件、编辑、查看、工具、窗口和帮助模块。

（1）文件模块，如图 5-6 所示。

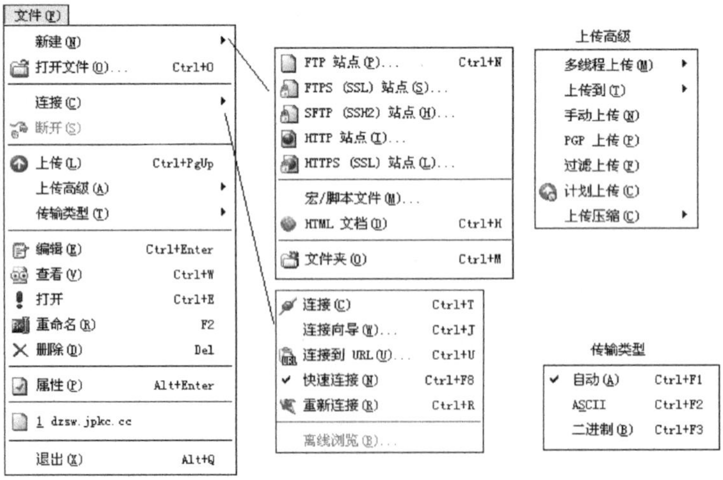

图 5-6　文件模块功能

从图 5-6 中可知，该模块下有新建、打开文件、连接、断开、上传、上传高级、传输类型、编辑、查看、打开、重命名、删除、属性和退出 14 个功能。

（2）编辑和窗口模块，如图 5-7 所示。

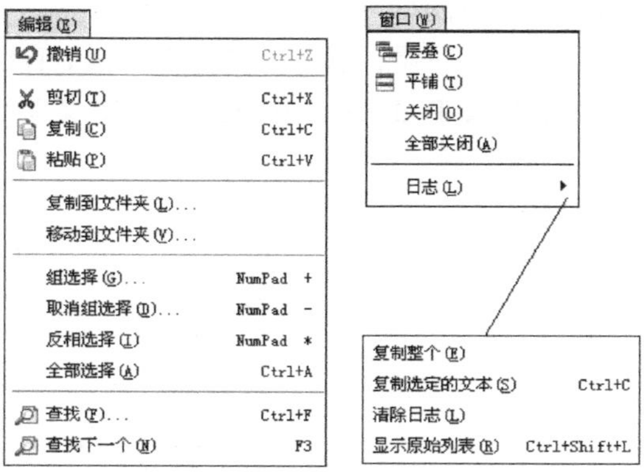

图 5-7　编辑和窗口模块功能

从图 5-7 中可知：

① 编辑模块有撤销、剪切、复制、粘贴、复制到文件夹、移动到文件夹、组选择、取消组选择、反相选择、全部选择、查找、查找下一个 12 个功能。

② 窗口模块有层叠、平铺、关闭、全部关闭、日志 5 个功能，其中日志功能下面还有复制整个、复制选定的文本、清除日志、显示原始列表 4 个二级子功能。

（3）查看模块，如图 5-8 所示。

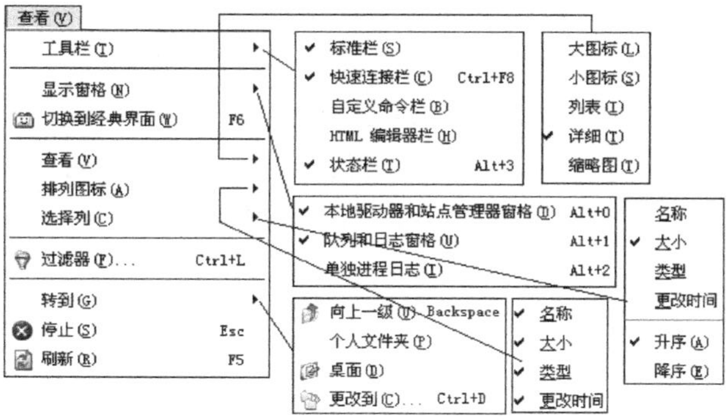

图 5-8　查看模块功能

从图 5-8 中可知，该模块有工具栏、显示窗格、切换到经典界面、查看、排列图标、选择列、过滤器、转到、停止、刷新 10 个功能。查看模块下的二级子功能有如下所示。

① 工具栏下有：标准栏、快速连接栏、自定义命令栏、HTML 编辑器栏、状态栏 5 个二级功能。

② 显示窗格下有：本地驱动器和站点管理器窗格、队列和日志窗格、单独进程日志 3 个二级子功能。

③ 查看下有：大图标、小图标、列表、详细和缩略图 5 个二级子功能。

④ 排列图标下有：名称、大小、类型、更改时间 4 个二级子功能。

⑤ 选择列下有：名称、大小、类型、更改时间、升序、降序 6 个二级子功能。

⑥ 转到下有：向上一级、个人文件夹、桌面、更改到 4 个二级子功能。

（4）工具和帮助模块，如图 5-9 所示。

① 工具模块下有：队列、站点管理器、书签、文件夹工具、HTML 编辑器、压缩、PGP 模式、实时目录同步浏览、宏和脚本、Pod Cast Manager、自定义命令、全局选项 12 个功能。

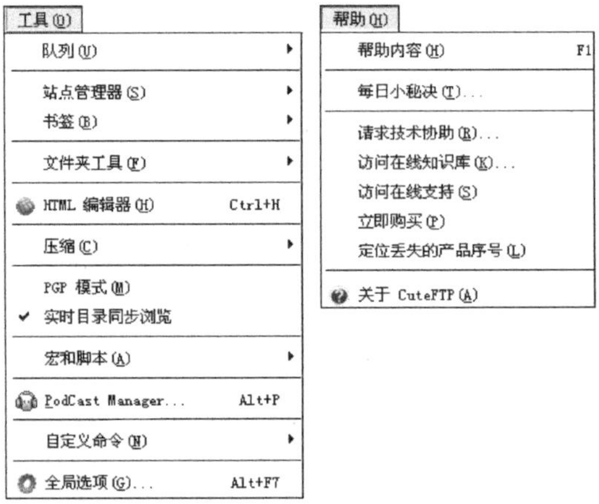

图 5-9 工具和帮助模块功能

② 帮助模块下有：帮助内容、每日小秘诀、请求技术协助、访问在线知识库、访问在线支持、立即购买、定位丢失的产品序号、关于 CuteTP 8 个功能。

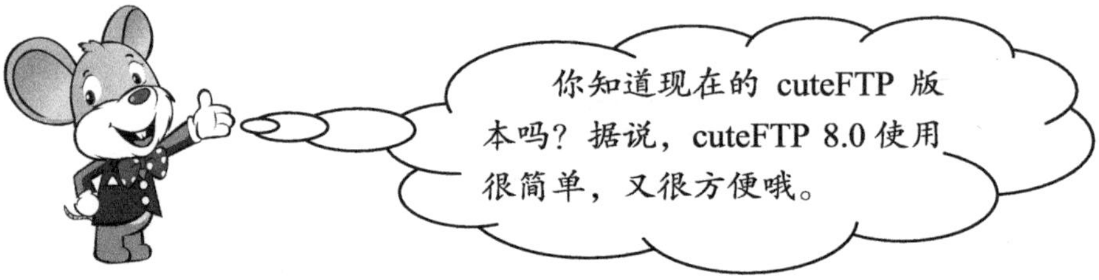

5.2.2 cuteFTP 8.0 操作

1. 如何连接服务器

（1）在 cuteFTP 8.0 主窗口下，单击“连接向导”图标，也可以在“文件”模块下选择“连接”功能，再选择“连接向导”命令即可出现如图 5-10 所示的对话框。

（2）在图 5-10 中的第一个文本框输入主机地址，主机地址是要连接的站点管理员给你提供的主机地址或 FTP URL，本例输入的主机地址是：dzsw.jpkc.cc ，在第二个文本框输入一个标签，它将帮助你在以后识别连接点，本例输入：电子商务精品课程。

（3）单击“下一步”按钮，出现如图 5-11 所示的对话框。

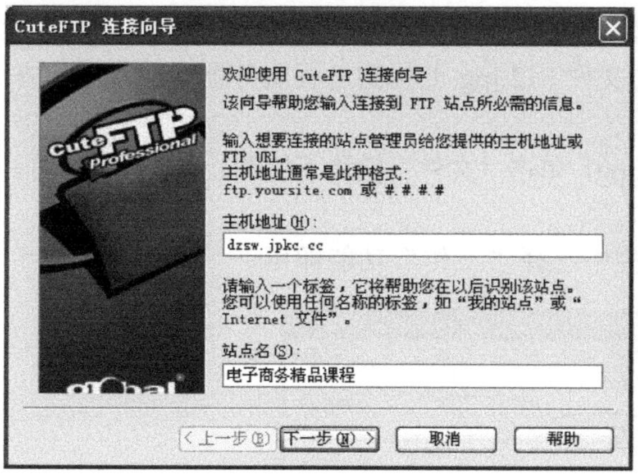

图 5-10　连接向导窗口一

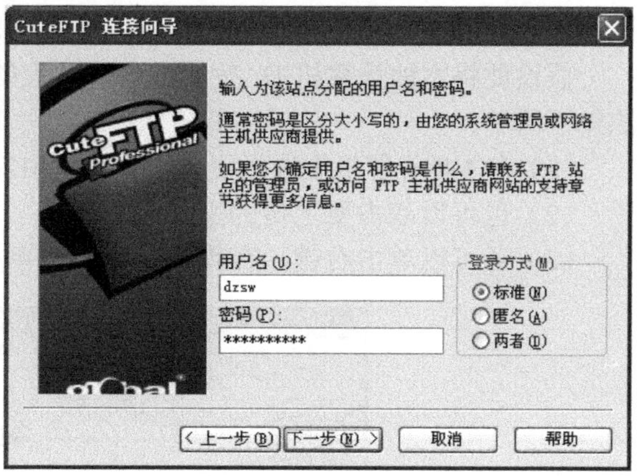

图 5-11　连接向导窗口二

（4）在用户名文本框中输入你的用户名或账号，本例输入的用户名是 dzsw，在密码文本框中输入密码，假设输入 1234567。登录方式选择标准。

（5）单击“下一步”按钮，系统开始连接到 FTP 站点，等连接成功后出现一个对话框，要求选择默认的本地文件夹和远程文件夹，系统自动连接到该 FTP 站点时，上传或下载的文件或文件夹将出现在用户选择的文件夹中。

（6）单击“下一步”按钮，出现如图 5-12 所示的对话框。

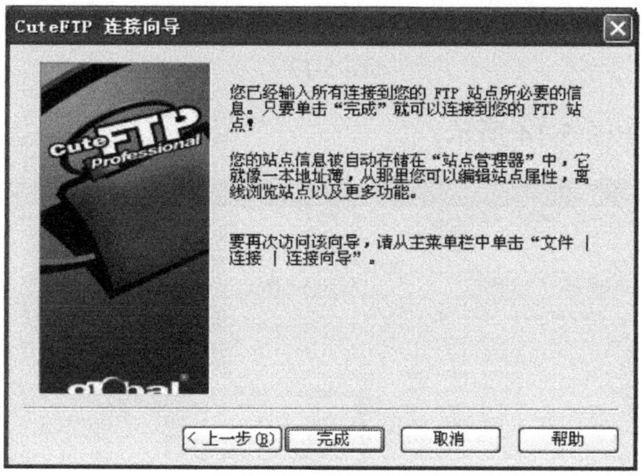

图 5-12　连接向导窗口三

该对话框表示你已经输入所有连接到你的 FTP 站点所必要的信息，只要单击“完成”就可以连接到你的 FTP 站点了。你的站点信息将自动地被系统存储在“站点管理器”中，它就像一本地址簿，从那里可以编辑站点属性、离线浏览站点，操作更多的功能。

2．如何上传文件

当完成连接工作后，出现的窗口如图 5-13 所示。

在该图的第四行是远程服务器的地址、用户名和用户密码，端口是 21。在该图的左面窗口是本地计算机 D:\教学参考\jian 上的文件夹和文件，在该图的右面窗口是“电子商务精品课程”远程服务器的根目录下的文件夹和文件。

假设要将本地计算机 D:\教学参考\jian 上的文件 b12.jpg 上传到远程服务器中，其操作方法如下所示。

（1）在本地计算机上选择要上传的文件 b12.jpg，单击“文件”模块下的“上传”功能即可。

（2）也可以双击要上传的文件名。

（3）还可以单击右键，在弹出的动态菜单栏中选择“上传”功能即可。

图 5-13

（4）上传后的窗口如图 5-14 所示。

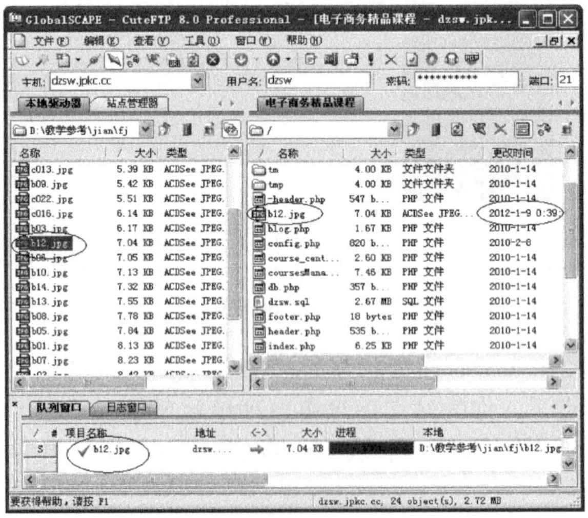

图 5-14　上传文件后的窗口

（5）从图 5-14 中可知，本地计算机上的 b12.jpg 出现在右面远程服务器窗口上，上传的时间为 2012.1.9，在屏幕最下面窗口队列中也显示了上传项目的详细信息。

3．如何下载文件

若希望将远程服务器中的文件或文件夹下载到本地驱动器中，具体的操作步骤如下所示。

（1）选中远程服务器中的文件，假设选中的是 main.php 文件，单击“文件”模块下的“下载”功能即可。

（2）也可以双击要下载的文件名。

（3）还可以单击右键，在弹出的动态菜单栏中选择“下载”功能即可。

（4）下载后的窗口如图 5-15 所示。

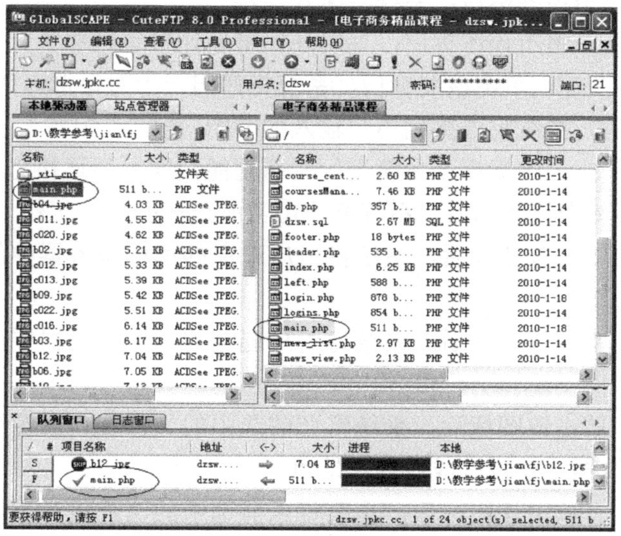

图 5-15　下载文件后的窗口

5.2.3　cuteFTP 8.0 动态菜单

1．cuteFTP 8.0 工具栏图标

在 cuteFTP 8.0 主窗口中有一个工具栏，工具栏上共有 21 个图标，如图 5-16 所示。每一个图标完成一个功能或一种操作，用户可根据需要单击工具栏中的某一个图标即可。

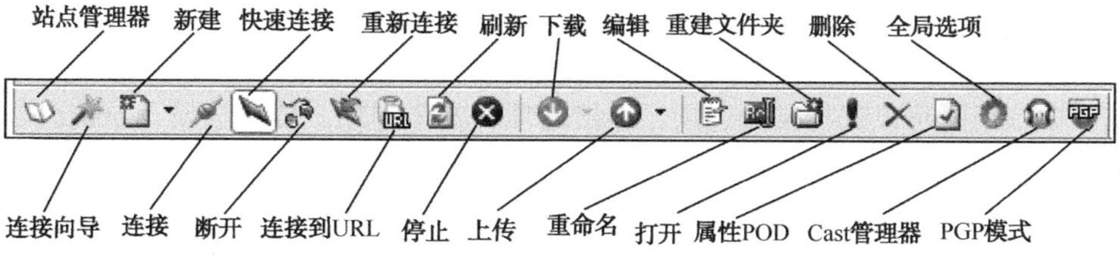

图 5-16　cuteFTP 工具图标栏

（1）站点管理器图标。单击该图标后就可以打开站点管理器，站点管理器中是远程网站站点中的信息，即站点的地址簿，用户可以任意选择其中的某一个站点内容（允许用户有多个远程服务器站点）。

（2）连接向导图标。单击该图标后就会弹出一个连接向导对话框，用户可根据该对话框的操作提示，完成远程连接工作。

（3）新建图标。单击该图标后用户可以新建远程服务器地址信息，创建新的远程地址。

（4）连接图标。单击该图标后，系统将连接到默认的连接地址，如果连接有错误将会弹出一个对话框，用户可根据对话框提示的信息进行操作。

（5）快速连接图标。单击该图标后，系统对默认的站点进行连接，而不按照站点管理器中的地址簿进行连接。

（6）断开图标。单击该图标后，系统将断开连接。

（7）重新连接图标。单击该图标后，系统开始重新连接远程服务器的地址。

（8）连接到 URL 图标。单击该图标后，系统将弹出一个对话框，要求用户输入 URL 地址，单击“确定”键后，系统将连接到用户输入的 URL 地址。

（9）刷新图标。单击该图标后，系统进行刷新功能，即重新连接当前窗口中的内容。

（10）停止图标。单击该图标后，系统将停止当前正在操作的工作。

（11）下载图标。单击该图标后，系统将用户选定的远程服务器中的文件下载到当地驱动器中的当前目录中。

（12）上传图标。单击该图标后，系统将用户选定的本地驱动器中的文件上传到远程服务器中的当前目录中。

（13）编辑图标。单击该图标后，系统将当前选中的文件在右面窗口中进行编辑，此时该窗口相当于一个编辑器，编辑完成后双击即可。

（14）重命名图标。单击该图标后，系统将当前选中的文件进行重命名工作，即可以改变文件名，包括文件夹的名称也可以重命名。

（15）重建文件夹图标，单击该图标后，系统将重建一个新的文件夹，文件夹命名规则与 Windows 系统中的规则相同。

（16）打开图标。单击该图标后，系统将用户选中的文件在当前浏览器中打开，如果是图像文件，则打开当前计算机系统中的图像浏览器，显示该图像。

（17）删除图标。单击该图标后，系统将删除用户选择的文件。

（18）属性图标。单击该图标后，系统将弹出一个文件属性窗口，该窗口将显示该文件的属性数据，包括文件名、文件类型、文件大小等。

（19）全局选项图标。单击该图标后，系统将弹出一个全局选项对话框，如图 5-17 所示。在该对话框中，用户可以选择常规选项、连接选项、安全选项、传输选项、导航选项和显示选项，并按对话框提示信息进行操作。

（20）POD Cast 管理器图标。单击该图标后，系统将弹出一个对话框，用户可根据对话框中的提示进行选择操作。

（21）PGP 模式图标。单击该图标后，系统将弹出一个对话框，提示用户“密钥文件中没有密钥，你是否要创建一个？”，用户可根据需要进行选择。

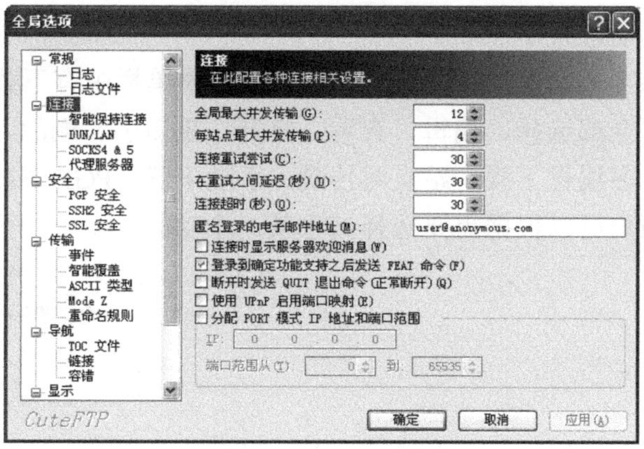

图 5-17　全局选项对话框

2．cuteFTP 8.0 动态菜单

当本地客户端与远程服务器主机连接后，既可对本地客户端进行文件或文件夹的操作，又可对远程服务器主机的文件或文件夹进行操作，操作的方法既可以通过工具栏中的各图标按钮，又可以通过主菜单中的各命令功能，还可以通过动态菜单的方式进行操作。弹出动态菜单的方法很简单，只要单击鼠标器的右按键即可。

（1）本地客户端动态菜单

本地客户端动态菜单如图 5-18（a）所示。在该菜单栏中有：上传、上传高级、Add To channel、剪切、复制、粘贴、复制到、移动到、全部选项、编辑、查看、打开、重命名、删除、属性 15 个功能，其中上传高级功能下还有多线程上传、上传到、手动上传、PGP 上传、过滤上传、上传计划、上传压缩 7 个二级子功能。用户可以根据需要选择其中某一个功能。

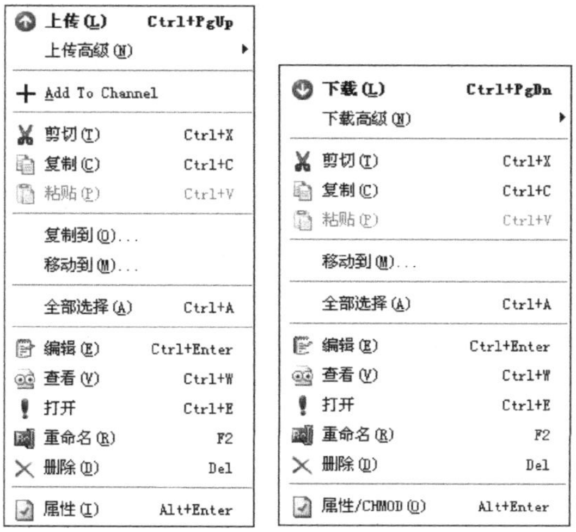

（a）本地客户端动态菜单　　（b）远程服务器端动态菜单

图 5-18　动态菜单

（2）远程服务器端动态菜单

远程服务器端动态菜单如图 5-18（b）所示。在该菜单栏中有下载、下载高级、剪切、复制、粘贴、移动到、全部选择、编辑、查看、打开、重命名、删除、属性 13 个功能，其中下载高级功能下还有多线程下载、站点对传到、手动下载、PGP 下载、过滤下载、下载计划 6 个二级子功能。用户可以根据需要选择其中某一个功能。

讨论

1. 你知道现在有哪几个版本的 cuteFTP 软件？

____

2. 你使用的是什么版本的 cuteFTP？

____

3. 请比较你使用的与 cuteFTP 8.0 的区别。

____

5.3 远程登录与新闻组服务

5.3.1 远程登录（Telnet）服务

远程登录就是本地的某台计算机通过远程登录命令登录到远程某个计算机，此时本地计算机的操作相当于在远程操作一样。

1. 什么是远程登录

远程登录服务是 Internet 上较早提供的一种服务。用户通过 Telnet 命令使自己的计算机暂时成为远程计算机的终端，直接调用远程计算机的资源和服务。

远程登录是一个 UNIX 命令，它允许授权用户进入网络中的其他 UNIX 机器，并且就像用户在现场操作一样。一旦进入主机，用户可以操作主机允许的任何事情，比如：读文件、编辑文件或删除文件等。

2. 远程登录流程

远程登录流程如图 5-19 所示。

从图 5-19 中可知：

（1）用户调用本地计算机上的 Telnet 客户端程序，本地客户端与远程服务器建立 TCP 连接，用户必须知道远程主机的 IP 地址或域名；

（2）客户端程序将用户输入的用户名、密码及之后输入的任何字符或命令以 NVT（Netword Virtual Terminal）格式传送到远程服务器，该过程实际上是从本地主机向远程主机发送 IP 数据报；

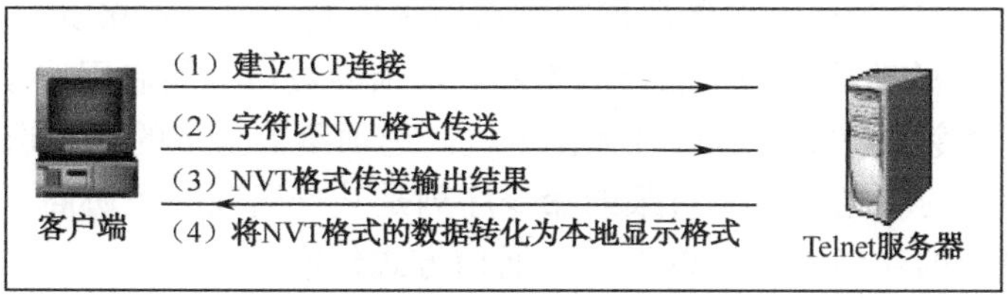

图 5-19　远程登录流程示意图

（3）客户端程序将远程服务器输出的 NVT 格式的数据转化为本地计算机能理解的格式，并显示在屏幕上，显示的内容包括输入命令的回显和命令执行结果。

（4）过后，本地用户发出结束连接的命令，本地客户端撤销到远程服务器的 TCP 连接。

3. 如何实现 Telnet 和远程主机连接

在使用 Telnet 之前，首先要知道想要使用的主机名称、域名或主机的 IP 地址等。然后，使用以下的格式：

Telnet <远程主机名> [<端口名>]

其中：[端口名]是可选的，因为处理程序会自动使用一个默认的端口。当按回车键后开始登录，这在用户方建立了客户进程，它去建立起与远程计算机的 TP 连接，在这个连接上进行双向的传输。它将用户输入的数据带上 Telnet 的控制信息传到另一端的服务进程，这一服务进程实际上是远程主机上的一个伪终端，它去除协议控制信息后，将用户的输入作为对远程主机的输入，与其上运行着的应用对话，并得到主机上应用的输出，随后又立即把主机的输出用 Telnet 协议传送到用户所在计算机，显示到屏幕上。这时，用户计算机处在输入模式，在键盘上键入的字符都将送往远方的主机上。

4. 常用的 Telnet 命令

一般 Telnet 客户程序是使用命令方式进行操作的，下面介绍几种常用的 Telnet 命令功能，Telnet 命令是在“Telnet>”提示符下进行操作的。

（1）close 或 c：该命令的功能是终止与其他远程计算机的连接或结束 Telnet 操作，退出 Telnet 客户程序。

（2）open：该命令的功能是启动与其他远程计算机的连接或使用 close 命令后重新启动

Telnet 客户程序。

（3）quit：该命令的功能是退出 Telnet 客户程序，如果正在与某远程服务器连接，则首先将终止与远程计算机的连接，然后再退出 Telnet 客户程序。

（4）enter：该命令的功能是在 Telnet 提示符下，返回到活动的远程连接，如果没有活动的连接，则退出 Telnet 客户程序。

（5）set echo：该命令的功能是设置键入的内容是否在本地计算机屏幕上显示，输入该命令可在 on 或 off 中转换。

（6）lac：该命令的功能是跟在该命令之后的数据应用为使用来解释。

（7）nont：该命令的功能是选项参数指定的启用选项的请求已被拒绝。

（8）do：该命令的功能是选项参数指定的启用选项的请求已被接受。

（9）Wont：该命令的功能是通过目标计算机，选项参数指定的启用选项的请求已被拒绝。

（10）Will：该命令的功能是通知目标计算机，选项参数指定的启用选项请求已被接受。

（11）sb：该命令的功能是后面所跟的命令序列是某一选项的子协商。

（12）ga：该命令的功能是允许以半双工通信方式传输。

（13）el：该命令的功能是通知服务器删除当前行。

（14）ec：该命令的功能是通知服务器删除前一个字符。

（15）ayt：该命令的功能是客户端发给服务器用于检测服务器的进程是否还在运行。

（16）ao：该命令的功能是完成进程，但不向客户发送输出。

（17）ip：该命令的功能是中断，终止或结束某个进程。

（18）brk：该命令的功能是中断，表示数据传输的中断。

（19）dm：该命令的功能是 synch 的数据部分。

（20）nop：该命令的功能是表示不对客户端或服务器进行任何操作。

（21）se：该命令的功能是表示某一选项的子协商命令序列结束。

（22）eor：该命令的功能是表示文件的最后一行已传输出去。

（23）susp：该命令的功能是表示客户端通知服务器挂起当前正在进行的操作。

（24）eof：该命令的功能表示文件中的数据已全部传输出去。

5. 怎样开始与一个远程通信对话

（1）使用公共程序。

有一些服务器的主机专门为用户编制一些应用程序，使用户不需要在此系统上有个人账户而直接可以使用该程序，如在 nic.ddn.mil 主机上的 whois 程序就属于这种情况，为使用 whois，用户只要在与此主机相连的远程通信中输入 whois 即可，不必再进行其他的登录手续。

允许公用访问的另一种方法就是公布一些账户名字（就像 whois 是 nic.ddn.mil 的 whois 账户的一个公开名字）。例如，为使用主机 psi.com 上的白页服务（White Pages service），远程通信到此主机并以 fred 登录，不需要口令，有许多办法可以用一些 Internet 主机为 Internet 网际用户提供可用服务。

其他的服务，诸如寻找数据库、访问巨型计算机等，若事先安排好访问，也可以通过远程通信实现，需要事先在远程主机上分配一个账户名和口令，或者一个具体的客户账户。

（2）建立程序。

假设用户从本地 UNIX 主机远程通信到另一台 UNIX 主机上，当连接后，所有的提示符、命令及响应等都是在远程主机上，用户相当于在自己本地主机上操作一样。在下面的例子中，用户输入的以黑体字表示，在计算机上将看到的是以 this typeface 形式的字表示。

Paris% telnet phoebus,nisc,srj,com.

用户发出 telnet 命令，给出网络上欲访问的主机名。

Typing 192.33.33.22

Connected to phoebus.nisc.sri.com

Escape character is

Sun()s UNIX(phoebus)

Begin：用户输入登录名

Password：输入口令，屏幕上不显示

Phoebus%

… USER SESSION …

Phoebus%

logout

Connection closed by foreign host

Paris%

5.3.2 新闻组服务

1．什么是新闻组服务（Usenet）

Usenet 是 use’s network 的英文缩写，它由可以接收网络新闻组（News group）的全部机器所组成。新闻组是一个用户群体，类似于一种计算机上的论坛。而网络新闻（Network news）又称为 netnews，是在网络新闻组的标题下组织的讨论，是一种从某个本地主机向在 Internet 范围内其他主机发布信息的机制。

在 netnews 中消息也被称为条款，它所采用的传送机制叫做存储转发。这就意味着每台主机在收到一则网络新闻条款后，都先在本地存储，然后，再将其转发或送到其他位于 Usenet 网下的主机去。一台主机可以把条款转达发给任意数量的主机，而这些主机又将它们转发给另外的主机。在这种情况下，可以确保在极短的时间内把每一则新闻条款公布给一个数量庞大的主机群。

Usenet 是世界范围内通过 ISP 的一个公共电子公告板系统（BBS）。它是讨论主题的巨大集合，或者是任何人都能发布想法、观点和建议的新闻组。这些发布的信息可以被有 Internet 连接的大多数人阅读和回答。而且，它在 Internet 内免费的。Usenet 不是 WWW 的一部分，它是一个独立的实体。Usenet 用与 Web 相同的线路，但是有自己的通信方法，叫做 NNTP 网络新闻传输协议。Usenet 比 Web 更基于文本，但一般没有图片。

2. Usenet 的层次结构

Usenet 的新闻组根据主题或地理位置组织成层次结构，新闻小组的名字就反映了这种层次结构，名字的第一部分代表顶层课题，即范围最广的分类，其余部分则代表更加具体的领域。

例如，Comp 是关于计算机科学的硬件或软件，Comp．Ai 是人工智能等。如表 5-4 所示的是一些重要的新闻组中的首层课题。

表 5-4　一些重要的新闻组中首层课题缩写一览表

新闻组名称	内　容	备　注
alt	非官方的，暂时性的课题	一般类的新闻组
bionet	关于生物学方面的课题	一般类的新闻组
bit	提供 Bitnet 信息文摘方面的课题	一般类的新闻组
biz	关于商业和商业产品的课题	一般类的新闻组
comp	关于计算机学科方面的课题	主要的大类新闻组
gnu	关于 GNU 操作系统方面的课题	一般类的新闻组
hep	关于高能物理方面的课题	一般类的新闻组
ieee	关于电气电子工程师协会 IEEE 方面的课题	一般类的新闻组
info	关于 Illinois 大学方面的课题	一般类的新闻组
k12	关于初等和中等教育方面的课题	一般类的新闻组
misc	其他方面的课题	主要的大类新闻组
news	关于网络软件及读者方面的课题	主要的大类新闻组
rec	关于娱乐活动方面的课题	主要的大类新闻组
relcom	关于俄语方面的课题	一般类的新闻组
sci	关于科学技术和科学讨论方面的课题	主要的大类新闻组
soc	关于人文科学和社会科学方面的课题	主要的大类新闻组
talk	关于某些正在争论尚没有结果的课题，例如，时事、热门话题	主要的大类新闻组
w3b	关于 AT-T3B 系列计算机方面的课题	一般类的新闻组
vmsnet	关于 VAX/VMS 系统方面的课题	一般类的新闻组

如表 5-5 所示的是计算机新闻组（comp）下的子层课题的缩写形式。

表 5-5　计算机新闻组下的子层课题缩写一览表

新闻组名称	内　容
comp.ai	有关计算机人工智能方面的课题
comp.dcom.modems	有关数字通信硬件与软件方面的课题
comp.lang.lisp.mcl	有关 Apple's Macintosh Common Lisp 方面的课题
comp.org.usenix	有关 USENIX 协会的活动与声明方面的课题
comp.os.os2.apps	有关 OS/2 下的应用方面的课题
comp.sys.sun.announce	有关 Sun 公司的声明和 Senergy 的邮件系统方面的课题

如表 5-6 所示的是 rec 新闻组下的二级子层课题的缩写形式。

表 5-6　rec 新闻组下的二级子层课题缩写一览表

新闻组名称	内　容
rec.food.cooking	有关各种食品烹饪方面的课题
rec.food.drink	有关葡萄酒、白酒及七台河酒精饮料方面的课题
rec.food.recipes	有关食品及饮料配方等方面的课题
rec.food.restaurants	有关酒店和饭店等方面的课题
rec.food.sourdough	有关发酵和烤制食品等方面的课题
rec.food.veg	有关蔬菜食品等方面的课题

5.3.3　新闻组如何工作

1. Usenet 的工作方式

Usenet 不同于 Internet 的交互式操作方式。在 Usenet 主机上存储着用户发送的各种信息，它们会周期性地转发给其他的 Usenet 主机，最终传遍世界各地。新闻组的成员都是面对一台主机进行讨论的，它是一个大家同时可见的布告栏。

一开始时，Usenet 先向某个网络位置提供全面的信息（所有可通报新闻小组），然后，其他的网络位置每天通过网络获得这些信息，分布在世界各地的新闻小组的全部信息是通过二级的网络位置将信息传播到位于自己下级的其他网络位置。许多网络位置是从新闻中心枢纽获得网络新闻的，这个中心枢纽提供了高效的信息传播服务。每个网络位置的管理人员决定自己接收哪些新闻小组，很多位置只接收主要的小组，其他的网络位置由于受到存储能力的限制，或基于对个人计算机资源的考虑，可能只接收某些具体的新闻小组。

虽然 Usenet 的基本通信手段是电子邮件，但它不是采用点对点的通信方式，而是采用多对多的方式进行通信的。但是，所有信息并不像电子邮件一样发送到用户自己的电子信箱中，用户必须使用专门的新闻阅读程序（News Reader）来访问 Usenet 主机，阅读网络新闻，发表自己的意见，提出自己的问题，决定是否加入还是退出一个新闻组。

Usenet 的基本组织单位是具有特定讨论主题的新闻组，目前 Internet 上已有数千个新闻组。

2. 使用 Usenet 阅读器

（1）Usenet 阅读器功能。

Usenet 阅读程序是一种专门阅读网络新闻的程序，它能完成以下的功能：

① 搜索用户指定的新闻组，列出用户未曾读过的文章；

② 根据用户的命令显示文章的内容；

③ 保存用户阅读的文章；

④ 选择用户感兴趣的新闻组；

⑤ 允许用户针对某文章发表自己的意见；

⑥ 允许用户提出自己的问题。

（2）Usenet 服务器。

该服务器是新闻组信息和组与用户的桥梁，装载它所定义的那部分新闻组的内容。Usenet 服务器为了让世界各地的用户能看到某一台服务器上的新闻内容，它的管理程序一边同用户打交道以保证用户的信息需求，另一边同与它直接沟通的 Usenet 服务器不停地进行信息交流，将自己没有的新闻复制过来，将别人没有的内容复制过去。当然，这种新闻复制是经过选择的，例如，某服务器可能只要有关计算机方面的 10 天以来的新闻内容，其他内容不要。一台新闻服务器可能只有某些新闻组而不是全部，但它所拥有的新闻组中的信息却是来自世界各地的。

（3）新闻组阅读客户端。

这个客户端是用来收发、阅读、回复新闻组内容的客户端软件，一般情况下是和邮件客户端集成在一起的。最容易得到的当然是 Outlook Express，就是微软操作系统自带的邮件收发软件，里面集成了 news 客户端，推荐新手用这个，功能强大且易上手。

（4）常用的 Usenet 阅读器。

Usenet 阅读器是访问新闻组的必要工具，Usenet 阅读器存在于一个提供 Usenet 转发的公共 Internet 的网点上，它是一个基于 NNTP 传输协议的程序，目前在 Internet 上有 rn、trn、nn、tin 4 种常用的 Usenet 阅读器。

① rn 阅读器，这是较早用于 Usenet 上的一种新闻阅读器，该新闻阅读器适用于相对少量的新闻组和文章，rn 常用于 UNIX 主机上。

② trn 阅读器，这是在 rn 阅读器基础上新增加某些功能的一种新闻阅读器，它的特点是可以沿着组内的某个线索来阅读，所谓线索指的是某一讨论话题的逻辑顺序。

③ nn 阅读器，这是一个可以用菜单形式来显示某个指定新闻组中文章的新闻阅读器。它的特点是具有选择性，而不必像 rn、trn 那样按顺序逐篇地阅读，但 nn 新闻阅读器一次最多可用于 10 个新闻组。

④ tin 阅读器，这是一个最新的阅读器，它的特点是既可用菜单方式显示文章，也可以通过线索来选择信息，tin 阅读器具有很好的用户界面。

3．tin 新闻阅读器的使用方法

tin 阅读器是一个最新、最容易、功能最多的新型新闻阅读器。启动 tin 可在命令行提示符下键入：

tin　<Enter>

屏幕上即会显示一张新闻组名和新闻组描述的清单，若需要显示下一页或上一页内容时，可分别按 Page Up、Page Down 键来查看。由于 tin 是一种使用菜单形式的应用程序，所以命令不多，常用的命令如表 5-7 所示。

表 5-7　tin 阅读器常用命令一览表

命　令	功　能	命　令	功　能
+	选择线索	-	显示上一条线索

续表

命　令	功　能	命　令	功　能
c	放弃，使所有文章成为阅读过的并进入组选择菜单	C	放弃，使所有文章成为阅读过的并进入下一未读新闻组
b	返回到上一页	Enter	显示所选定的文章
Ctrl+D 或 Ctrl+F	下一页菜单	Ctrl+D 或 Ctrl+F	上一页菜单
h	显示所有命令的帮助信息	Spacebar	向一页
j 或 Down	下移一行	k 或 Up	上移一行
n	到下一新闻组	N	到下一未读文章
p	到上一新闻组	P	到上一未读文章
q	到上层菜单	Q	退出程序
T	回到新闻组选择层	Tab	到下一未读文章或新闻组
U	取消所有文章的标记	w	发送一篇文章到当前新闻组
z	将文章标记改为已读	Z	将线索标记为已读

能力训练题 5　cuteFTP 的使用

一、能力训练前的准备

1．查看本地计算机是否已与 Internet 连接成功。

2．查看本地计算机的 Internet Explorer 是否是最新版本的，建议最好使用 Internet Explorer 8.0 版或以上的。

3．建立自己的子目录以备后用，以后可以将 Internet 上搜索到的资料下载到该子目录中去。建议最好将自己的子目录创建在除 C 盘以外的硬盘中，然后，待用完后再将其相应的资料内容复制到自己的网络硬盘中或 U 盘中。

二、能力训练目的要求

通过 cuteFTP 的使用，了解 FTP 的工作流程，掌握 FTP 的基本概念，学会 cuteFTP 的基本操作方法和应用。

三、能力训练内容

【操作一】

申请一个免费的主页空间或利用学校提供的远程服务器地址

1．进入 Internet 后，直接在 IE 浏览器中的 URL 地址上键入“http://www.baidu.com”进入百度搜索网站，输入“免费的主页空间”关键字。

2．寻找并进入网站进行免费注册，进入“注册”模块，按该模块上的要求填入相关的信息。

3．注册成功后便可得到远程服务器地址、用户名（账号）和密码。

4．如果学校有现成的，就利用学校的远程服务器地址、用户名（账号）和密码。

【操作二】

在 Internet 上寻找免费的 cuteFTP 软件

1．进入百度搜索引擎。

2．寻找 cuteFTP 并下载，要求是最新的版本，即 cuteFTP 8.0 或以上版本。

3．寻找到后下载该软件，放到你自己的文件夹或自己的 U 盘里。

【操作三】

运行并操作

1．启用 cuteFTP 软件。

2．在 cuteFTP 主屏幕窗口上，单击“文件”模块下的“连接”功能，或利用“连接向导”图标进行连接。

3．连接时需要输入远程服务器地址、账号、密码等相关信息。

4．打开本地客户端文件夹，选择以前几次实训中用过的文件夹为本地客户端目录。

5．打开站点管理器，选择远程服务器根目录。

6．在远程服务器的根目录下，新建一个“FTP 实训”文件夹，并打开。

7．上传三个文本文件和两个图像文件到远程服务器的“FTP 实训”文件夹中。

8．下载一个图像文件到本地的桌面上。

9．撰写总结和体会，要求不少于 1000～1500 字。

四、能力训练报告

能力训练报告的格式如下：

1．训练过程

目的要求：
训练内容：
训练步骤：
从什么网站上获得免费主页空间
从什么网站上获得免费 cuteFTP 软件
如何进行上传文件和下载文件的操作

2．训练结果

训练结果分析：
可以使用表格方式，也可以使用文字方式。

3．总结

通过能力训练，总结自己掌握程度，分析出错原因，提出改进措施。

习题 5

一、填空题

1．FTP（File Transfer Protocol，FTP）是________网络上两台计算机________的协议，FTP 是在 TCP/IP 网络和________上最早使用的协议之一，它属于________的________。

2．端口 20 用于在________和________之间传输________，而端口 21 用于传输________，并且是命令通向________的进口。

3．FTP 具有的目标是________目标、________目标、________目标、________目标等。

4．FTP 传输的文件可以是________、________、________、声音等文件，但大多是以________文件存储的，即采用的是________方式，不同类型的文件要求使用不同的________进行传输。

5．FTP 的使用方式有：________方式和________方式。

6．cuteFTP 8.0 是一个不需要________的软件，下载该版本的软件后就可以________。该主窗口有模块________模块、________模块、________模块、________模块、________模块、________模块等。

7．当本地客户端与远程服务器主机________后，既可对________进行文件或________的操作，又可对________主机的文件或________进行操作，操作的方法既可以通过________的各图标按钮又可以通过________中各命令功能，还可以通过________的方式进行操作。

8．远程登录服务是 Internet 上________的一种服务。用户通过________使自己的计算机________的终端，直接调用________的资源和服务。

9．新闻组由可以接收________的全部________所组成。新闻组是一个________群体，类似于一种在________的讨论论坛。而网络新闻是在网络新闻组的________组织的讨论，是一种从________向在________其他主机发布________的机制。

10．Usenet 的新闻组是根据________或________组织成________的，新闻小组的名字就________结构，名字的第一部分代表________，即范围最广的________，其余部分则代表________的领域。

二、判断题

1．FTP 是在 TCP/IP 网络和 Internet 上最晚使用的协议之一。（　　）

2．FTP 传输的文件只能是文本、图像和声音文件。（　　）

3．来宾或匿名用户可以登录 FTP 并传输文件到远程服务器上。（　　）

4．FTP 的工作模式都是主动模式。（　　）

5．cuteFTP 8.0 软件不需要进行安装，直接启动即可使用。（　　）

6．cuteFTP 上传文件时，只需要双击该文件即可。（　　）

7．通过 Telnet 命令使自己的计算机暂时成为远程计算机的终端，但不能直接调用远程计算机的资源和服务。（　　）

8．远程登录允许授权用户进入网络中的其他 UNIX 机器并且就像用户在现场操作一样。（　　）

9．新闻组可以接收网络新闻组（News group）的全部机器所组成一个群体。（　　）

10．Usenet 的新闻组是根据主题或地理位置组织成层次结构的。（　　）

三、简答题

1．请写出什么是 FTP 和 FTP 的目标。

2．请写出 FTP 的作用。

3．请写出 FTP 能传输的文件类型。

4．请写出 FTP 的工作原理。

5．请写出 FTP 的两种使用方式。

6．请写出 FTP 系统的两种模式。

7．请写出 cuteFTP 的工作流程。

8．请写出 cuteFTP 8.0 的工具箱图标的作用。

9．什么是远程登录服务？

10．什么是新闻组服务？

阅读材料 5——电脑的服务器地址和服务端口指的是啥？

（http://zhidao.baidu.com/question/2115947706562408667.html）

1．服务器地址

服务器地址是指互联网协议地址（英语：Internet Protocol Address，又译为网际协议地址），是 IP Address 的缩写。IP 地址是 IP 协议提供的一种统一的地址格式，它为互联网上的每一个网络和每一台主机分配一个逻辑地址，以此来屏蔽物理地址的差异。目前还有些 IP 代理软件，但大部分都收费。

2．服务器端口

随着计算机网络技术的发展，原来物理上的接口（如键盘、鼠标、网卡、显示卡等输入/输出接口）已不能满足网络通信的要求，TCP/IP 协议作为网络通信的标准协议就解决了这个通信难题。TCP/IP 协议集成到操作系统的内核中，这就相当于在操作系统中引入了一种新的输入/输出接口技术，因为在 TCP/IP 协议中引入了一种称之为“Socket（套接字）”的应用程序接口。有了这样一种接口技术，一台计算机就可以通过软件的方式与任何一台具有 Socket 接口的计算机进行通信了。端口在计算机编程上也就是“Socket 接口”。

一台服务器为什么可以同时是 Web 服务器，也可以是 FTP 服务器，还可以是邮件服务器等，其中一个很重要的原因是各种服务采用不同的端口分别提供不同的服务。比如，通常 TCP/IP 协议规定 Web 采用 80 号端口，FTP 采用 21 号端口等，而邮件服务器是采用 25 号端口。这样，通过不同端口，计算机就可以与外界进行互不干扰的通信了。

据专家们分析，服务器端口数最大可以有 65 535 个，但是实际上常用的端口才几十个，由此可以看出未定义的端口相当多。这时那么多黑客程序都可以采用某种方法，定义出一个特殊的端口来达到入侵的目的。为了定义出这个端口，就要依靠某种程序在计算机启动之前自动加载到内存，强行控制计算机打开那个特殊的端口。这个程序就是“后门”程序，这些后门程序就是常说的木马程序。简单的说，这些木马程序在入侵前是先通过某种手段在一台个人计算机中植入一个程序，打开某个（些）特定的端口，俗称“后门”（BackDoor），使这台计算机变成一台开放性极高（用户拥有极高权限）的 FTP 服务器，然后从后门就可以达到侵入的目的。

第 6 章

其他 Internet 服务

知识要点

- ❖ 电子公告板的基本概念
- ❖ IP 电话的使用
- ❖ 博客的基本操作方法和技巧
- ❖ 微博的基本操作方法和技巧

能力要点

- ❖ 学会博客注册和发布
- ❖ 学会微博注册和发布

引例 6——微博的故事

在做出离开“天龙公司”这样一个艰难的决定后，王总的心里，一方面是对“天龙公司”的眷恋；另一方面是对自己即将开创的崭新事业的激动和憧憬。王总需要用一个适当的方式，在适当的时候，向公众发出自己的声音，告诉公众发生了什么，为这个转变时期的自己，为“天龙公司”，也为即将创办的创新工场，营造一个最好的舆论氛围。于是，在正式对外宣布离职的决定前，王总有意无意地增加了发布微博的数量，在 Twitter 和新浪微博争取到了更多的粉丝。

终于，到了不得不对外宣布的时候。2012 年 1 月 4 日上午，王总通过微博向大家道别，微博引用了王总发布在博客上的《再见，天龙》一文的链接。“再见，天龙”这样简单的四个字，向微博上的所有粉丝正式宣布了王总的决定。同时，博客文章中，向公众解释了王总为什么离开“天龙公司”的具体原因。这样一种直截了当的信息发布方式，既避免了无谓的谣言和误解，又有效减少了媒体采访的数量，的确是当时的情况下，最有效的一种信息传播方式。

当发布了离开“天龙公司”的消息后，所有人都向王总提出了一个同样的问题：“下一步具体会做什么？”当天，王总一些细节还没有敲定，王总没有立即向外界公布创新工场的完整计划。外界开始充满了谣传：王总要搬去国外了！王总要加入某某公司！

这时，王总所做的，就是发布了下面三条尽量减少人们误解和猜疑的微博：

（1）请大家不要乱猜测我要做什么。我将下星期宣布。这不是卖关子，是有些细节还没有敲定。给我一点时间和耐心。我的新成果保证是很酷的。谢谢大家的支持。

（2）请不要乱说我加入某某公司。我不加入任何公司，我会自己做一个青年创业平台。下星期会给大家更多信息。

（3）我会继续留在南京的。

这三条微博既打消了人们的猜疑，又从另一方面吊起了人们的胃口。因为王总说新项目“保证是很酷的”计划，而且是一个“青年创业平台”，但又没有透露任何细节。热情的粉丝在微博的留言中一面向王总祝贺，一面对“很酷的”、“青年创业平台”表示了极大的好奇心。很多网友直接喊出：

“关注！希望能对我们有帮助！天天在想着创业项目！有想法，没资金！痛苦！”

粉丝们热情的回复一方面坚定了王总追随自己梦想的决心；另一方面也督促着他尽快落实所有细节，尽早向公众发布。

随后的一两天里，媒体中出现了一些质疑的声音。有的媒体不负责任地猜测说，王总的离职与此前“天龙公司”遭遇的“低薪内容”危机有关，还有的媒体对王总创办青年创业平台的想法表示怀疑。为了平息这些不同的声音，王总决定再次通过微博发布博客文章“对媒体几个误解的澄清”。

几天后，一切顺利，王总终于可以向世界宣布新公司“创新工场”及帮助、鼓励青年人创业，打造全新创业平台的宏伟计划了他在微博上链接了“创新工场”的网页。

这是王总通过微博发布的创新工场的主页链接。与此同时，创新工场发布会的新闻稿，创新工场的运营模式和商业计划、招聘需求等也纷纷通过微博来到了千千万万的网友面前。微博和博客、媒体采访、新闻发布会等各种传播形式的完美配合，使得创新工场的媒体宣传攻势空前成功。一个最好的证明，就是王总在微博上所说的：第一天创新工场收到 7 000 封简历！

没有人能真正感受到王总当时的激动心情！一个始终坚持追随内心的人，一个曾经和正在为中国青年付出大量心血与汗水的人，当他终于有一天，能够全身心地投入帮助中国青年人创业、创新的伟大事业中来，当他看到寄托着自己梦想的创业平台顺利地走进公众的视线，那种感觉，也许只有向往自由的人第一次驾机飞越大洋，或者，志在征服的人第一次登上 8 000 米以上的雪峰时，才能真切地感受得到。这就是微博的力量！

6.1　电子公告板（BBS）

6.1.1　什么是 BBS

电子公告板是 Internet 提供的一种信息服务，为用户提供一个公用环境，以寄存函件、读取通告、参与讨论和交流信息。

1. BBS 概述

BBS 是 Bulletin Board Service 的英文缩写，是 Internet 上一种电子信息服务系统，它提供一块电子白板，每个用户都可以在上面书写，发布自己的信息或看法。在 BBS 上大家可以对一个共同感兴趣的问题进行讨论，自由地发表自己的意见与见解，并且能直接与其他的人进行沟通。

电子公告板可以根据用户的需要限制于几台计算机、一个组织或一个小地理位置范围内，也可以是世界上所有的 Internet 用户，它可以方便、快捷地使各地用户了解公告板上的信息，是一种有力的信息交流工具。

目前，通过 BBS 系统可随时取得国际最新的软件及信息，也可以通过 BBS 系统来和别人讨论计算机软件、硬件、Internet、多媒体、程序设计及医学等各种有趣的话题，更可以利用 BBS 系统来刊登一些“征友”、“廉价转让”及“公司产品”等启事，而且这个园地就在你我的身旁。只要你拥有 1 台计算机、1 只调制解调器和 1 条电话线，就能够进入这个“超时代”的领域，进而去享用它无比的威力！

2. BBS 的发展

最早的 BBS 系统是由美国芝加哥计算机爱好者学会的两名会员于 1978 年编写的 CBBS，该系统是在 CP/M 计算机系统上以 8088 汇编语言编写的小型布告系统。同期一位名叫 Bill Abney 的先生也为 Radio Shak TRS-80 计算机编写了名为 Forum-80 的 BBS 程序。1982 年由 Russ Lane 用 BASIC 写的一个原型程序，在 1983 年由 PC 用户协会 Thomas Mack 改写成 RBBS-PC，此系统被公认为 BBS 系统的鼻祖。上面的 BBS 都为拨号方式，到现在为止较为著名的 BBS 软件有 PC Board、SUPERBBS、RemoteACCess、WILDCAT 等，使用最广泛的是 RemoteACCESS。

1992 年底 Internet 开始流行，同时 Internet BBS 也飞速发展起来，使用 Internet BBS 使得以前只能本地域访问的 BBS 可以被全世界访问，世界上任何一个用户，只要访问 Internet 就可以使用 Telnet 协议通过远程登录访问连接在 Internet 上的任何一个 BBS，对于使用 Modem 连入 Internet 的用户只需要付本地电话费用以及 ISP 的收费就可以随意访问连接在 Internet 上的 BBS，这对于大多数人是非常具有吸引力的，正是由于这种原因，Internet BBS 的发展也越来越快，影响力也在不断地扩大。

大约是从 1991 年开始，国内开始了第一个 BBS。经过长时间的发展，直到 1995 年，随着计算机及其外设的大幅降价，BBS 才逐渐被人们所认识。1996 年更是以惊人的速度发展起来。国内的 BBS，按其性质划分，可以分为两种：一种是商业 BBS，如新华龙讯网；另一种是业余 BBS，如天堂资讯站。由于使用商业 BBS 要交纳一笔费用，而商业站所能提供的服务与业余站相比，并没有什么优势，所以其用户数量不多。多数业余 BBS 的站长，基于个人关系，每天都互相交换电子邮件，渐渐地形成了一个全国性的电子邮件网络中国惠多网（China FidoNet）。于是，各地的用户都可以通过本地的业余 BBS 与远在异地的网友互通信息。这种跨地域电子邮件交流正是商业站无法与业余站相抗衡的根本因素。由于业余 BBS 拥有这种优势，所以使用者都主动乐意加入。这里“业余”2 字，并不是代表这种类型的 BBS 服务和技术水平是业余的，而是指这类 BBS 的性质。一般 BBS 都是由志愿者开发的。他们付出的不仅是金钱，更多的是精力。其目的是为了推动中国计算机网络的健康发展，提高广大计算机用户的应用水平。

6.1.2　BBS 类型

BBS 的类型可以分为以下几种。

1．原始的 BBS

从第一个 BBS 开始算起，它已经有了近 20 年的历史，它随着网络的出现而出现，又随着网络的发展而发展。最初的 BBS 只利用一台调制解调器通过电话线拨到某个电话号码上，然后，通过一个软件来阅读其他人放在公告牌上的信息，发表自己的意见。现在这种形式的 BBS 已经不多见了，但是，唯一的 FidoNet 目前在全世界仍然有近百万名忠实的用户。我国第一个 BBS 北京长城站仍然在对外服务。

进入原始的 BBS 只需要一台 RS-232C 串口的微机、一根电话线和一个调制解调器，使用的软件包括一个汉字操作系统、一个通信软件（Terminate、Qmoden、Telix、ProComm Plus 2.1 for Windows）和一个离线读信器（BlueWave，中文名称为蓝波快信）。

2．校园 BBS

作为 BBS 的一个主要集中地，校园 BBS 在 BBS 领域有着举足轻重的地位，几乎每一个大学都有属于自己学校的 BBS，BBS 成为大学校园内沟通与交流的常用工具，在大学生的校园生活中起着非常重要的作用。在这里大家可以发表自己对时事、学校管理、人生及生活中琐碎小事的各种各样的看法与观点。同时校园 BBS 也成为大家解决生活中的各种问题的一个重要途径。各个大学之间也可以很方便地使用 BBS 进行交流，想要了解一个学校的情况只要到这个学校的 BBS 上就可以对其有一个初步的印象。校园 BBS 的发展得益于众多在校师生的参与。校园 BBS 的繁荣，也吸引了很多社会人士的参与，这对在校大学生了解校外世界以及社会信息都起到了非常重要的作用。

3．基于 Internet 的 BBS

这种方式以 Internet 为基础，用户必须首先进入 Internet，然后，利用 Telnet 的软件登录到一个 BBS 站点上，这种方式可以使上网的用户同时在 BBS 上发表自己的意见，同时参加一个话题的讨论。目前，我国许多大学的 BBS 都采用这种方式，其中最著名的 BBS 站点有清华大学的“水木清华”（网址为：http://12345.yeah.net 或 http://person.zj.cninfo.net/~hup/dnjs.htm，IP 地址为：202.112.58.200）、北京邮电大学的“鸿雁传情”（网址为：nkl.ubpt.edu.cn，IP 地址为：202.112.101.44）、北京大学的“北京大学未知名站”（网址为：162.105.176.202）、复旦大学的“日月光华”（网址为：bbs.fudan.sh.cn，IP 地址为：202.120.224.9）等。这些站点都通过专线连接到 Internet 上，用户只要连接到 Internet，通过 Telnet 就可以进入这些 BBS 了，每一个站点同时可以有 200 人上线，这是业余 BBS 无法实现的。图 6-1 所示的是西南科技大学的校园 BBS 网站主页。

图 6-1　西南科技大学校园 BBS 主页

4．基于 Web 的 BBS

目前，最为流行的一种 BBS 是基于 Web 上的 BBS，用户只要连接到 Internet 上，直接利用 Web 浏览器就可以使用 BBS 了，可以直接阅读其他用户的留言、发表自己的意见、开展网上讨论等。这种 BBS 大多为商业 BBS，以技术服务或专业讨论为主。

如 Matlab 中文论坛（网址为：www.ilovematlab.cn/），该论坛会员人数已超过 50 万，如图 6-2 所示。

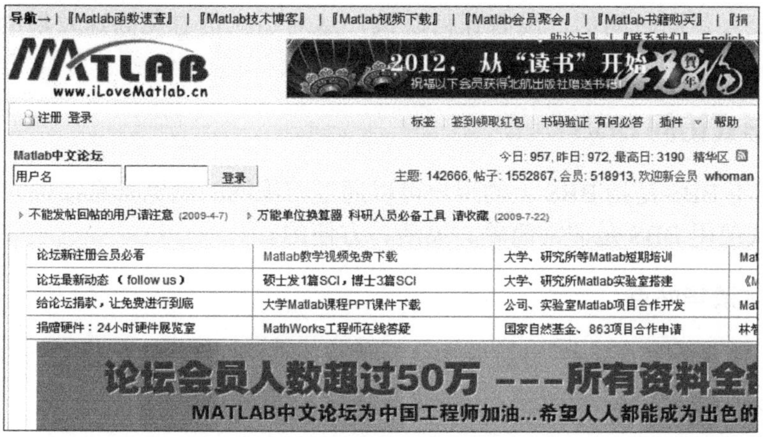

图 6-2　matlab 中文论坛主页

这种方式简单、速度快，几乎没有用户的限制，是今后 BBS 的主要发展方向，国内的许多大学 BBS 也正在向这个方向努力，其中清华大学的“水木清华”已经可以直接从浏览器中进入了。

5．业余 BBS

业余 BBS 一般由 BBS 爱好者个人建立，其目的主要是为广大网络上的朋友提供一个在某些专业方面交流的场所。此类 BBS 在网上使用者中地位是很重要的，因为，在这样的站点上，用户可以得到热情的帮助。此类 BBS 一般均为 WWW 的形式。

6．BBS 功能

BBS 与 Internet 上的其他服务相比较，具有相对明显的地域性特点，其服务内容相对要单调一点，并具有一定的局限性。但是，由于具有数据传输量小、反应灵敏、信息量大等一系列优点，它吸引了众多的爱好者在 BBS 上发表各种各样的言论和观点，并可以将各自的观点和看法与其他人进行交流与沟通。具体 BBS 有以下几个功能。

（1）实时交流

实时交流指的是 BBS 上的用户可以在同一时刻与任何一个 BBS 用户进行讨论、交谈，发表自己的意见，不必有任何的顾虑。

（2）通信功能

通信功能是指在 BBS 上的用户可以与使用 BBS 的任何一个用户进行信件交流，甚至可以代替 E-mail 的某些功能。

（3）设置个人信息

设置个人信息是指在 BBS 上的用户可以在 BBS 上创建一个具有个性化特点的角色，利用这种功能，用户可以设定自己的昵称和密码，还可以编辑自己的档案供大家参考。

（4）发表与阅读文章

发表与阅读文章是指在 BBS 上的用户可以表达自己的观点和意见，同样也可以了解他人的观点和意见，由于 BBS 较为灵敏快速，用户可以以最快的速度了解各方面的信息。在

BBS上信息的交互是同时间的，没有任何耽搁，这对适应信息化高速发展的人们来说是非常重要的。

6.1.3 Web形式访问BBS

Web方式使用BBS是指BBS上的用户可以通过万维网的浏览器直接进入有关的BBS网站，以Web方式使用BBS是非常简单、灵活、方便的。

1. 进入水木清华站点

利用各种方法连入Internet，并打开Web浏览器，在URL上输入水木清华BBS网站，其地址是：http://bbs.tsinghua.edu.cn/，出现如图6-3所示的窗口。

图6-3　水木清华BBS站点引导页

从图6-3中可知，要进入水木清华BBS网站有三种方法：

（1）登录：该方法是对老客户的，要求老用户输入用户账号和用户密码进入。

（2）匿名：该方法是对游客的，使用该方法的用户只是临时进入该网站，主要是为了了解该网站的内容而临时进入。

（3）申请：该方法是想长期使用该网站，成为该网站中的一员，单击“申请”按钮后出现如图6-4所示的申请表。用户只要填入该申请表中的各项信息即可成为BBS会员。

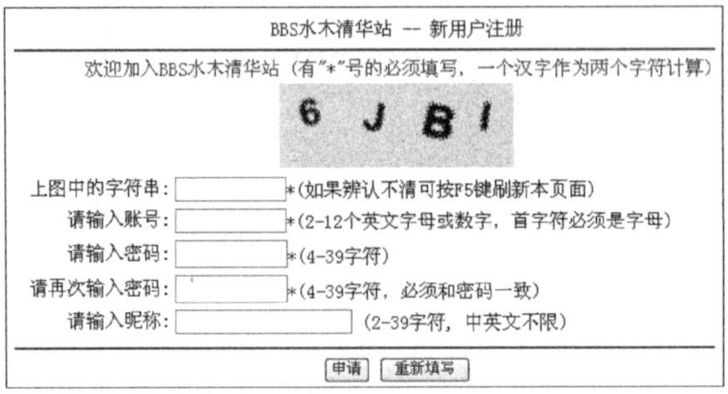

图6-4　水木清华新用户注册

2．如何在 BBS 站点上阅读文章

当使用匿名方式进入后，出现如图 6-5 所示的水木清华 BBS 主页。

图 6-5　水木清华 BBS 主页

具体操作如下：

（1）在主页左边选项里选择“BBS 系统”。

（2）在“BBS 系统”选项里选择“水木之路”选项。

（3）在“水木之路”选项里选择“水木纪念文集”选项。

（4）在“水木纪念文集”选项里找到文章：“说说我们第一次见面——给水母 9 周年！”如图 6-6 所示。

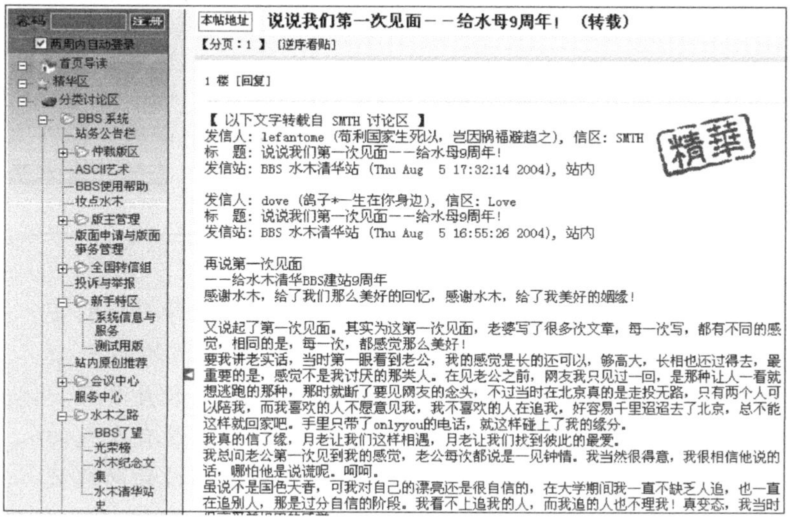

图 6-6　阅读 BBS 系统中的文章

阅读该文章后，你若感兴趣可以直接在该文章后面的回复文本框中填入你的想法和建议。你也可以阅读其他网友阅读此文章的感受，如图6-7所示。

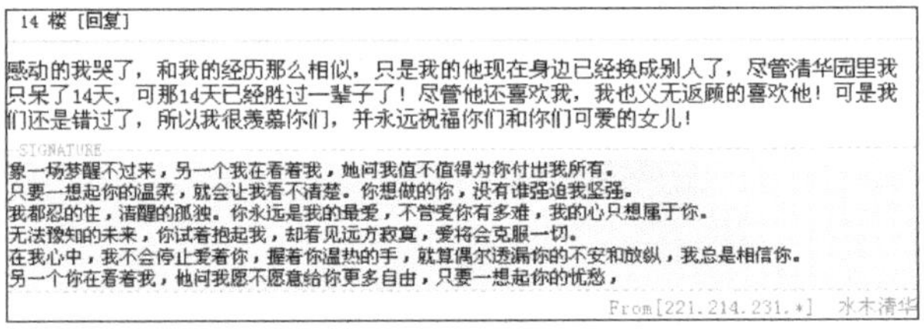
14 楼 [回复]

感动的我哭了，和我的经历那么相似，只是我的他现在身边已经换成别人了，尽管清华园里我只呆了14天，可那14天已经胜过一辈子了！尽管他还喜欢我，我也义无返顾的喜欢他！可是我们还是错过了，所以我很羡慕你们，并永远祝福你们和你们可爱的女儿！

SIGNATURE

象一场梦醒不过来，另一个我在看着我，她问我值不值得为你付出我所有。
只要一想起你的温柔，就会让我看不清楚。你想做的你，没有谁强迫我坚强。
我都忍的住，清醒的孤独。你永远是我的最爱，不管爱你有多难，我的心只想属于你。
无法猜知的未来，你试着抱起我，却看见远方寂寞，爱将会克服一切。
在我心中，我不会停止爱着你，握着你温热的手，就算偶尔透漏你的不安和放纵，我总是相信你。
另一个你在看着我，他问我愿不愿意给你更多自由，只要一想起你的忧愁，

From[221.214.231.*] 水木清华

图6-7 其他网友阅读文章后的感受

3. 如何在BBS上下载信息

以上看到的文章如果需要下载，可以采取“复制”、“粘贴”的方法，即用鼠标选中所需要的文章内容后，单击右键打开动态菜单，选择“复制”，然后进行粘贴即可。

如果希望下载其他软件，其操作步骤如下所示。

（1）选择“水木清华BBS”系统主页左面的“文件下载及其他”选项。

（2）在“文件下载及其他”选项下选择你感兴趣的文件。

（3）单击该文件名称即可下载。

（4）下载后经安装就可以使用了。

4. 首页导读

在首页的右面有一个首页导读，如图6-8所示。

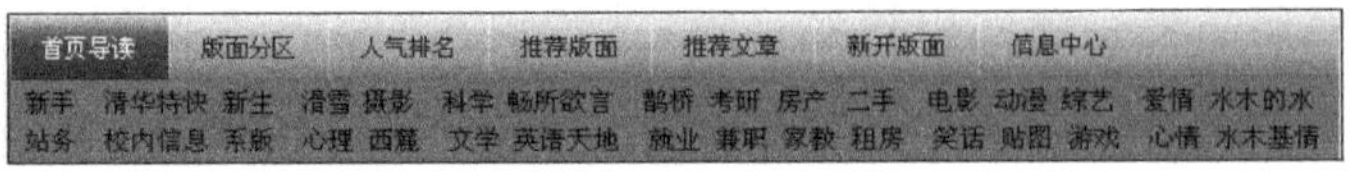

图6-8 首页导读

从图6-8中可知首页导读内容有：新手、清华特快、新生、滑雪、科学、畅所欲言、鹊桥、考研、房产、二手、电影、动漫、综艺、爱情、水木的水、站务、校内信息、系版、心理、文学、英语天地、就业、兼职、家教、租房、贴图、游戏、心情、水木基本情 29 个项目的信息。

讨论

1. 你知道现在有哪些校园 BBS 吗？

2. 你认为哪个校园 BBS 最好？为什么？

6.2　IP 电话

6.2.1　什么是 IP 电话

IP 电话是基于网络通信协议（TCP/IP 协议），在 IP 网上提供的一种电话业务。它既方便又便宜，有的还可以免费。

1. IP 电话

IP 电话通过 Internet 或其他使用 IP 技术的网络，来实现新型的电话通信。随着 Internet 日渐普及，以及跨境通信数量大幅飙升，IP 电话也被应用在长途电话业务上。由于世界各主要大城市的通信公司竞争加剧，以及各国电信相关法令松绑，IP 电话也开始应用于固网通信，由于其具备低通话成本、低建设成本、易扩充性及日渐优良化的通话质量等优点，被目前国际电信企业看成是传统电信业务的有力竞争者。

2. IP 电话的含义

IP 电话始于 1995 年，所谓 IP 电话，是指在 IP 网上通过 TCP/IP 协议实时传送语音信息。最初的 IP 电话技术，只是计算机对计算机的语音传输技术。双方用户都必须与 Internet 联网，还要具备一套 IP 电话软件、音频卡、麦克风和扬声器等设置，因此虽然能通话，但范围很有限，还算不上是真正的 IP 电话。

有真正意义的 IP 电话出现在 1996 年 3 月，当时一家美国公司推出了用 Internet 传送国际长途电话的业务，实现了从普通电话机到普通电话机的 IP 电话应用。目前，IP 电话已经通过网关把 Internet 与传统电话网联系起来，用户可以和普通电话用户一样，只要有电话机就能打 Internet 的国际长途电话，而通话费用则远远低于国际长途电话的费用。

3. IP 电话的特点

IP 电话具有以下几个特点。

（1）成本低廉

IP 电话是通过 Internet 进行传输，所以占用资源小，成本较普通的长途电话更低，尤其在打国际长途电话时更为显著。中国电信 IP 电话的费用标准为：国内长途 0.30 元/分钟；国际长途 4.8 元/分钟；港澳台 2.5 元/分钟。另外，还要加收由于使用 IP 电话所产生的本地接入费用，如图 6-9 所示的是中国电信 2012 年最新 IP 电话费用标准。

（2）能够更加高效地利用网络资源

由于 IP 电话采用的是分组交换技术，可以实现信道的统计复用，并且采用了高效的语音压缩技术，使网络资源的利用效率更高，大大降低了运营商的成本。

（3）使用方便

IP 电话的使用方法与目前的 200、300 电话卡相似，即用户购买了 IP 电话卡后，就可得到一个私人账号和密码，使用时，在任何一部双音频电话上拨打该公司的 IP 接入号码，然后根据语音提示，输入私人账号及密码，再拨入被叫号码即可。

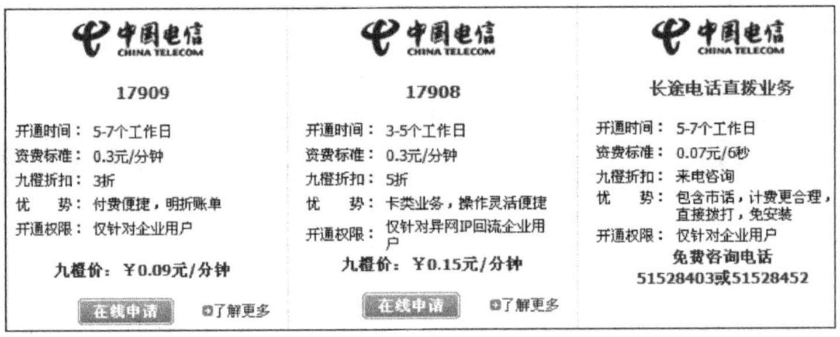

图 6-9　中国电信 IP 电话费用标准

6.2.2 IP 电话工作原理

IP 电话是 IP 网上可通过特定的 TCP/IP 协议实现的一种电话应用，从 IP 电话的发展历程来看，这种应用有 PC—PC、PC—电话、电话—PC、电话—电话 4 种形式，通常说的是电话—电话形式，其他三种形式从原理上讲减少了 IP 网关（是将传统电话网语音或传真信号转换为 Internet 传输的数据或反之的关键设备，它在公用电话交换网 PSTN 和 Internet 间起着桥梁作用）和 PSTN 网络部分。

我们以电话—电话的应用形式为例，说明 IP 电话的工作原理，IP 电话的工作原理如图 6-10 所示。

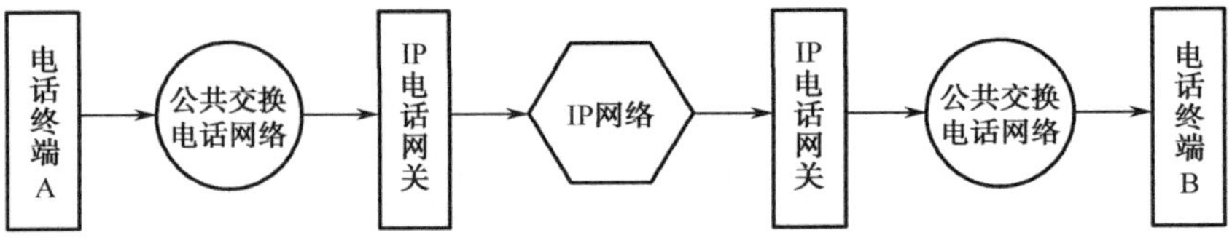

图 6-10　IP 电话工作原理示意图

1. IP 电话工作流程

IP 电话工作流程如下所示。

（1）当用户 A 通过互联网拨打用户 B 时，首先拨打 IP 电话的接入服务号码（如中国联通的接入服务号码为 17910）到发话端的 IP 电话网关。

（2）待连通后，再拨被叫用户 B 的电话号码。

（3）A 端的 IP 电话网关根据该号码查到 B 端 IP 电话网关的 IP 地址，通过 Internet 与 B 端的 IP 电话网关建立连接，然后告诉 B 端 IP 电话网关 B 用户的电话号码。

（4）B 端的 IP 电话网关则根据该号码呼叫 B 用户。

（5）如果 B 用户摘机，则电话接通。

2. IP 电话工作过程

在通话过程中，从技术的角度来看，IP 电话的工作过程包括以下几个步骤。

（1）语音的数字化

发话端的模拟信号经过公共交换电话网络送到发话端的 IP 网关上，然后利用数字处理（如 PCM）设备对语音进行数字化。

（2）数据压缩

数据压缩系统分析数字化后的信号，判断信号里包含的是语音、噪声还是语音空隙，然后丢掉噪音和语音空隙对信号进行压缩。

（3）数据打包

由于收集语音数据及压缩过程需要一些时间（时间延迟），为了能保障数据分块传输，必须进行打包，且打包时加进一些协议信息，如每个数据包中应包含一个目的地址、顺序号，以及数据校验信息等。

（4）解包及解压缩

当每个包到达目的地主机（网关、服务器或用户）时，检查该包的序号并将其放到正确位置，然后利用一种解压缩算法来尽量恢复原始信号数据。

（5）语音恢复

由于 Internet 的原因，在传输过程中，有相当一部分包会被丢失或延迟传送，它们是导致通话质量下降的根本原因。而 Internet 的传统纠错机制是，当接收端收到错误数据包就会丢弃并请求重传，由于 IP 电话业务是一种时间敏感业务，不能使用重传机制，需要用专用的检错和纠错机制来再造声音和填补空隙，即要求接收端存储收到一定数量的语音数据，然后使用一种复杂算法来“猜测”丢失内容，产生新的语音信息，从而提高通信质量。因此接收端听到的语音有一部分信息是 IP 电话系统“再造”出来的，与发端讲的语音不完全一样。

6.2.3 IP 电话的实现方式

IP 电话的实现方式有以下几种类型。

1. PC to PC（计算机—计算机）型

这是初期采用的一种方式，它以多媒体技术为基础，建立在网对网的架构上，在技术上较容易实现，但对用户的要求比较高。这种方式适合那些拥有多媒体计算机（声卡须为全双工的，配有麦克风）并且可以连上 Internet 的用户，通话的前提是双方计算机中必须安装有同套网络电话软件。

这种网上点对点方式的通话，是 IP 电话应用的雏形，它的优点是相当方便与经济，但缺点也是显而易见的，即通话双方必须事先约定时间同时上网，而这在普通的商务领域中就显得相当麻烦，因此这种方式不能商用化或进入公众通信领域。

2．PC to Phone（计算机—电话）型

随着 IP 电话的优点逐步被人们认识，许多电信公司在此基础上进行了开发，从而实现了通过计算机拨打普通电话的应用。作为主叫方的计算机必须上网，并且要安装 IP 电话的软件，被叫方可以使用普通的电话机。

通话时，主叫方登录到与对方电话网相连的 IP 电话网关服务器。主叫方的呼叫信号通过 Internet 到达服务器后，自动转接到被叫方的电话上。建立起链路后，双方即可和普通电话一样交谈。运行软件时，要预先登记用户名、口令及对方的电话号码。而且，要使用它，通常需预付一定的费用或提供信用卡号码。Net2Phone 便是此类产品的代表。

拨打从计算机到市话类型的电话好处是显而易见的，被叫方拥有一台普通电话即可，但这种方式除了付上网费和市话费用外，还必须向 IP 电话软件公司付费。目前这种方式主要用于拨打到国外的电话，不过这种方式仍旧十分不方便，无法满足公众随时通话的需要。

3．Phone to Phone（电话—电话）型

这种方式即“电话拨电话”，需要 IP 电话系统的支持。IP 电话系统一般由三部分构成：电话、网关和网络管理者。电话是指可以通过本地电话网连到本地网关的电话终端；网关是 Internet 与电话网之间的接口，同时它还负责进行语音压缩；网络管理者负责用户注册与管理，具体包括对接入用户的身份认证，管理呼叫记录及详细数据（用于计费）等。

现在各电信营运商纷纷建立自己的 IP 网络来争夺国内市场，它们均以电话记账卡的方式实现从普通电话机到普通电话机的通话。这种方式在充分利用现在电话线路的基础上，满足了用户随时通信的需要，是一种比较理想的 IP 电话方式。

这种形式出现的比较晚，是使用最简便、最容易被人们接受的方式，也是技术背景最复杂的一种。如今，这种产品种类很多，实际性能差别也很大。大致可分为三种类型。

第一种类型双方电话各配置一个类似于 Modem 的设备，通话双方通过它登录到 Internet 上，首次通话前进行一次启用注册后，每次通话只需简单的操作便能像普通电话一样交谈。它的优点是用户不必直接操作计算机。

第二种类型两端都没有计算机与电话连接，而是通过称为“桥接器”的设备进行通话。它可以把普通模拟电话的音频信号流转换成分组数据，送入 Internet 传输。“桥接器”可直接插入 Internet/Intranet。有些“桥接器”本身还具有小型交换机的功能，成为一种小型智能 IP 电话系统。

第三种类型利用 IP 电话网关服务器进行通话。网关服务器一端与 Internet 相连，另一端与当地的公用电话网相连。用户不需要申请 Internet 账户，打电话时拨一个特殊电话号码（接

入号）即可连到服务器。使用起来就像国内的 200 卡一样，经过身份验证后，直接输入对方的电话号码。服务器收到被叫号码后，通过 Internet 与被叫方当地的相关服务器建立连接。对方服务器收到呼叫后立刻连通本地被叫电话号码。

不管如何分类，所有的 IP 电话其目的只有一个，即利用 Internet 传送话音（VOIP）。从目前 IP 电话的现状和发展趋势来看，基于 IP 电话网关服务器的 IP 电话技术对于用户来说是最便捷的方式，是 IP 电话发展的最佳途径。在 IP 电话的技术实现过程中，主要采用了新的设备——电话网关服务器，使长途电话通信由传统的电路交换发展到通过 Internet 的包交换方式，只要通过普通的电话机就可以使用 Internet 上提供的电话服务，用户端操作和传统电话一样，非常简单和方便。

6.2.4　典型 IP 电话软件

目前 IP 电话软件有上百款之多，我们从中挑选以下十几种款式，如表 6-1 所示，并介绍其中的几款。

表 6-1　典型 IP 电话软件一览表

软件名称	授　权	录音支持	赠送话费	实际获取	评　级
UUCall 网络电话	免费	支持	3～300 分钟	5 分钟	★★★★
19talk	免费	不支持	10～60 分钟	1.5 元	★★★★
Skype	免费	支持	无	无	★★★☆
阿里通	免费	支持	6～100 分钟	6 分钟	★★★☆
66Call	免费	支持	5～60 分钟	0.45 元	★★★
酷宝网络电话	免费	不支持		2 分钟	★★★
Yiqicall	免费	不支持	0.88～88.8 元	0.88 元	★★★
Vivicall 会友通	免费	不支持	最高 1000 分钟	1 元	★★★
和悦网络电话	免费	支持	无	无	★★☆
TTcall	免费	支持	无	无	★★☆
亿邻网络电话	免费	支持	无	无	★★☆
户户通	免费	不支持	3 分钟	0.3 元	★★
中华通	免费	支持	5～100 分钟	5 分钟	★★
任我拨网络电话	免费	支持	无	无	★★

1．UUCall 网络电话

UUCall 网络电话短小简练，不到 1.2M，无须安装，直接运行，使用简单方便。并且语音清晰，无论你所在的网络是电信还是网通，UUCall 都将连接到离你最近的服务器，通话效果一样优质，打座机和手机一样清晰。UUCall 网络电话界面如图 6-11（a）所示。

2．19talk 网络电话

19talk 网络电话专注于通话和短信等主要功能的研究，致力于为用户提供一个语音清晰、资费便宜的网络电话。多项好友分组，人性化的设计，点击联系人就可以直接发送短信和拨打电话，轻松方便。只要有计算机和网络的地方，就可以使用 19talk 计算机版拨打国内长途，出差在外，也不用担心高额的漫游话费。19talk 网络电话界面如图 6-11（b）所示。

该软件无须安装，解压后可直接运行。另外，用户必须首先使用手机号码注册，免费获取话费，之后还会收到一条含有账号和密码的短信。其界面漂亮、简洁、大方，操作也非常的简单便捷；通话效果清晰；话单及余额查询也非常方便。

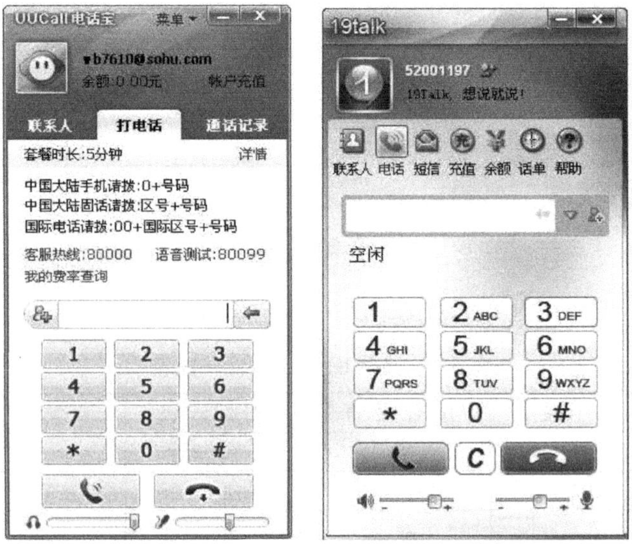

（a）　　　　　　　　　　　　（b）

图 6-11　网络电话界面一

3．酷宝网络电话

酷宝语音通信软件是一款多媒体网络即时通信软件，采用先进的 P2P 技术，超清晰、超低资费打电话；会员间永久性免费通话。除此之外，它还拥有强大的文字聊天功能，支持酷宝表情、传情动漫、语音播客等。

该网络电话在注册时比较复杂，需要填写的内容较多，并且随后还需要进行邮件激活。其特色是支持多人电话会议及聊天功能；用户注册即可获得免费 2 分钟通话时长；接通速度快，通话效果清晰；可惜不支持短信及录音功能。酷宝网络电话界面如图 6-12（a）所示。

4．66Call 网络电话

66Call 推出的“综合通信服务”，即融合语音、短信、在线聊天、多方会议、网络传真等多种通信方式，覆盖各种不同形态的客户通信需求，实现 Internet 和移动网以及固话网间的无缝通信服务。66Call 不但可以从个人计算机给手机打电话发短信，而且不受任何限制，能够随时随地与好友开始语聊，并享受超低语聊资费。66Call 网络电话界面如图 6-12（b）所示。

IP 电话通话质量受到网络好坏的影响，清晰度与传统的固定电话有差距。

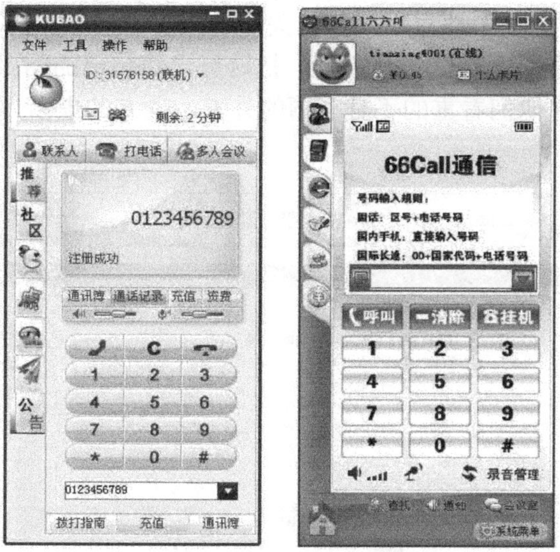

（a）　　　　　　　　（b）

图 6-12　网络电话界面二

6.3　博客与微博

6.3.1　什么是博客

博客最初的名称是 Weblog，由 web 和 log 两个单词组成，按字面意思就是网络日记。后来喜欢新名词的人把这个词的发音改了一下，读成weblog。

1．博客概述

博客，又译为网络日志、部落格或部落阁等，是一种通常由个人管理、不定期张贴新文章的网站。博客上的文章通常根据张贴时间，以倒序方式由新到旧排列。许多博客专注在特定的课题上提供评论或新闻，其他则被作为比较个人的日记。一个典型的博客结合了文字、图像、其他博客或网站的链接及其他与主题相关的媒体。能够让读者以互动的方式留下意见，是许多博客的重要因素。大部分的博客内容以文字为主，还有一些博客专注在艺术、摄影、视频、音乐、博客等各种主题上。博客是社会媒体网络的一部分。

例如，博客园这个博客主页如图 6-13 所示。

该博客创建于 2004 年 1 月，诞生于江苏扬州这样一个 IT 较为落后的城市，博客园诞生的理由是想为 IT 技术人员们提供一个纯净的技术交流空间，在很长时间中只有一个不能再简单的博客，有近四年，博客园仅靠一个人几年工作的积蓄在维持，随着 Internet 浪潮的此起彼伏，“博客”也从耀眼的新星成为平民，可这些似乎都与博客园无关，博客园一步一个脚印地走着自己的路，“傻傻”地对每个用户注册进行人工审批、对首页内容宁缺毋滥、对不合适的广告拒之门外，“傻傻”地对用户体验关怀备至，对盈利模式冷若冰霜。这样一个不起眼的地方，渐渐地吸引了很多 IT 技术精英，把这里当做自己的网上家园，每天在这里分享着精彩的原创内容，也许他们看重的不是华丽的外表、诱人的虚名，而是纯净、专注和对技术人员的真实理解。

图 6-13　博客园主页

2．博客的功能

博客一般具有以下几个功能。

（1）发布功能。

博客是继 E-mail、BBS、IM 之后出现的第四种全新的网络交流方式。人们可以利用博客发布文章，在网络中用文字记录日常生活，如撰写工作经验、记录心情日记、抒发内心感触、评论书籍思想、分享学习资料等。

当然，当你看到某篇言论或某篇文章很适用于你的时候，可以利用“复制”和“粘贴”的办法将其保留在你的文件夹里。

博客可以帮助你简易、迅速、便捷地表达自己，并且不需要掌握烦琐复杂的技术，也不需要非得了解艰涩难懂的程序代码，你要做的只是敲几个你想发布的文字而已。

（2）交流功能。

博客绝不仅仅是一种单向的发布系统，它有着极其出色的交流功能。在以往的几种网络交流方式中，我们知道 BBS 过于公共化，而 E-mail 和即时通信工具 IM 则有很明显的私人性质，博客的出现则将公共性和私人性很好地结合起来。

你可以通过博客建立好友圈子，无论是同单位的亲密好友，还是其他单位的陌生朋友，统统都可以把他们“圈进”好友板块，建立一个以自己为中心的朋友圈进行交流。你在博客上发布的言论，会得到持相同观点者的支持，也有可能得到持相反观点者的反驳，这些支持或者反驳的言论，会使得你在思维上有更好的提升。同时，你也可以参与其他博客的评论，去认识更多的朋友。通过在博客上认识的朋友，你可以很方便地扩大交流范围。当然，博客也能提供是否公开自己的信息及是否对别人的询问做出回答等功能。

在博客系统中推出了功能强大的博客圈，从“平面的、单维的”门户发展到“立体的、多维的”门户，通过博客的人和组织之间的多种关系，构成多种多样的博客圈。管理员用户可以建立很多博客圈子，如校友圈、文学艺术、科普世界、教育人文、体育世界、游戏天地、动漫天地、影视娱乐、情感交流、IT 数码等。博客圈方便用户在一个圈子内，对同一感兴趣的话题进行交流，并且能评论任何所发的帖子、回复、投票、上传图片等。

（3）个性展示。

每个人都是与众不同的，为了将自己的个性尽情地展示出来，博客提供了非常方便实用的个性化功能。通过博客提供的模板更换功能，你可以很方便地选择自己喜欢的模板，给自己的博客换上中意的“服装”。同时，你可以很自由地编辑自己的博客言论，张贴自己满意的图片、相片，甚至可以将自己的声音、视频等多种信息慷慨地与大家分享，当然，前提是不能违反国家的法律法规。

6.3.2　博客的类型

根据不同的用途，博客可以分为很多种类型，下面介绍几种常用的类型。

1．企业博客

企业博客可以理解为以企业名义开设的对外宣传的博客，作为其公关的窗口，展示企业风采，更详细地展示最新产品和功能、发布公司动态，是企业与客户交流的平台、公司对外发布信息的平台，如通知、招聘等，企业博客对企业具有以下几大益处。

（1）博客内容增加搜索引擎可见性，从而为网站带来访问量。

谷歌（Google）、雅虎（Yahoo）、百度（Baidu）和 MSN 等搜索引擎都具有强大的博客内容检索功能，可以利用博客来增加被搜索引擎收录的网页数量，提高网页内容搜索引擎可见性。利用这一优势，自己根本无须建立博客网站，只要在提供博客托管的网站上开设账号即可发布文章。而且，目前发布博客文章全部都是免费的。同样，也可以通过其他企业的博客网站免费获得很多有价值的信息。

博客网站也是增加网站链接的一种有效途径，无须花费大量时间联系其他网站进行链接，尤其是当自己的网站访问量较低时，往往很难找到有价值的网站给自己链接，通过在博客网站发布文章为自己的博客做链接是顺理成章的事情，甚至可以通过 RSS 将自己的网站内容提供给其他网站，增加了网站链接的主动性和灵活性，其结果不仅可能直接带来新的访问量，也增加了网站在搜索引擎排名中的优势。

（2）以更低的成本对客户行为进行研究。

当企业博客网站比较受欢迎时，博客网站也成为与客户交流的场所，有什么问题可以在博客文章中提出，客户可以发表评论，从而可以了解客户对博客文章内容的看法。当然，也可以在博客文章中设置在线问卷调查表的链接，便于有兴趣的客户参与，这样就扩大了网站上在线问卷调查表的投放范围，同时还可以直接就调查中的问题与客户进行交流，使得在线问卷调查更有交互性，其结果是提高了在线问卷调查的效果，同时还降低了调查研究费用。

（3）可以部分替代广告投入，减少直接广告费用。

博客虽然不能替代广告，但的确可以在一定程度上发挥广告的作用，并节省广告费开支。企业不需要在博客文章中大肆做广告，只要企业博客网站上的文章被搜索引擎收录，所带来的免费效果至少部分替代在搜索引擎广告中的开支，虽然仍有必要为新产品做广告宣传，但至少可以省去部分费用。

（4）节省了留住客户的费用。

在市场营销学中有一个著名的规律，获得一个新顾客的成本是维持一个老顾客的成本的五倍。在网站用户保持方面，也是同样的道理，只有不断更新信息才能获得用户的长期关注，不至于失去已经获得的用户，这也是博客对保持现有客户、间接降低获得客户成本的贡献之一。

（5）博客减小了被竞争者超越的潜在损失。

2005年，博客在全球范围内已经成为热门词汇之一，不仅博客的数量快速增长，浏览博客网站内容的用户数量也在急剧增加。在博客方面所花费的时间成本，实际上已经从其他方面节省的费用中得到补偿，例如，为博客网站所写作的内容，同样可以用于网站内容的更新；反之，如果因为没有博客而被竞争者超越，那种损失将是不可估量的。典型的企业博客网站主页如图6-14所示。

图6-14　典型的企业博客网站主页

2. 教学博客

（1）教学博客概述。

教师利用博客可以随时发布教学信息，管理与共享多种资源，交流教学经验，与学生进行沟通等。

（2）教学博客的作用。

教学博客在教学中可以有以下几个作用。

① 教师利用自己的博客可以随时发布教学通知、作业布置和学习成果评价等教学信息，可能随时书写生活感悟、教学心得。

② 教师利用博客的信息管理功能，分类管理教学资源和教学信息，方便对信息和资源的查找和利用。

③ 教师在自己的博客中发布的信息和资源有较高的教学价值，会吸引其他教师和学生来访问，实现信息和资源更为广泛的共享。

④ 教师利用自己的博客发表与学科相关的主题，引导学生和其他同行对该主题进行讨

论，教师通过回复对学生、收集其他教育工作者对自己的教学行为和教育理念等的评价与建议，对这些建议进行有选择的吸收，不断提高自身素质。

⑤ 教师利用自己的博客可以鼓励学生发表自己的观点。对于教师或书本上的观点，学生可以通过博客的方式发表他对于这些问题的理解，博客并不要求意见的统一，鼓励意见的针对性和独立性。另外，在课程设置的过程中可以设置多个不同的议题，允许学生自由地选择他们感兴趣的议题。

⑥ 教师利用自己的博客可以提高学生的媒体文化水平。博客的个性化使得人们在信息发布的过程中，要采用最适当的方式对信息进行过滤与说明，才会让自己的博客日志能够为更多的人接受，使得他的思想和资源为更多的人所了解。与传统 BBS 相比，博客日志具有更强的规范性，博客们具有更强的自律性。由于博客一般是由个人或小组所拥有，通常具有共同的主题，所谓敝帚自珍，所以在博客的世界中，很少出现在 BBS 中常见的不负责任的“胡说八道”。因此，学生经常上教师的博客网站有助于提高学生的媒体文化水平。

⑦ 教师利用自己的博客，可以鼓励学生参与和协作。博客可以有效地鼓励学生的参与，不光是阅读和评论老师或其他同学的博客日志，更重要的是可以通过建立自己的博客日志，设置自己的议题，与别人分享自己的思想。

总之，对于教师而言，博客的过程主要就是整理自己知识体系的过程，对于学习者来讲，博客的过程主要就是构建自己知识体系的过程。

（3）博客作为教学中的工具。

① 博客可以作为个人电子文档系统，它可以写日记、收集资料、写灵感录、写读书笔记，既可以作为学生的个人电子文件夹，又是一种适合学生进行成长记录的心理笔记。

② 博客可以作为学生学习和教师教学评价的工具，教师和学生都可以敞开心扉，让更多的人了解自己。

③ 因为博客较强的记录性，它可以是教师的电子备课本。

④ 博客的记录内容可以很广泛，学习、成长等都可以作为记录对象，因此，博客是教学反思的工具。

⑤ 由于博客的公开性、方便性，它又可以作为教学活动中交流与协作的工具，可以作为教师和学生课后在网上的交流平台，可以作为学生之间交流的平台，也可以是教研室的虚拟教研平台。教师们在网上探讨教学和研究，合作编写教材等，有利于知识间的相互交换和沟通。

⑥ 博客具有用户账号和自己的密码，博客也可以作为教师、学生的个人网站。

⑦ 博客因为其普遍性、方便性，可以作为教师的信息发布系统，通知等信息的发放都可以在博客上进行。

⑧ 因其交流的方便性，博客可以作为学生进行自主学习、研究性学习和协作学习的平台。

⑨ 博客可以作为课程信息的管理工具。

⑩ 在博客中，可以有群体、社区，这样就可以构成一个班级内部的学习交流系统，增进相互间的了解和信任，形成良好的班级氛围。也许博客还有更多的作用……

> 不仅有企业博客、教学博客，还有个人博客、艺术博客哦！

一个典型的实训教学博客如图 6-15 所示。

图 6-15　实训教学博客主页

6.3.3　微博概述

1．什么是微博

微博，即微博客（MicroBlog）的简称，是一个基于用户关系的信息分享、传播以及获取平台，用户可以通过 WEB、WAP 及各种客户端组建个人社区，以 140 字左右的文字更新信息，并实现即时分享。微博，实际上就是公开的短信，可以快速知道动态最热的信息，可以即时了解你所关注的人的心情、所在地点、所说的话，可以跟别人很快速地互动。

最早也是最著名的微博是美国的 Twitter，据相关的公开数据报道，2011 年 7 月 4 日，美国副总统乔·拜登（Joe Biden）在白宫官方博客上宣布，他已开通了自己的 Twitter 账号，并与妻子一起发送了他的第一条微博信息，呼吁美国人民能够花些时间，在美国独立日当天多想想美国军队和军属。

2009 年 8 月中国最大的门户网站新浪网推出“新浪微博”内测版，成为门户网站中第一家提供微博服务的网站，微博正式进入中文上网主流人群的视野。图 6-16 所示的是新浪微博测试版网站主页内容。

图 6-16　新浪微博网站主页

2．微博的特点

微博具有以下几个特点。

（1）集成化和开放化。人们可以通过手机、IM 软件（Gtalk、MSN、QQ、Skype）和外部 API 接口等途径向微博发布消息。微博的另一个特点还在于这个“微”字，一般发布的消息只能是只言片语，像 Twitter 这样的微博平台，每次只能发送 140 个字符。

（2）微博的内容组成只是简单的一两句话，对用户的技术要求门槛很低，而且在语言的编排上，只需要反映自己的心情、观点，不需要长篇大论，更新和发布起来很方便，用户可以通过手机、网络等方式来即时更新自己的个人信息。

（3）以个人面向网络的即时广播，通过群聚的方式，每个人都可以形成一个自己的听众群落，用微博的方式，将个人的见解和观点发布给自己的听众，以最精练的词汇来表达最高深的观点。

（4）企业可以通过各种新型的信息交流平台来发布相关的即时信息，例如新闻、活动、工作汇报等。最终的目的是要起到宣传公司企业文化、产品销售等信息。微博这种营销方式使客户体验可信度高，传播速度快，传播门槛低，费用几乎可以忽略不计等。

3．微博与博客的区别

微博与博客的区别在于以下几个方面。

（1）定义上的区别：微博是一个基于用户关系的信息分享、传播及获取平台，用户可以通过 WEB、WAP 以及各种客户端组建个人社区，以 140 字左右的文字更新信息，并实现即时分享。博客，是一种通常由个人管理、不定期张贴新文章的网站。博客上的文章通常根据张贴时间，以倒序方式由新到旧排列。

（2）字数上的区别：微博有字数的限制，一般不能超过 140 个字，而博客可以是长篇大论，字数是没有限制的。

（3）形式上的区别：微博没有内容的限制，使用低门槛、界面操作简单，发布起来更加简单容易，同时，发布微博可以通过移动设备、IM 软件和外部 API 接口等方式来实现，而博客受到发布工具的限制，不能像微博那样随时随地甚至随心所欲地发布。

（4）阅读上的区别：阅读微博上的信息，只要打开自己的主页就可以看到，不加好友也可以浏览大量的信息，而阅读博客上的文章必须去对方的主页看，博客主要针对好友公开，加入圈子推送传播。

（5）功能上的区别：微博的新闻传播及时性很强，能以比较快的速度把新闻价值较高的信息广泛传播出去。但是由于文字量的限制，其阅读、欣赏、讨论、研究性能不足，而博客在功能上与微博刚好相反，新闻传播及时性比较差，但是其阅读、欣赏、讨论、研究性能比微博强得多。

4．微博营销特点

微博营销具有以下几个特点。

（1）微博是有效的网络营销工具，微博的运营商可以与企业共同进行策划，以企业微博、代言人微博、用户微博为载体，针对新产品、新品牌等进行主动的网络营销。

（2）微博是植入式广告的最好载体之一，微博营销可以在趣味话题、图片和视频中植入广告。微博也是重要事件的最好的新闻发布现场。

（3）微博是一种按照读者喜好定制的活媒体，是企业和媒体人十分热衷使用的客户满意度测试工具。能在微博中热议的话题，就能够马上成为各大媒体争相讨论的热点话题。

（4）在微博平台上建立营销环境，能够快速吸引关注。这对于企业的公共关系维护、话题营销开展，能起到如虎添翼的作用。

（5）微博又是品牌营销的有力武器。每一个微博后面都有一个消费者，一个用户。越是只言片语，越是最真实的用户体验。

5．微博营销案例

（1）新加坡洲际酒店集团的案例。该集团提出了一个名为“亲朋好友”（Friends and Family）的计划，鼓励集团在世界各地4 150家连锁店的员工，用每个人的微博（Twitter）推销酒店客房。新的全球“亲朋好友”计划以折扣价格向员工的朋友和家人提供全世界各地洲际酒店的客房预订优惠。

所有的员工在集团内部网上注册以后，都会收到一封电子邮件，上面有一个独特的网站地址链接到每个人的酒店预订页面中。员工们可以将这个链接转发给亲朋好友，亲朋好友通过链接进入员工的个人页面，以独特的优惠价预订客房。这个计划刺激了集团在世界各地的33万名员工，大幅度增加了客户的来源，收到了很好的效益。

（2）美国一些做滞销库存的公司利用微博开展业务的案例。在美国，服务业将在规定时间还没有出售的座位、房间等称为“滞销库存”。这些滞销库很难销售掉。但是有了微博以后，这些公司发现如果实时公布这些信息，即便是在最后一分钟，仍然会有许多匆匆忙忙的客户在观看信息以后，会发出马上购买的回复。

美国联合航空公司之前在微博上发布了一项促销计划，利用Twitter的平台，在周三和周四促销周末的机票座位。捷蓝航空的廉价促销计划，是在公司的网站上建立一个独立的票价类别，并派员工把这些信息更新到微博上去。他们在每周一早晨发布未来两周内的促销信息。例如，他们最近推出的从伯班克到拉斯维加斯的9美元物价单程机票，让许多Twitter上的用户惊喜不已。在Twitter上，捷蓝航空已有55万个关注者。

（3）美国的Zappos卖鞋网站微博案例。该家网站有1 600名员工，写Twitter的人超过400名。400名员工写的微博各有各的风格，但是最后都会让你感受到Zappos是一家服务至上的公司。网站的总裁托尼谢说，不要以为140个字会限制一个品牌。他有一个比喻：任何单一的鸟叫，就像任何一个点，本身是微不足道，但如果随着时间的推移，很多的唧唧喳喳声连接在一起，就会汇合成一种合唱，在总体上描绘出你的公司，并在最后形成你的品牌。

Zappos对自己的企业文化有明确的表达，并且深深烙印在每个员工的心里，这就是Zappos企业文化的核心价值观。在有了这样的核心价值观具体表达以后，Zappos对凡是到Twitter上开微博的员工，都会先进行一次培训，培训的内容是告诉你如何表达。

托尼谢认为，员工在Twitter上的内容应该反映个人成长。他归结为4件事：第一件是透明度和价值观，不断提醒自己我是谁，我为什么加入Zappos；第二件是重塑现实，用Twitter

鼓励自己寻找更积极的方式参与现实；第三件是帮助自我，做能对自我生活产生积极影响的事情；第四件事是学会感恩，懂得欣赏生活里的小事情。

这样一来，员工如何写微博就有了指南，但是在风格上，Zappos 鼓励员工个性化的表述方法，展现个人魅力，最终将企业文化生动地传递给社会。于是我们就看到了这样一种结局，就是 400 多只 Zappos 的小鸟在各种树木的低杆高枝上鸣叫，声音不尽相同，但是它们是一种合唱，一种令人陶醉的合唱，这样的合唱会促使每一个受众都迫不及待地想进一步去体验 Zappos 公司的文化，享受 Zappos 品牌照耀在自己身上的温暖阳光。

能力训练题 6　BBS 的使用

一、能力训练前的准备

1．查看本地计算机是否已与 Internet 连接成功。

2．查看本地计算机的 Internet Explorer 是否是最新版本的，建议最好使用 Internet Explorer 8.0 版或以上的。

3．建立自己的子目录以备后用，以后可以将从 Internet 上搜索到的资料下载到该子目录中去。建议最好将自己的子目录创建在除 C 盘以外的硬盘中，然后，待用完后再将其相应的资料内容复制到自己的网络硬盘中或 U 盘中。

二、能力训练目的要求

通过 BBS 的使用，了解 BBS 的工作流程，掌握 BBS 的使用，学会使用 Web 形式访问 BBS 的方法和技巧。

三、能力训练内容

【操作一】

进入水木清华 BBS 网站

1．进入 Internet 后，直接在 IE 浏览器中的 URL 地址上输入：http://bbs.tsinghua.edu.cn/，进入水木清华网站。

2．注册一个用户，填写相关的资料。

3．用注册后的账号和密码进入水木清华 BBS 网站。

4．熟悉 BBS 系统环境和功能模块。

【操作二】

在水木清华 BBS 网站阅读文章

1．在水木清华 BBS 网站主页选择 BBS 系统。

2．选择“自然科学”项中的“天文”。

3．阅读 3 篇文章：

（1）爱因斯坦的相对论的批判。

（2）黑洞的真相。

（3）有关垃圾焚烧的独到见解。

4．在该BBS论坛上发表自己的观点、意见、建议（每篇文章至少发表3条帖子）

5．查看有无反馈意见。

【操作三】

下载相关的资料

1．在水木清华BBS网站主页，选择“文件下载及其他”项。

2．下载科学计算器和万年历。

3．下载Flash Player 9软件。

4．撰写总结和体会，要求1 000～1 500字。

四、能力训练报告

能力训练报告的格式如下。

1．训练过程

目的要求：

训练内容：

训练步骤：

从水木清华主页阅读资料。

从水木清华主页获得免费软件。

2．训练结果

训练结果分析可以使用表格方式，也可以使用文字方式。

3．总结

通过能力训练，总结自己的掌握程度，分析出错原因，提出改进措施。

习题6

一、填空题

1．BBS是Internet上一种__________________系统，它提供一块_____________，每个用户都可以在_____________，并发布自己的_____________或_____________。在BBS上大家可以对一个_____________的问题_____________，自由地_____________的意见与见解，并且能直接与__________________进行沟通。

2．BBS的类型可以分为_____________类型、_____________类型、_____________类型、_____________类型、_____________类型等。

3．BBS的功能有_______________功能、_______________功能、_______________功能、_______________功能等。

4. IP 电话是一种通过________________或其他使用____________________网络，来实现______________通信。随着 Internet 日渐普及，以及_______________数量大幅飙升，IP 电话也被应用在______________业务上。

5. IP 电话的特点有__________________________特点、__________________________特点、______________________等特点。

6. IP 电话的实现方式有________________________类型、________________________类型、___________________________类型。

7. 目前 IP 电话软件有____________________网络电话、______________________网络电话、_________________网络电话、__________________网络电话、_________________网络电话、_________________网络电话、____________________网络电话等。

8. 博客，又译为____________________、__________________或部落阁等，是一种通常由_________________、_________________新的文章的________________。博客上的文章通常根据___________________，以_______________方式由_____________到_____________排列。

9. 博客一般具有______________功能、__________________功能、________________功能等。具有________________________类型、________________类型。

10. 微博，即_____________的简称，是一个基于_____________的______________分享、______________及______________，用户可以通过______________、______________及各种_____________个人社区，以_______________左右的文字_____________，并实现即时分享。

二、判断题

1. 通过 BBS 系统可随时取得国际最新的软件及信息。(　　)

2. 每一个大学生都有属于自己学校的 BBS。(　　)

3. 业余 BBS 一般由对 BBS 不太爱好的个人建立，其目的主要是为广大的网络上的朋友提供一个在某些专业方面交流的场所。(　　)

4. 水木清华 BBS 网站是北京大学的官方网站。(　　)

5. 在 BBS 上只能阅读文章而不能下载文章，若要下载需要交费。(　　)

6. 所谓 IP 电话，是在 IP 网上通过 TCP/IP 协议实时传送语音信息的应用。(　　)

7. IP 电话只能是计算机—计算机型。(　　)

8. 博客是一种通常由个人管理、不定期张贴新的文章的网站。(　　)

9. 博客上的文章通常根据张贴时间，以升序方式由旧到新排列。(　　)

10. 微博上的信息可以是多于 140 个字的信息。(　　)

三、简答题

1. 请写出什么是 BBS。

2. 请写出 BBS 的几种类型。

3. 请写出基于 Web 上的 BBS 的特点。

4. 请写出 BBS 的功能。

5. 请写出如何在 BBS 上阅读文章，并请举例说明。

6．请写出 IP 电话的概念和特点。

7．请写出 IP 电话的工作原理。

8．请写出 IP 电话的实现方式。

9．请写出什么是博客。

10．请写出什么微博。

阅读材料 6——新浪微博影响力的构成

（http://mishanfabu.my.pp.cc/detail/115812.htm）

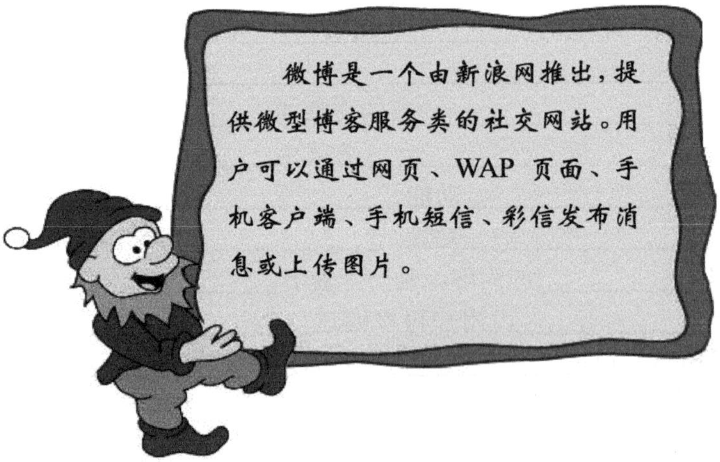

1．什么是影响力

顾名思义，即衡量一个账号每天在微博江湖中影响力大小的数字，它可以通过您的发微博情况，被评论、转发的情况，以及活跃粉丝的数量来综合评定一个账号的影响力大小。也就是说，粉丝将不再是评价微博的唯一标准。

2．影响力的构成

影响力由活跃度、传播力和覆盖度三大指标构成，这三项指标各自又有着极为复杂、精密的科学算法。其中，活跃度代表您每天主动发博、转发、评论的有效条数；传播力与您的微博被转发、被评论的有效条数和有效人数相关；覆盖度的高低则取决于您微博的活跃粉丝数的多少，如图 6-17 所示。

3．影响力的刷新

影响力是一个动态变化的数字，每天都会进行一次数据计算。由于影响力的计算十分客观且复杂，需要较长的计算周期，所以系统会在当天完成前一天数据的计算，并在稍晚些时候展示最新榜单数据。

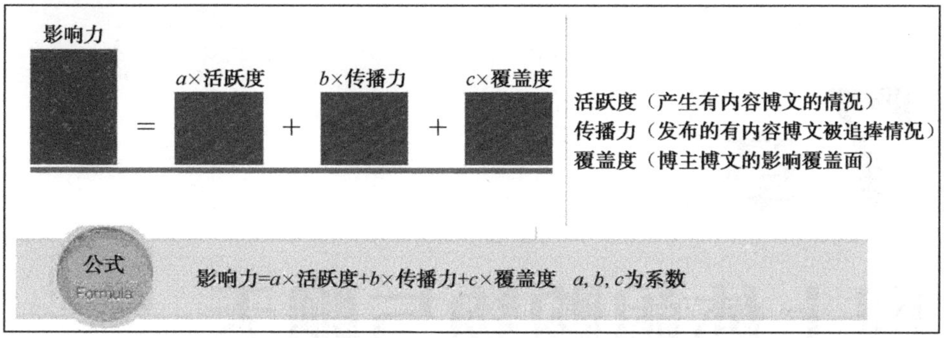

图 6-17 影响力的构成

4. 影响力榜单

影响力榜单目前分为平均榜和成长榜两种，风云榜产品页面主要展示影响力平均榜单，主要有以下三类：

（1）日榜单：即按照每天刷新后的影响力数据进行排名的榜单，可以及时反馈影响力的排名变化，大家进入风云榜后看到的默认榜单就是最新的日榜单。

（2）周榜单：即按照一个自然周里影响力平均值进行排名的榜单，可以反馈大家一周的排名变化。由于统计周期是自然周，因此在当前时间看到的周榜单为上周影响力的平均值排名，这个排名每周刷新一次。如果想查看不同行业在过去几周的榜单，可以点击页面右上方的“更多”按钮来进行选择。

（3）月榜单：即按照一个自然月里影响力平均值进行排名的榜单，可以反馈大家一个月的排名变化。由于统计周期是自然月，因此在当前时间看到的月榜单为上个月影响力的平均值排名，这个排名每月刷新一次。如果想查看不同行业在过去几个月的榜单，可以点击页面右上方的“更多”按钮来进行选择。

为了对平均榜进行补充，影响力成长榜应运而生: 成长影响力，即一个账号的影响力在相邻统计周期的环比增量。月度成长影响力榜单，以行业账号月度成长影响力进行排行。本月成长影响力=本月日均影响力-上月日均影响力。

成长影响力榜单，可以体现行业内影响力上升最快的微博账号，发现“黑马”账号。

5. 影响力查询

微博影响力排行榜链接地址：http://top.weibo.com/newtop/influence

第 7 章

网上休闲购物与聊天

知识要点

- ❖ 网上购物的概念
- ❖ 网上购物的特点
- ❖ 网上购物的方法和技巧
- ❖ QQ 的基本概念
- ❖ QQ 的基本操作

能力要点

- ❖ 学会到淘宝网上购物
- ❖ 学会支付宝的使用方法

引例 7——我的网购故事

网上购物是我百无聊赖中接触的。当时打开的是易趣，发现原来网上这些东西比我们平时在商场看到的东西都便宜好多，而且要什么有什么，要买哪一样只要敲几个字进去，搜索一下就都出来了，价格呀、性能呀、外观呀……一目了然。比我们为了买一样东西在商场逛一大圈而又买不到轻松得多。

那时我的计算机买了快一年了，缺一个摄像头，那就买一个吧，呵呵，真是想到做到呀，我进了易趣，敲了“摄像头”几个字进去后，发现还真是应有尽有呀！多少像素的，多少价格的，什么可爱的动物形象的，让我都不知道要买哪个了。最后，锁定一个目标！有搞促销呀！好呀！买一送一，不正好也缺一个话筒吗？而且我发现好评率很高。直接申请了一个账号，点击购买，虽说我接触网络好多年了，但网上买东西可是头一回呀。给卖家打了一个电话，马上就到银行汇款了。当时哪想过要是卖家不发货怎么办？要是卖家发次货怎么办？只是期待着……过了十天这样吧（我用的是平邮），邮局通知我去拿货，我乐坏了（想想可以理解，第一次嘛，呵呵）。刚拿回家，马上就装到计算机上了，哇，效果真是太好了，有图像，有声音，而且还可以录像，这下我可以跟朋友炫耀一下了，看看，多实惠。

接下来又认识了淘宝，拍拍。不过，接下来的两次购物就不那么顺利了，一次是买衣服，另一次是买鞋子。

先说鞋子吧，首先我得感谢这个好卖家。我一下要了两双，收到鞋子试穿后，发现有一双穿着特不舒服，我本来打算自认倒霉。不过在和卖家用 QQ 聊天时，我随意地说了一句，我说有一双鞋子没法穿，穿着脚疼。意想不到的事发生了，卖家说：“那您需要换吗？”既然这样，那我就打算换一双，我把运费付了，原来的鞋子也邮寄给他了，可快一个月了我也没收到货，我就问他，他说货已经发了，可能有点慢，等他查一下再回复。结果是这个糊涂的卖家发货时用了我的网名，糊涂吧，他最后把钱退给了我，还向我道歉。我说也不能让你亏了呀，可他说没事的。我想能碰到这样的好卖家真是我的幸运。

另一家，我可真说不出是什么感受了，不过我还得说说具体的过程。也许是我头脑发热吧，和我妹一下要了四套，汇完钱后等呀等。结果一个月了货也没到，我打她电话吧，电话全是“不能为您服务”，QQ 吧，要么不在线，要么不回。我心里那个悔呀，怎么办呢？走投无路下，我又问了前面那个卖鞋子的卖家。他说投诉吧，此时我心里又燃起了一点点希望。把汇款的回单拍下来后，在拍拍客服投诉了她，接着又是等待，不过这次等待没有太久，投诉成功了，这次真的是欣喜若狂了！几经周折，货是到了，不过那裙子的布料当抹布还差不多。接下来跟卖家谈判，我说裙子的质量太差了吧，她说我又不是给你一个人发货，给别人也是一样的货呀，别人也没说有什么质量问题！我无话可说。给了个中评（毕竟其他三件还说得过去）。

通过我的网上购物经历也给各位卖家、买家提个醒：诚信为本。特别是广大的买家，购物时要多长个心眼，最好是通过财付通付款，若是汇款的话，一定得把汇款的回单保留好。还有一点就是不要浪费了给卖家的评价，做到公平公正。

家有时髦老妈，见我近日常从网上购物跃跃欲试，她从专卖店试好衣服，记下货号、大小及颜色类别，就督促我上网去买。网上，商家一小伙子打开视频展示衣服让我们看，老妈戴上花镜，凑到跟前仔细观看、不住点头。我问她：“妈，光线太强了，你能看清吗？”，“看清了，小伙子干净利索，文质彬彬，一看就是实在人儿。”，“嗨，我是说衣服呢！”，“衣服倒没看清，不过就凭人家的热情劲，这衣服错不了，就选它了。”呵呵，就这样选中的衣服不到一周就送到了，老妈还很满意的。

7.1　网上购物

7.1.1　什么是网上购物

依托于Internet而得以实现的网上购物，虚拟性是它的显著特征。随着Internet的发展，网上购物越来越受到人们的青睐。

1．网上购物概述

网上购物，就是通过 Internet 检索商品信息，并通过电子订购单发出购物请求，然后填上私人支票账号或信用卡的号码，厂商通过邮购的方式发货，或是通过快递公司送货上门。国内的网上购物，一般付款方式是款到发货（直接银行转账，在线汇款），担保交易（淘宝支付宝、百度百付宝、腾讯财付通等），货到付款等。

随着 Internet 在中国的进一步普及应用，网上购物逐渐成为人们的网上行为之一。据悉，CNNIC 采用电话调查方式，对 19 个经济发达城市进行调查，4 个直辖市是北京、上海、重庆和天津，15 个副省级城市是广州、深圳、沈阳、哈尔滨、长春等。访问对象是半年内上过网且在网上买过东西的网民。报告显示，在被调查的 19 个城市中，上半年网络购物金额达到了 162 亿元。从性别比例来看，男性网购总金额为 84 亿元，女性网购金额略低于男性，达到 78 亿元。其中，学生半年网购总金额已达 31 亿元，是非学生半年网购总金额的近 1/4。有报告称 2011 年中国网购市场规模达到 8000 亿元，网上销售额占到社会商品零售总额的 4%以上。

2．网上购物特点

网上购物特点可以从以下三个方面来说明。

（1）对于消费者来说。

① 消费者可以在家“逛商店”，想看多久就多久，想什么时候买都可以，订货不受时间、地点的限制；

② 获得较大量的商品信息，可以买到当地没有的商品；

③ 从订货、买货到货物上门无须亲临现场，既省时又省力；

④ 由于网上商品省去租店面、招雇员及储存保管等一系列费用，总的来说，其价格较一般商场的同类商品便宜很多；

⑤ 网上支付较传统拿现金支付更加安全，可避免现金丢失或遭到抢劫等意外损失。另外，只要注意网银安全，办理好网盾，不要随意打开陌生人给的链接，网上购物基本就安全了。

（2）对于商家来说。

由于网上销售没有库存压力、经营成本低、经营规模不受场地限制等，在将来会有更多的企业选择网上销售，通过 Internet 对市场信息的及时反馈适时调整经营战略，以此提高企业的经济效益和参与国际竞争的能力。

（3）对整个市场经济来说。

这种新型的购物模式可在更大的范围内、更广的层面上以更高的效率实现资源配置。

综上所述，网上购物突破了传统商务的障碍，无论是对消费者、企业，还是市场都有着巨大的吸引力和影响力，在新经济时期无疑是达到“多赢”效果的理想模式。

7.1.2　如何在淘宝网上购物

1．淘宝注册

（1）在 IE 浏览器的 URL 上输入“www.taobao.com”，进入淘宝主页，如图 7-1 所示。

图 7-1　淘宝网主页

（2）单击该主页面正上方的“免费注册”按钮，出现如图 7-2 所示的新会员注册页面。在该页面上填入：

① 会员名，使用 5～20 个字符，或是字母、数字、汉字，或混合体，一个汉字为两个字符，推荐使用中文会员名，一旦注册成功会员名不能修改。

② 登录密码，使用 6～16 个字符，可以使用字母加数字或符号的组合密码，不能单独使用字母、数字或符号。

③ 确认密码，即将刚才的密码再次确认，以防用户输入有误。

④ 输入系统提供的验证码后，单击“同意以下协议并注册”按钮，出现如图 7-3 所示的验证账户信息窗口。

（3）在国家/地区选项框中，选择“中国内地”。

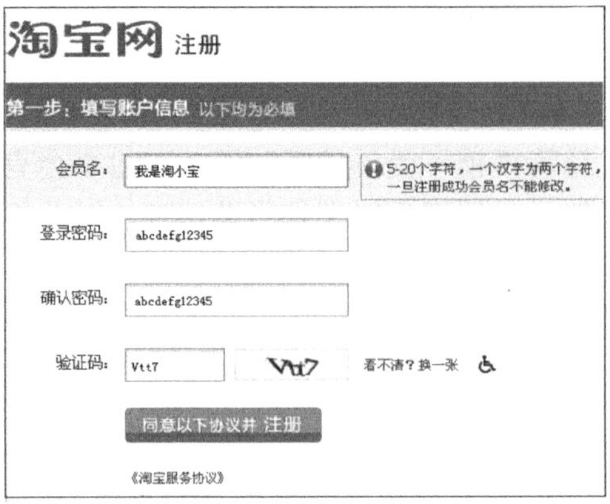

图 7-2　淘宝网会员注册

图 7-3　验证账户信息窗口

（4）在你的手机号码文本框中，输入你的手机号码，例如，1358881××××。

（5）单击窗口最下面的“使用邮箱验证”按钮后，输入正确的电子邮箱地址，并单击“提交”即可。

2．支付宝设置

支付宝（alipay）最初作为淘宝网公司为了解决网络交易安全问题所设的一个功能，该功能为首先使用的“第三方担保交易模式”，由买家将货款打到支付宝账户，由支付宝向卖家通知发货，买家收到商品确认后指令支付宝将货款放于卖家，至此完成一笔网络交易。支付宝公司于 2015 年 12 月宣布支付宝钱包活跃用户超过 5 亿。

下面我们介绍如何设置支付宝。

（1）在淘宝网主页上方，单击“登录”按钮，出现如图 7-4 所示的对话框窗口。

图 7-4　支付宝会员登录窗口

（2）在账户名文本框中，输入你注册淘宝会员时的电子邮箱地址，注意不是淘宝会员名。

（3）在登录密码文本框中，输入你注册淘宝会员时的密码，不要搞错了。

（4）单击“登录”按钮即可。

7.1.3　阿里旺旺的使用

1．阿里旺旺概述

阿里旺旺是将原先的淘宝旺旺与阿里巴巴贸易通整合在一起的新品牌。它是淘宝和阿里巴巴为商人量身定做的免费网上商务沟通软件。它能帮您轻松找客户，发布、管理商业信息，及时把握商机，随时洽谈做生意！阿里旺旺实际上就是一个聊天工具，只不过这种聊天主要用于买家与卖家之间的商业谈判，讨价还价等。

2．阿里旺旺功能

阿里旺旺具有以下几个特色功能。

（1）能随时联系客户，每一条信息都显示着双方是否在线的状态，让买卖双方随时都能联系商务事宜。

（2）海量商机搜索功能，不需要登录网站，就能快速搜索到阿里巴巴大市场 600 万种商机信息，能让买卖双方都能适时地把握时机。

（3）巧发商机的功能，对商业的信息，卖家能一次性批量发布、重发信息，分类管理各个种类的商业信息。

（4）丰富的系统功能，具有“语音、视频、超大容量文件传输、文本聊天”等多功能，每种功能都能方便使用。

（5）多方商务洽谈功能，该系统可以实现一对一、一对多、多对一的交流方式，最多同时可以与在线的 30 个人进行商务洽谈，可以轻松地做生意。

（6）免费商务服务功能，即可以订阅商机快递、行业资讯；随时把握天气、证券，还具备在线翻译、商旅助理等功能，帮助你更好地做好交易。

3．阿里旺旺软件安装

（1）进入淘宝网主页，单击主页面左下方的“阿里旺旺”按钮后，出现如图 7-5 所示的窗口。

图 7-5　阿里旺旺软件安装屏幕

（2）单击“买家用户”按钮，如果你是商家，即单击“卖家用户”后，屏幕出现“立即下载”按钮，单击该按钮即可。

（3）选择你所下载的目标文件夹即可将软件下载到你所指定的文件夹里。

（4）双击该文件，即开始安装并出现如图 7-6 所示的阿里旺旺 2011 正式版 SP2 对话框。

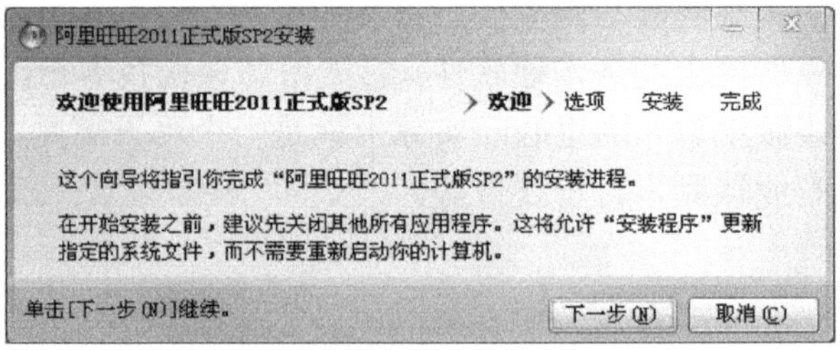

图 7-6　安装向导

（5）单击“下一步”按钮后，出现如图 7-7 所示的选择安装位置对话框，在目标文件夹文本框内，用户可以选择安装的位置，系统默认安装在 C:\program files\AliWangwang 子目录下。

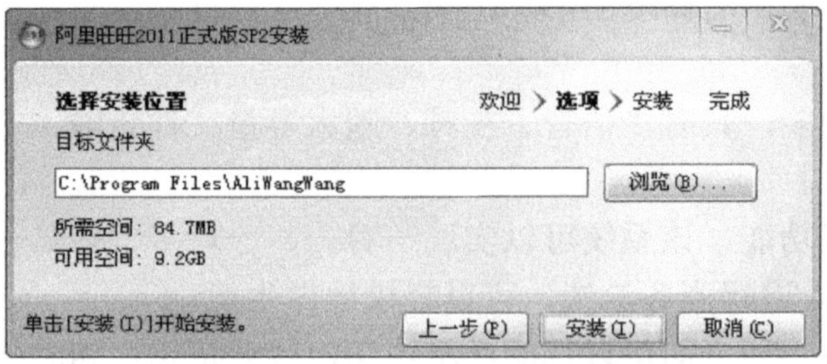

图 7-7　选择安装位置对话框

（6）单击“安装”按钮后，系统就开始进行安装，安装成功后弹出如图 7-8 所示的对话框。

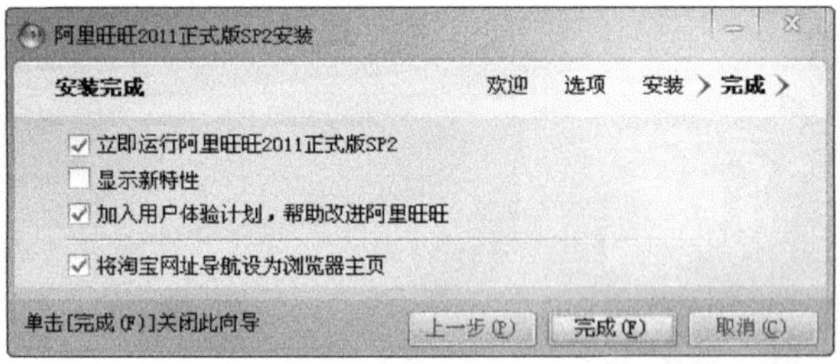

图 7-8　安装完成对话框

4．阿里旺旺软件使用

（1）双击阿里旺旺图标后，即可出现如图 7-9（a）所示的对话框。

（2）输入会员名和密码后，单击“登录”按钮后，出现如图 7-9（b）所示的对话框。

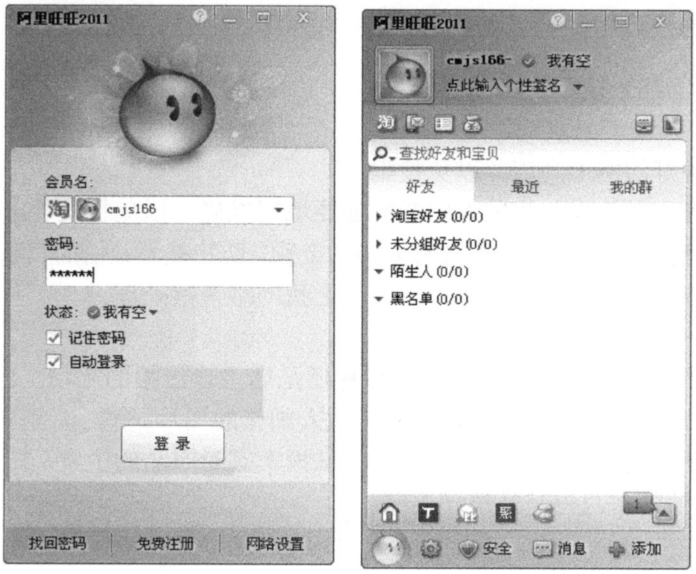

（a）　　　　　　　　　　（b）

图 7-9　阿里旺旺使用

（3）单击“添加”按钮后，即可添加好友，与好友聊天。

（4）双击你的好友，即可展开一个聊天的窗口，如图 7-10 所示。在该窗口下面就是 cmjs166 买家与商家进行聊天的记录。

阿里旺旺的聊天方式与 QQ 很相似哦，也很方便的。

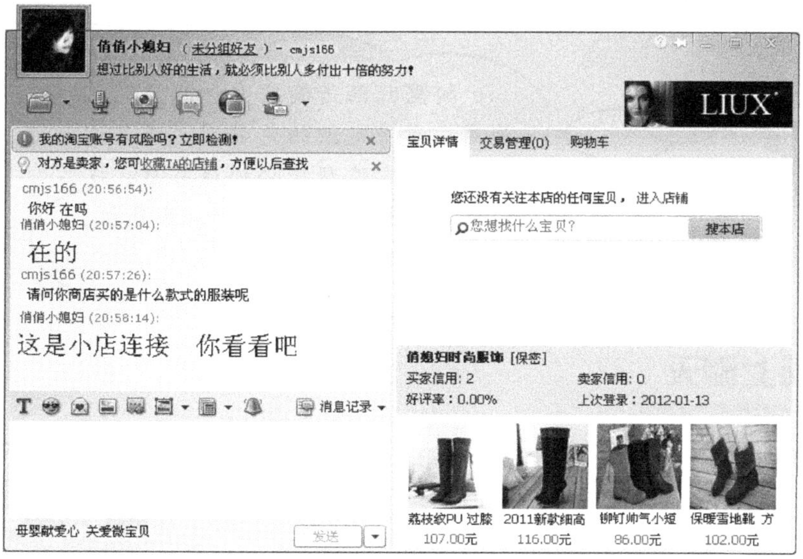

图 7-10　阿里旺旺聊天记录

5. 网上购物的技巧

网上购物有以下几个技巧供大家参考。

（1）技巧一。

① 要选择信誉好的网上商店，以免被骗；

② 购买商品时，付款人与收款人的资料都要填写准确，以免收发货出现错误；

③ 用银行卡付款时，最好卡里不要有太多的金额，防止被不诚信的卖家拨走过多的款项；

④ 遇上欺诈或其他受侵犯的事情，可在网上找网络警察处理。

（2）技巧二。

① 看。仔细看商品图片，分辨是商业照片还是店主自己拍的实物，而且还要注意图片上的水印和店铺名，因为很多店家都在盗用其他人制作的图片。

② 问。通过旺旺询问产品相关问题，一是试探卖家对产品的了解，二是看卖家的态度，人品不好的话买了他的东西也是麻烦。

③ 查。查店主的信用记录，看其他买家对此款或相关产品的评价。如果有中差评，要仔细看店主对该评价的解释。

另外，也可以用旺旺来咨询已买过该商品的人，还可以要求店主视频看货。原则是不要迷信钻石皇冠，规模很大有很多客服的要分外小心，坚决使用支付宝交易，不要买态度恶劣的卖家的东西。

（3）技巧三。

通过搜索引擎查找商品，购物搜索网站收录的卖家产品一般都是企业或工厂开的网上店铺，具有产品质量保证，通过购物搜索引擎可以比较卖家支付方式、送货方式、卖家对商家信誉服务态度评论，也可查看卖家所在地到线下自行提货。这是一种新的购物选择方式，目前知道的人较少，不过挺方便。

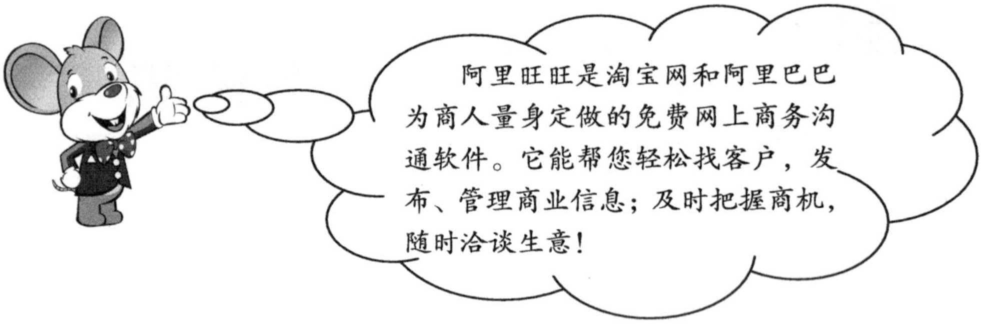

7.2 QQ网上聊天

7.2.1 什么是QQ

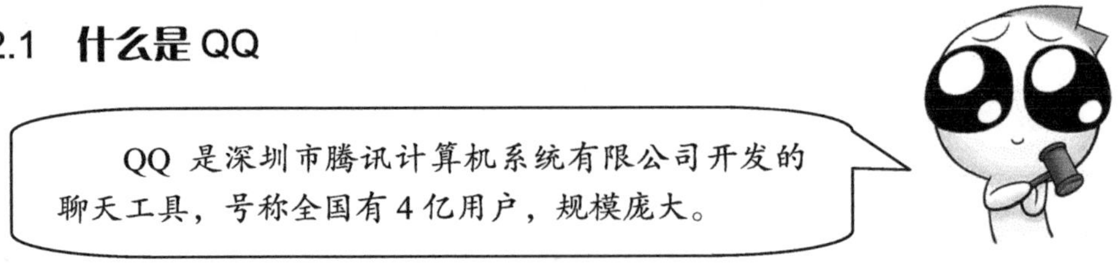

1. QQ 网上聊天概述

QQ 是深圳市腾讯计算机系统有限公司开发的一款基于 Internet 的即时通信软件。腾讯 QQ 支持在线聊天、视频电话、点对点断点续传文件、共享文件、网络硬盘、自定义面板、QQ 邮箱等多种功能。并可与移动通信终端等多种通信方式相连。

1996 年夏天，以色列的三个年轻人维斯格、瓦迪和高德芬格聚在一起决定开发一种软件，充分利用 Internet 即时交流的特点，来实现人与人之间快速直接的交流，由此产生了 ICQ 的设计思想。当时是为了他们彼此之间能及时在网上联系交流用的，可以说近乎一种个人的“玩具”，此后，他们成立了一家名为 Mirabilis 的小公司，向所有注册用户提供 ICQ 服务。

后来，美国在线以 2.87 亿美元收购了 ICQ，2011 年 5 月，它的用户数量已经突破 1 亿大关，每天平均有 1000 万用户在线，每个用户平均在线时间为三个小时。

1999 年，国内冒出一大批模仿 ICQ 的在线即时通信软件，如最早的 Picq、OICQ、OMMO 等，新浪、网易、搜狐等也开发了类似的软件，如新浪的 UC，网易的泡泡。QQ 的前身 OICQ 也是在 1999 年 2 月第一次推出的。

QQ 之所以能够在如此众多的在线即时通信软件中脱颖而出，最终把其他竞争对手全部打败，占领了中国在线即时通信软件 74%以上的市场，一半靠的是实力，另一半靠的是运气。偶然造就了腾讯。

1998 年 11 月 11 日，马化腾和他大学时的同班同学张志东正式注册成立“深圳市腾讯计算机系统有限公司”。当时公司的主要业务是拓展无线网络寻呼系统。公司初期的业务是为寻呼台建立网上寻呼系统，这种针对企业或单位的软件开发工程可以说是中小型网络服务公司的最佳选择。

1997 年，马化腾接触到了 ICQ 并成为它的用户，他亲身感受到了 ICQ 的魅力，也看到了它的局限性：一是英文界面；二是在使用操作上有相当的难度，这使得 ICQ 在国内虽然得到使用，但始终不是特别普及，大多限于“网虫”级的高手里。

1999 年 2 月，腾讯在 Internet 上推出 OICQ 的第一个测试版本，它包含的功能十分简单，仅仅只有简单的在线即时通信功能，但其界面设计令人称赞不已，事实上，尽管到现在为止，腾讯已经先推出十来个版本以上的 QQ 软件，但其界面仍然没有任何改变，这表明，从一开始，腾讯 OICQ 软件的界面设计是十分合理的。

到 2000 年，腾讯的 OICQ 基本上已经占领了中国在线即时通信 90%以上的市场，基本上已经锁定了胜局。

目前，腾讯已经初步完成了面向在线生活产业模式的业务布局，构建了 QQ、QQ.com、QQ 游戏及 QQ 移动手机门户这四大网络平台，分别形成了规模巨大的网络社区。在满足用户信息传递与知识获取的需求方面，有 QQ.com 门户、QQ 即时通信工具及 2011 年年初收购的 Foxmail 电子邮件；在满足用户群体交流和资源共享的方面，腾讯推出的个人博客 Q-Zone 将与访问量极大的论坛、聊天室、QQ 群相互协同；在满足用户个性展示和娱乐服务方面，腾讯拥有非常成功的虚拟形象产品 QQShow、QQPet（宠物）和 QQGame（游戏）QQMusic/Radio/LiveTV（音乐/电台/电视直播）产品，另外对手机用户提供彩铃、彩信等无线增值业务；在满足用户的交易需求方面，专门为腾讯用户所设计开发的 C2C 电子商务拍卖网已经上线，并和整个社区平台无缝整合。

2. QQ 的软件获取

在百度搜索引擎中键入“QQ 软件下载”后，出现如图 7-11 所示的窗口，也可以直接登录 QQ.com 进行下载。

图 7-11　百度搜索 QQ 软件

选择某一个网站下载 QQ 软件到本地计算机文件夹中，然后，再双击安装 QQ 软件即可安装了，当第一次使用 QQ 软件时，出现如图 7-12 所示的对话框。

图 7-12　初始 QQ 界面

输入你的 QQ 账号和 QQ 密码后，单击“安全登录”按钮即可登录 QQ。

7.2.2　QQ 的基本操作

1. 收发信息

收发消息是 QQ 最常用和最重要的功能，实现消息的收发前提是需要有一个 QQ 号码和至少一个 QQ 好友。如果没有，请免费申请 QQ 号。

首先应使 QQ 处于在线状态，然后打开 QQ 面板，双击好友的头像或者在好友的头像上用鼠标右键单击，从弹出的快捷菜单中选择“发送即时消息”，都会弹出一个如图 7-13 所示的对话框，这个对话框中的空白部分可以输入文字和选择表情填入。

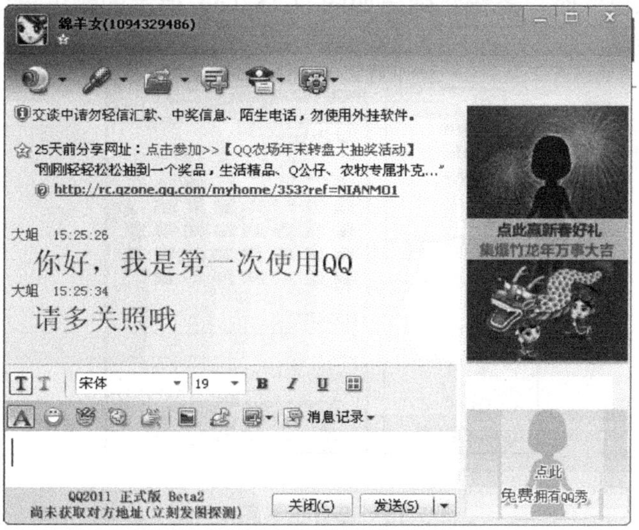

图 7-13　QQ 聊天记录

注意：输入文字以后，就单击“发送”按钮将消息发送出去，如果因为某种原因无法及时发送出去，可选择“关闭”，输入的文字可以从其他地方复制粘贴过来。可以使用快捷键 Ctrl+Enter 或者 Alt+S 发送消息，发送以后对方一般立刻收到，也可能因为网络原因会稍迟一点收到。

如果消息太长，你可以分开几条来发，也可以使用 QQ 邮箱来发送文本。

2．使用工具箱

QQ 工具箱如图 7-14 所示。该工具箱共有：系统字体、会员炫彩字、字体、字号、粗体、斜体、下画线、颜色、字体选择工具箱、选择表情、选择动一下表情、发送图片、音乐分享、屏幕截图、显示消息记录等。

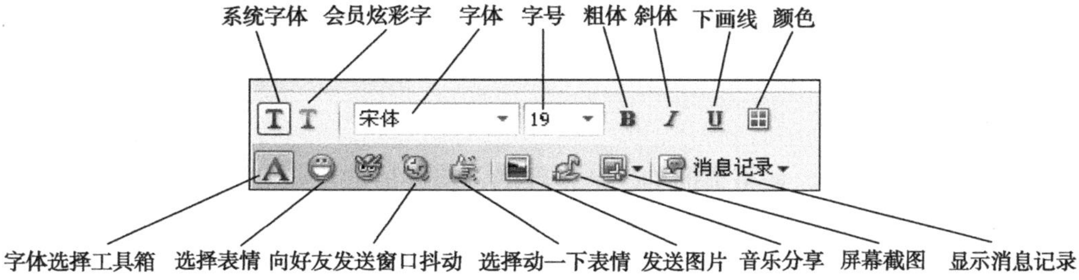

图 7-14　工具箱

（1）当选择“系统字体”时，系统将弹出如图 7-15（a）所示的字体，用户可以从列表框中选择某一种字体。

（2）当选择“会员炫彩字”时，系统将弹出如图 7-15（b）所示的窗口，用户可根据自己的需要选择其中的一种字体。

（3）当选择“颜色”时，系统将弹出如图 7-15（c）所示的颜色窗口，用户可以根据需要选择其中的一种颜色。

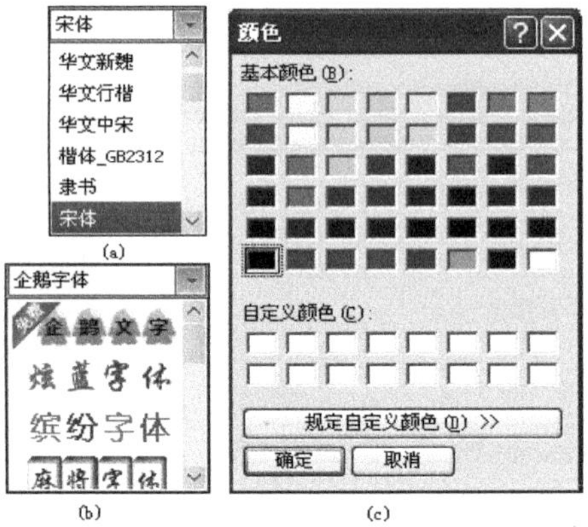

图 7-15　部分工具箱功能

（4）当选择“选择表情”时，系统将弹出如图 7-16 所示的对话框，用户可以根据需要选择其中的一种表情，发送给对方。

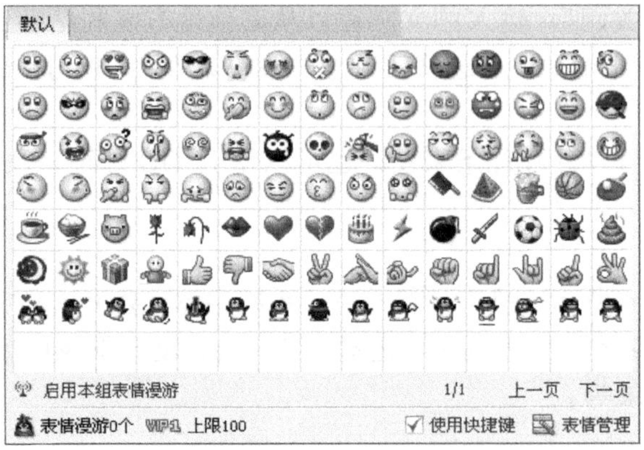

图 7-16　表情选择

3．接收和回复消息

好友向你发送消息后，如果你的 QQ 是在线的，可即时收到，如果当时不在线，那么以后 QQ 上线会马上收到消息。单击对话框中头像可查看对方资料，回复时输入文字，然后单击“发送”按钮即可。

注意：选择“聊天模式”有利于观察整个对话过程，在必要的时候可以选择这种方式。

在回复或接收消息的时候，单击发送边上的小箭头选择“聊天模式”按钮则变为聊天模式，再单击相同位置的“消息模式”则回到消息模式。

4. 系统设置

如果你希望消息窗口自动弹出来，可以在“系统设置”的“基本设置”里勾选“自动弹出消息”，这样一有消息，对话框就会自动弹出来。

如果还需要其他的设置，可以选择如图 7-17 所示的系统设置窗口。在该窗口中有：常规、热键、声音、装扮、文件管理、网络连接、软件更新、状态和提醒、好友和聊天、安全设置、隐私设置等选项，每一个选项展开后又有若干个功能，用户可以根据自己的需要进行设置。

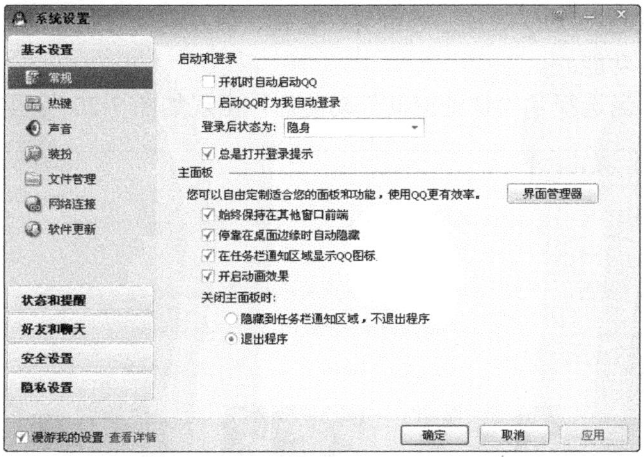

图 7-17　系统设置窗口

7.2.3 QQ 空间

单击 QQ 面板左上方的“★”按钮，进入 QQ 空间信息中心，如图 7-18 所示。

图 7-18　QQ 空间信息中心页面

1. 个人中心模块

单击“个人中心模块”后，出现如图 7-19 所示的窗口。

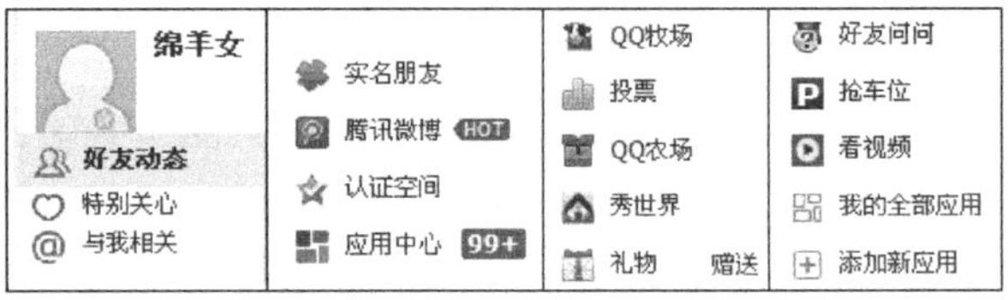

图 7-19　个人中心模块功能

在该模块中有：好友动态、特别关心、与我相关、实名朋友、腾讯微博、认证空间、应用中心、QQ 牧场、投票、QQ 农场、秀世界、礼物、好友问问、抢车位、看视频、我的全部应用、添加新应用等功能。

（1）认证空间，当选择了“认证空间”功能后，出现如图 7-20 所示的窗口。

图 7-20　认证空间窗口

在该窗口里，可以找“我关注的”是“著名演员”、“知名歌手”或“生活休闲”。也可以找“找我喜欢”选项，在该选项中有：今日排行、人气推荐、IT 互联网、体育界、品牌企业、政府公益、教育医疗、文学出版、新闻媒体、时事财经、时尚娱乐、游戏动漫、生活休闲、电影电视、腾讯产品、音乐等，供用户选择。

（2）QQ 农场，当选择了“QQ 农场”功能后，出现如图 7-21 所示的窗口。用户可以根据自己的喜好种植花草、树林、蔬菜等物。

QQ 农场是由“五分钟”团队开发，嵌入在 QQ 空间和 QQ 校友平台中的应用程序游戏。它是一款以农场为背景的模拟经营类游戏。游戏中，玩家扮演一个农场的经营者，完成从购买种子到耕种、浇水、施肥、除草、收获果实再到出售给市场的整个过程。游戏趣味性地模拟了作物的成长过程，所以玩家在经营农场的同时，也可以感受“作物养成”带来的乐趣。游戏中，玩家可以对自己作物实施的大部分动作，同样可以对好友的作物实施。

（3）QQ 牧场，当选择了“QQ 牧场”功能后，出现如图 7-22 所示的窗口。用户可以根据自己的喜好饲养动物。

图 7-21　QQ 农场

图 7-22　QQ 牧场

QQ 牧场是由腾讯开发运营的一款以牧场为背景的模拟经营类游戏。它是延伸“QQ 农场”种植互动后的养殖操作，玩家同样扮演的是一个牧场的经营者，完成从购买幼仔、生产、除害、收获农副产品和整只动物，再到出售给市场和捐赠动物的整个过程。也是整个农夫田园生活体系应用其中的一个分支。在这里你可以体验农、林、牧、渔自给自足的快乐生活，游戏中有效地穿插结合了各个应用中的节点，让你尽情享受都市生活外美妙的大自然风光。

（4）QQ 餐厅，当选择了“QQ 餐厅”功能后，出现如图 7-23 所示的窗口。用户可以根据自己的喜好经营属于自己的餐厅。

图 7-23　QQ 餐厅

QQ 餐厅是一款以餐厅为背景的模拟经营类游戏，和 QQ 农场、牧场结合紧密。在这里你可以经营属于自己的餐厅，通过对菜肴的研究和对餐厅的个性化打造，成为一代餐饮业大亨。

（5）QQ 抢车位。当选择了“QQ 抢车位”功能后，就会出现如图 7-24 所示的窗口。用户可以根据自己的喜好经营属于自己的汽车。

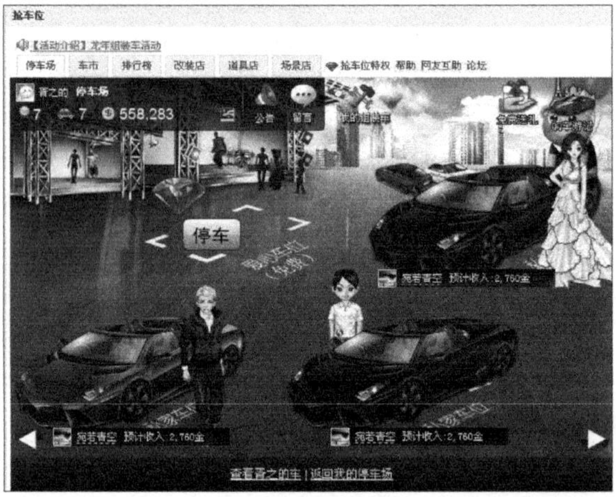

图 7-24　抢车位

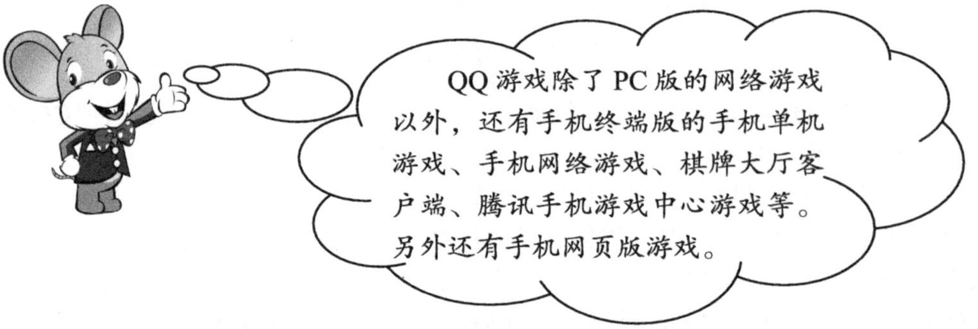

QQ 抢车位是一款免费的娱乐小游戏，新进入游戏马上获得系统随机赠送的一个酷炫停车场。停车场有三个停车位和一个爱心车位，同时系统还赠送一辆二手奥拓、外加 Qzone 社区虚拟爱心基金会发放的 1000 金的生活补助费。在游戏中你可以通过停车、贴条赚取收入。获得收入后就可以购买自己梦想中的豪车了。

2．我的主页

单击“我的主页模块”后，出现如图 7-25 所示的窗口。

图 7-25　我的主页模块功能

在该模块中有：日志、相册、说说、视频、分享、音乐、留言板、个人档案等功能。

（1）QQ 日志，当选择了“QQ 日志”功能后，出现如图 7-26 所示的窗口。用户可以根据自己的爱好撰写自己的日志。

图 7-26　我的日志模块功能

QQ 日志主要是腾讯 QQ 用户在 QQ 空间写的文章。其实，QQ 日志就是日志的一类，特别指那些在 QQ 空间中写的文章。就像在博客中写文章一样，QQ 空间可以用来写东西，表达个人思想，存东西、取东西，也可以用此交友。不过略有区别的是，写博客更多是想表达个人思想，学习、工作等经验；而写 QQ 日志更多是为了交友，记下自己的生活点滴。但不论怎样，它们都能增进人们情感、经验、学习等的交流，给大家提供了一个良好的沟通平台。

（2）QQ 相册，当选择了“QQ 相册”功能后，出现如图 7-27 所示的窗口。用户可以根据自己的爱好编制自己的相册。

图 7-27　我的相册模块功能

QQ 相册是 QQ 用户的个人相片展示、存放的平台，所有 QQ 用户免费享用 200M 相册空间，QQ 黄钻和会员用户最高可免费享用 50G 超大空间。你可以分门别类地存放照片、图片等。你的相册都拥有独立域名。每个相册都可以设置为公开、需要密码才能访问、不公开三种状态。你可以随时管理你的相册，包括增加、删除、转移等。每个拥有 QQ 号码的网友均可以免费拥有相册，进入相册首页，输入号码和密码后单击登录，并按照系统提示完成后面的步骤即可。

3．我的应用

单击“我的应用模块”后，出现如图 7-28 所示的窗口。

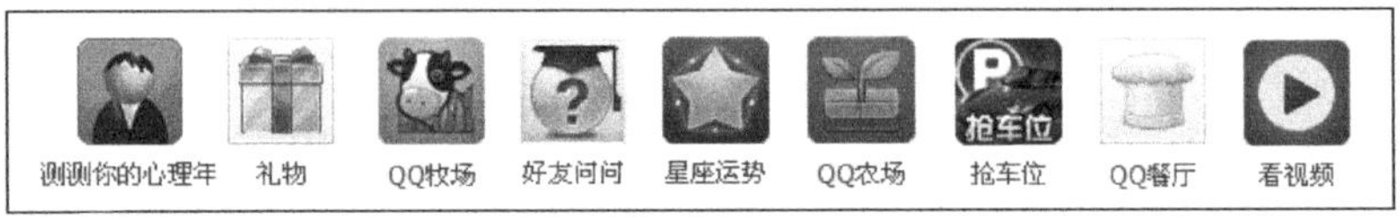

图 7-28　我的应用模块功能

在该模块中有：测测你的心理年龄、礼物、QQ 牧场、好友问问、星座运势、QQ 农场、抢车位、QQ 餐厅、看视频等功能。

（1）当选择了“测测你的心理年龄”功能后，系统将弹出一个问答窗口，要求用户填写其中的题目答案，最后根据你所回答的答案进行分析并给出你的心理年龄。

（2）当选择了“星座运势”功能后，出现如图 7-29 所示的窗口。用户可以根据自己的情况查看其中的内容。星座运势是根据一个人出生日期（阳历）所属的星座，来论定该星座在每一个流年甚至月份上发生事情的吉凶。

图 7-29 星座运势模块功能

（3）当选择了“看电视”功能后，系统将弹出 QQ 视频播放器，可以直接在线看电视节目了。

讨论

1. 你什么时候开始使用 QQ 软件进行信息交流的？

____

2. 你操作 QQ 软件时都使用哪些功能？请举例说明。

____

7.3　感受微信的力量

微信是什么？对于上班族来说，微信是一个沟通的工具；对于有的用户来说，微信可能是一个交友的工具；对于一些小卖家来说，微信是一个展示其商品的平台；对于微信团队来说，微信是一种生活方式。

7.3.1　微信概述

1．什么是微信

微信（WeChat）是腾讯公司于 2011 年 1 月 21 日推出的一个为智能终端提供即时通讯服务的免费应用程序，如图 7-30 所示。微信支持跨通信运营商、跨操作系统平台通过网络快速发送免费（需消耗少量网络流量）语音短信、视频、图片和文字，同时，也可以使用通过共享流媒体内容的资料和基于位置的社交插件“摇一摇”“漂流瓶”“朋友圈”“公众平台”“语音记事本”等服务插件。

微信提供公众平台、朋友圈、消息推送等功能，用户可以通过“摇一摇”“搜索号码”“附近的人”，以及扫二维码的方式添加好友和关注公众平台，同时微信可将内容分享给好友，还可将用户看到的精彩内容分享到微信朋友圈。

微信已不单单只是一个充满创新功能的手机应用。它已成为中国电子革命的代表。覆盖了 90%以上的智能手机，并成为人们生活中不可或缺的日常使用工具。截至 2015 年 12 月，微信每月活跃用户已达到 5.49 亿，用户覆盖 200 多个国家、超过 20 种语言。此外，各品牌的微信公众账号总数已经超过800万个，移动应用对接数量超过85 000个，微信支付用户则达到了4亿左右。

图7-30　微信标志

2．基本功能

（1）聊天功能。

支持发送语音短信、视频、图片（包括表情）和文字，是一种聊天软件，支持多人群聊。

（2）添加好友功能。

微信支持通过查找微信号（具体步骤：点击微信界面下方的朋友们→添加朋友→搜号码，然后输入想搜索的微信号码，然后点击查找即可）、查看QQ好友、查看手机通讯录、分享微信号、摇一摇、二维码查找等方式添加好友，另外还可通过漂流瓶接受并添加好友。

（3）实时对讲机功能。

用户可以通过语音聊天室和一群人语音对讲，但与在群里发语音不同的是，这个聊天室的消息几乎是实时的，并且不会留下任何记录，在手机屏幕关闭的情况下也仍可进行实时聊天。

3．支付功能

微信支付是集成在微信客户端的支付功能，用户可以通过手机完成快速的支付流程。微信支付向用户提供安全、快捷、高效的支付服务，以绑定银行卡的快捷支付为基础。微信支付，实现线下到线上的闭环，如图7-31所示。

4．支付环境

用户只需在微信中关联一张银行卡，并完成身份认证，即可将装有微信APP的智能手机变成一个全能钱包，用来购买合作商户的商品及服务。用户在支付时只需在自己的智能手机上输入密码，无须任何刷卡步骤即可完成支付，整个过程简便流畅。

微信公众平台支付、APP（第三方应用商城）支付、二维码扫描支付、刷卡支付，都是用户展示条码，商户扫描后，即可完成支付。

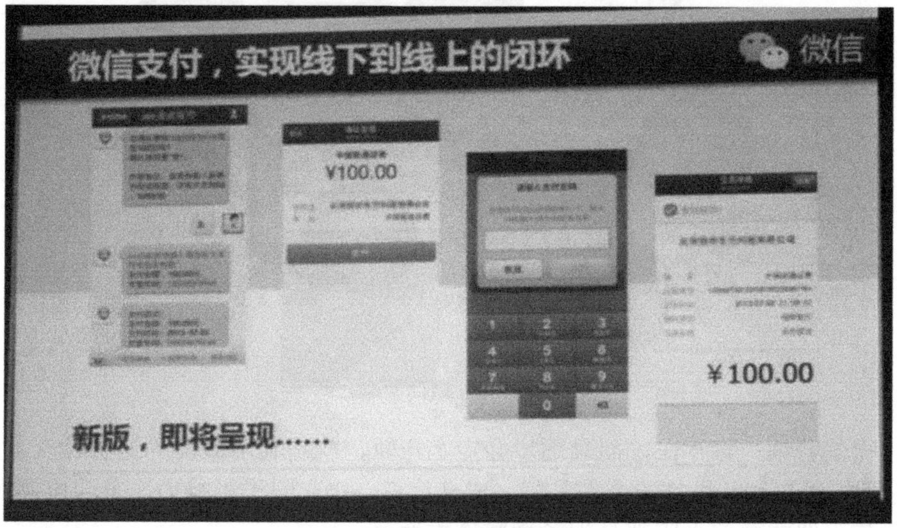

图 7-31　微信支付功能

微信支付支持以下银行发行的贷记卡：深圳发展银行、宁波银行。此外，微信支付还支持以下银行的借记卡及信用卡：招商银行、建设银行、光大银行、中信银行、农业银行、广发银行、平安银行、兴业银行、民生银行。

5．支付规则

（1）绑定银行卡时，需要验证持卡人本人的实名信息，即“姓名，身份证号”的信息。

（2）一个微信号只能绑定一个实名信息，绑定后实名信息不能更改，解卡不删除实名绑定关系。

（3）同一身份证件号码只能注册最多 10 个（包含 10 个）微信支付。

（4）一张银行卡（含信用卡）最多可绑定 3 个微信号。

（5）一个微信号最多可绑定 10 张银行卡（含信用卡）。

（6）一个微信账号中的支付密码只能设置一个。

（7）银行卡无须开通网银（中国银行、工商银行除外），只要在银行中有预留手机号码，即可绑定微信支付。

7.3.2　微信电子商务

1．什么是微商

（1）概述。

微商是利用社交工具微信所做的一种营销，如图 7-32 所示。最初期很多人都是通过频繁在朋友圈发布一些硬性广告来做营销，也有一部分人领略到了微信的真正用途，利用它的社交属性来做营销，因此很多人说微信营销使杀熟和假货流行了起来。现在由于微信有了限制朋友圈、限制好友数量等功能，使一些营销的效果大打折扣。

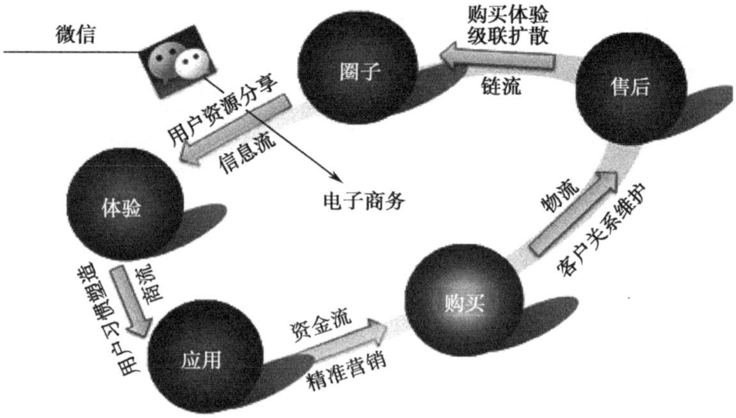

图 7-32　微商概念

但是，微信营销一直存在，而且逐步会走上正轨，就是利用微信的这种社交属性，先交友，后卖东西，很自然，先打造个人品牌，树立信任，树立圈子影响力，东西自然卖得出去。包括现在微信上线的微信小店都是为了规整这方面。

这其中技巧是需要掌握的，要塑造自己的文案功底，用文字图片巧妙地展现自己跟产品，将广告做得有趣，将发布数量控制得当，将群聊做得合理，这样才能将准客户挖到手。了解自己，了解产品，了解你的客户，了解平台属性。

（2）微商平台。

从广泛意思上讲，微商平台可以指所有的社交软件，只要可以发表产品图片、分享及跟好友互动的软件都算。QQ 空间、微博、微信朋友圈等一切社交软件，都可以成为你做微商很好的平台。不过随着微商代理的不断发展，作为微商平台的微店开始崛起，如图 7-33 所示。

图 7-33　微店

微店作为一个微商平台，一头牵着供货商，一头牵着网民。微店就类似于移动端的淘宝店，主要就是利用社交分享、熟人经济进行营销。微店是提供让微商玩家入驻的平台。有点类似 PC 端建站的工具，其不同于移动电商的 APP，主要利用 HTML5 技术生成店铺页面，更加轻便，商家可以直接装修店铺，上传商品信息，还可通过自主分发链接的方式与社交结合进行引流，完成交易。

（3）微商平台特征。

① 精准性，由于微信公众平台需要用户主动关注，是用户主动选择的结果，因此微信公众平台店铺的粉丝是其最巨潜力的消费群体，无论是对其进行活动推广，还是向其推荐商品，都能够实现更高的购买转化。

② 社交性，微信是一个天然的高黏性的社交平台，因此微信电商不仅局限于传统的售卖，而是集营销与电商于一身，通过微信的社交性进行品牌维护、口碑营销及产品推广。因此这一平台对于商家来说是一个机遇，也需要商家转变思维，对这一平台进行更好的利用。

③ 打通线上线下，微信支付接口有两种，一种是线上商家帮助用户在微信内打开网页购买商品时调用，另一种是线下商家为商品生成二维码，让用户使用微信扫码支付。因此微信电商一方面针对线上商家，另一方面也可以打通线下商家，还可以实现线上与线下的互动，实现 O2O 的闭环。

微信电商想要得到更好的发展，还需要克服一些问题。微信不同于淘宝，淘宝有搜索入口及各种广告渠道，而微信相对来说是一个较为封闭的系统，微信公众平台缺乏自有的公开推广渠道，未来微信如果能为自己平台商家提供更多的渠道和机会，将进一步促进微信电商的发展。此外，微信公众平台的后台如果能提供一些电商所需的标准化模块供商家选择，将可能进一步降低进入门槛。

2. 微商街运营模式

（1）运营模式。

微商街是由移动互联网企业应用联盟为主导，联合微应用的研发单位、知名投资机构共同打造的微信商街平台。平台由 PC 端和移动端呈现，是联通线上与线下、企业与客户的平台。简单的说，就是微信商家，或者微信电商，类似于淘宝，只不过平台换成了微信端。

毫无疑问，微信已然是当今移动互联网的最大流量入口。微信的巨大用户规模已成为众多企业觊觎的营销市场。随着微商的不断发展，微信营销的生态发展已初见端倪，而微商街提供了连接能力，就是让商家和消费者连接起来，微商街就是一个做服务和对接的平台，如图 7-34 所示。

（2）微商街为商户创造价值。

微商街从以下几个方面为商户创造价值：

① 提供移动电商整体解决方案；

② 为商户提供源源不断的潜在用户流；

③ 持续的业绩转化。

图 7-34　微商街

（3）微商联盟运营模式。

微商联盟是在移动互联网时代微信营销的大背景下，提出的新商业运作模式，这种模式以微网站为展现形式，把营销活动作为交互方式，让微信朋友圈成为传播桥梁，为合作商家搭建起企业自媒体营销系统，同时又能将所有合作商家资源聚集起来，进行资源整合，形成一个异业营销的平台，达到不同行业的商家之间粉丝共享资源共享的目的。

将所有商家的粉丝集合于平台，基于微信传播的社交特征，将粉丝的作用最大化，提高粉丝的利用率，商家降低成本、提高效率、增强商家的市场竞争力，同时利用平台效应吸引更多的商家加入，为参与的商家产生更多更大的效益，如图 7-35 所示。

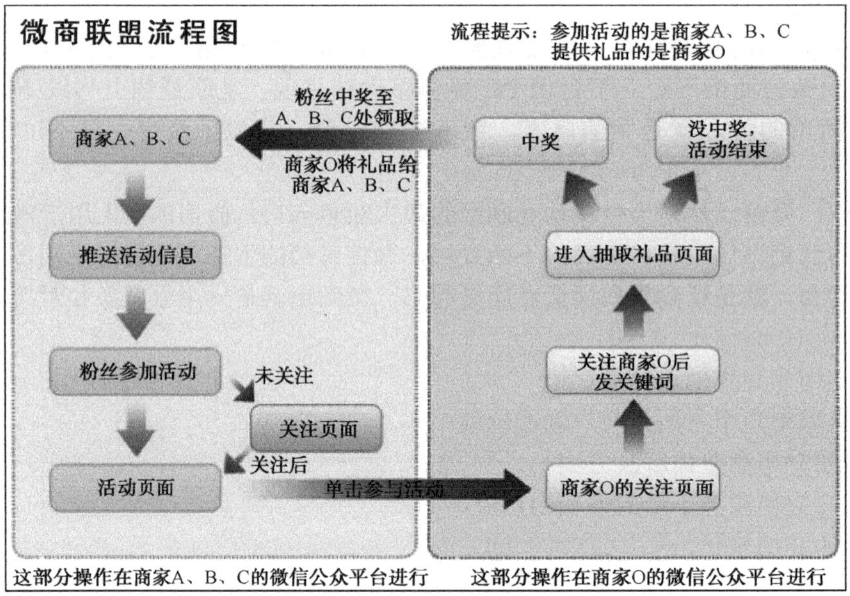

图 7-35　微商联盟

（4）三大阵营。

① 平台类型的，如微信小店、京东拍拍微店、淘宝微店、口袋购物微店。

② 主打服务的，如微盟、京拍档、各大电商平台自己推出的微店（主要服务于开放平台，一方面立足自身的购物 APP 主打中心化移动电商，一方面借助微店形成去中心化移动电商的布局）。

③ 主要是一些个人推出的，提供一种建微商城的工具，属于小打小闹。

7.3.3　O2O 电子商务

1. 概述

O2O 即 Online To Offline（线上到线下），是指将线下的商务机会与互联网结合，让互联网成为线下交易的前台，这个概念最早来源于美国。

O2O 的概念非常广泛，既可涉及到线上，又可涉及到线下，可以通称为 O2O。主流商业管理课程均对 O2O 这种新型的商业模式有所介绍及关注。2013 年 O2O 进入高速发展阶段，开始了本地化及移动设备的整合，于是 O2O 商业模式横空出世，成为 O2O 模式的本地化分支，如图 7-36 所示。

图 7-36　O2O 概念

2. O2O 的价值

O2O 目前有三个价值，分别是信息、预约和优惠。

（1）信息。

O2O 传达的信息包括商家的具体信息，可以让消费者快速便捷地获取周围生活服务的信息；同时，O2O 网站的建设，可以让商家将自身推销出去，是一个效果超值的广告平台。

（2）预约。

由于 O2O 的消费模式是线上预约、线下消费，现在消费者的享受方式愈来愈多样化，追求方便却又高档次，因此通过预约，消费者可以避免人满为患的排队等候，提高消费满意度。

同时，预约对商家来说意味着收入和利润，预约越多，商家收入越多，也可以根据预约情况安排消费者消费秩序。

（3）优惠。

对于大家都很熟悉的团购来说，无疑就意味着“折扣”，C2B 的订单越多，商家的影响力就越大，随之而来的也是更多的消费者；对于会对比各类消费水平和档次的消费者来说，通过 O2O 模式对各商家进行对比，获取最优信息，选择性增大。

目前，团购有 300 亿的市场，电商有 7000 亿的市场，O2O 的市场将更大，超过万亿。无可否认，互联网是个服务型的工具，我们应该利用好线上商品服务的集中性与线下的便捷性，将二者结合起来，创造更多的财富。

3. O2O 的商业模式

O2O 将线下商务的机会与互联网结合在了一起，让互联网成为线下交易的前台。这样线下服务就可以用线上来揽客，消费者可以用线上来筛选服务，成交可以在线结算，很快达到规模，如图 7-37 所示。

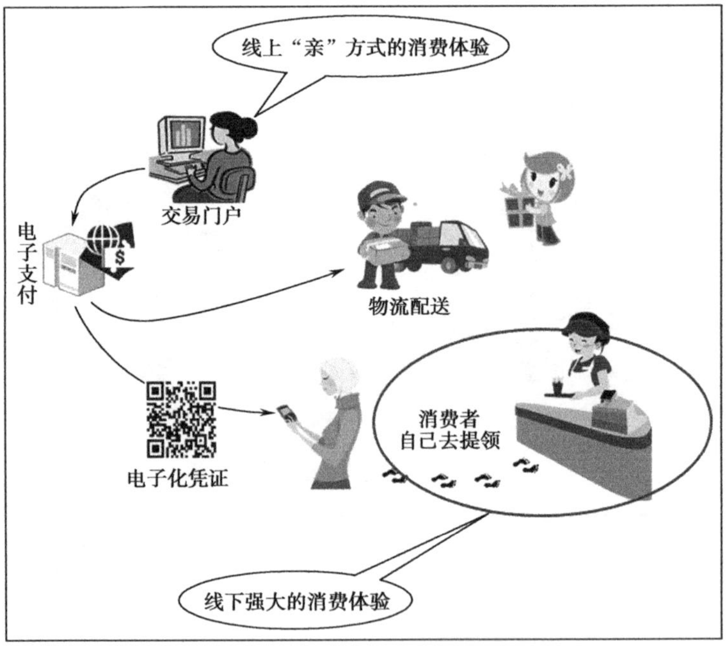

图 7-37　O2O 商业模式

首次的 O2O 模式是 2006 年沃尔玛公司提出的 SitetoStore 的 B2C 战略，即通过 B2C 完成订单的汇总及在线支付，顾客到 4000 多家连锁店取货，该模式就是 O2O 的模型。

那么中国 O2O 模式的发展现状大概是：携程、大众点评网为国内最早的 O2O 模式。但它们仅注重信息流的传递，资金流和服务流一般线下实现。现在即所谓的团购模式，线上同时实现信息流与资金流，线下实现商业流与服务流，团购就是中国 O2O 市场的极小缩影。

4．O2O 模式的特点

O2O 模式的特点是推广效果可查，每笔交易可跟踪，目前国内很多电子商务网站有 O2O 模式的影子。目前国内可以称为完全采用 O2O 模式运营的网站非常少，像美团、拉手、窝窝团这类传统团购网站，它们的模式既包含了 O2O 的成分，也包含 O2O 以外的东西，而街库网是唯一一家完全采用 O2O 模式运营的网站，因为街库网上的所有商家都是线下拥有实体店的，用户需要先在网上支付，支付成功收到二维码短信后便可直接到商家处消费。

5．O2O 服务平台的重要元素

（1）共同参与。

由线上与线下服务方共同参与构成服务链，划分各自的服务范围，但是之间的节点不可以过多，步骤不宜过于复杂。

（2）两端支付、凭证核销。

由线上到线下的服务凭证核销，这一点能有效建立起消费者与商户之间的信任关系，因此必须建立起一套两端支付、信息互通，且服务凭证核销环节保证可信、可监控的高安全性。

（4）可货币化。

可按服务价值清晰地确定各渠道、各个方面的利益分配。

6．O2O 与 B2B 区别

有了微信的推波助澜，一夜之间，大家无不都在谈论着 O2O，特别是在电子商务领域，大家都觉得这是一个颠覆传统电商的机会。如图 7-38 所示的是 O2O 与电子商务。

图 7-38　O2O 与电子商务

（1）O2O 是网络+实体，O2O 营销模式又称离线商务模式，是指线上营销线上购买带动线下经营和线下消费。

（2）B2B 即 Business to Business，是指商家与商家建立的商业关系，是企业对企业之间的营销关系，纯线上的。

B2B 是指进行电子商务交易的供需双方都是商家（或企业、公司），它们使用了互联网的技术或各种商务网络平台，完成商务交易的过程。电子商务是现代 B2B marketing 的一种具体主要的表现形式，它含有三要素。

① 买卖：B2B 网站平台为消费者提供质优价廉的商品，吸引消费者购买的同时促使更多商家的入驻。

② 合作：与物流公司建立合作关系，为消费者的购买行为提供最终保障，这是 B2B 平台硬性条件之一。

③ 服务：物流主要是为消费者提供购买服务，从而实现再一次的交易。

7．O2O 与 B2C 的相同点

O2O 与 B2C 的相同点，都是一种服务形式，如果从消费零售服务角度来分，那么最大范围是零售，其中包括传统的各种零售业态（如大型超市、标准超市、便利店、专卖店、品牌店、品类店，以及有交叉分类，如连锁店和购物中心等）；从早期的零售服务方式分可以有：店铺销售，无店铺销售（包括电视、电话、目录、互联网等）。

具体来说，O2O 与 B2C 的相同点有以下几点：

（1）消费者与服务者第一交互面在网上（特别包括手机）；

（2）主流程是闭合的，且都是网上，如网上支付、网上客服等；

（3）需求预测管理在后台，供需链管理是 O2O 和 B2C 成功的核心。

8．O2O 与 B2C 的不同点

O2O 与 B2C 的不同点有以下几个：

（1）O2O 更侧重服务性消费（包括餐饮、电影、美容、SPA、旅游、健身、租车、租房等），而 B2C 更侧重购物（实物商品，如电器、服饰等）；

（2）O2O 的消费者到现场获得服务，涉及客流，而 B2C 的消费者待在办公室或家里，等货上门，涉及物流；

（3）O2O 中库存是服务，而 B2C 中库存是商品。

9．O2O 与 C2C 的不同点

O2O 指的是一种线上支付，线下消费的意思，比如本地商城门户系统就是一个 O2O 模式平台，我们在平台里面选择商家订单，然后我们下线（可以简单地理解为离开了网络），拿着订单的二维码到实体店去消费，这个就是 O2O。

C2C 就是用户到用户，比如你现在换了一部新手机，你原先的手机是不是就相当于淘汰了呢，但毕竟还能用，就会有点价值，于是你就会想到放到二手市场上去卖，这样你就会在网站上发布我有一部二手手机出售，路人甲正好需要一部这样的手机，就会联系你，这样你们商议好了价格，你拿到了钱，路人甲拿到了手机，这就是顾客到顾客的交易，即 C2C。

10. 通俗解释

（1）O2O 就是我成立个公司卖东西你来买，但要你自己来拿。
（2）B2B 就是你也成立了公司，买我公司的东西。
（3）B2C 就是我成立个公司卖东西，你来买。
（4）C2C 就是我卖东西，你来买。

11. 电商模式知识口诀

（1）O2O 有三宝：线上、线下、一起搞。
（2）B2B 有三宝：企业、中介、沟通好。
（3）B2C 有三宝：品牌、渠道、销售好。
（4）C2C 有三宝：你开、我买、支付宝。
（5）LBS 有三宝：签到、优惠、位置找。
（6）NFC 有三宝：近场、支付、安全好。
（7）SEO 有三宝：内容、外链、权重好。
（8）EDM 有三宝：内容、受众、分析好。
（9）CPA 有三宝：行动、转化、站长恼。
（10）CPS 有三宝：佣金、销量、效果好。
（11）CPC 有三宝：点击、引导、作弊少。
（12）CPM 有三宝：展示、千人、不可靠。
（13）PHP 有三宝：开放、高效、成本少。

7.3.4 微信公众平台

1. 什么是微信公众平台

2012 年 8 月 17 日晚，腾讯公司微信公众平台正式向普通用户开放。这是在微信的基础上新增的功能模块，通过这一平台，个人和企业都可以打造一个微信的公众号，可以群发文字、图片、语音三个类别的内容。目前微信公众平台支持 PC 和移动互联网网页登陆，并可以绑定私人账号进行群发信息。

2. 群发功能

微信公众平台群发规则说明和群发消息的操作方法。

登录微信公众平台（https://mp.weixin.qq.com），选择“群发消息”功能，根据需要填写文字/语音/图片/视频/录音等内容后，选择群发对象、性别，群发地区，发送即可，如图 7-39 所示。

（1）群发消息内容。

目前支持群发的内容有文字、语音、图片、视频、图文消息。

① 群发内容中需添加文字+图片+视频，可先在“素材管理”中设置图文消息，然后群发时选择“图文消息”类型即可。

图 7-39　群发功能

② 上传至素材管理中的图片、语音可多次群发，没有有效期。

③ 群发图文消息的标题上限为 64 个字节。

④ 群发内容字数上限为 1200 个字符或 600 个汉字。

⑤ 语音限制：最大 5MB，最长 60 秒，支持 mp3、wma、wav、amr 格式。

⑥ 视频限制：最大 20MB，支持 rm、rmvb、wmv、avi、mpg、mpeg、mp4 格式。上传视频后为了便于粉丝通过手机查看，系统会自动进行压缩，请谅解。

（2）群发消息的规则。

① 群发消息条数：公众订阅号（认证用户、非认证用户）在 24 小时内只能群发 1 条消息；公众服务号（认证用户、非认证用户）1 个月（按自然月）内可发送 4 条群发消息。

② 通过微信公众平台已经群发的消息内容（包括群发成功或群发后审核中的内容），不支持修改或者删除。

③ 用户第 1 次群发时，会自动弹出签署使用协议（服务协议）提示框，签署协议以后不会再提醒，也无法查看协议，请您了解。

④ 被加入黑名单的关注用户，不会接收到群发信息。

⑤ 为了保持绿色网络环境，请您不要发布色情、暴力、赌博、血腥、政治等违反国家法律法规的信息，避免引起其他用户投诉，导致您的微信公众号无法正常使用。

（3）群发人数的上限。

微信公众平台群发消息的人数没有限制，只能群发给粉丝，不支持群发给非订阅用户。

（4）群发消息的保存时间。

微信公众平台群发的消息暂不支持删除，会永久保存。

（5）群发成功，而粉丝未收到群发消息的说明。

在微信公众平台消息群发成功后，而粉丝未收到群发消息，可能导致的原因如下：

① 通过微信公众平台群发消息时，对群发对象、性别、群发地区进行了选择，不在选择范围内的粉丝则无法接收消息；

② 被加入黑名单的粉丝，不会接收到群发信息，建议进入微信公众平台→用户管理→黑名单，查看是否有进行设置。

（6）已发送的群发消息查看方法：登录微信公众平台→群发消息→已发送。

3. 关键词自动回复功能

在微信公众平台设置关键词自动回复，可以通过添加规则（规则名最多为 60 个汉字），在订阅用户发送的消息内出现您设置的关键字时（关键字不超过 30 个汉字，可选择是否全匹配，如设置了全匹配则必须关键字全部匹配才生效），系统即可把您设置在此规则中回复的内容自动发送给订阅用户。

（1）关键词自动回复设置方法。

登录微信公众平台→功能→高级功能→编辑模式→设置→自动回复，即可添加相应的关键词自动回复信息，如图 7-40 所示。

图 7-40　自动回复功能

（2）关键词自动回复的规则。

① 字数限制：微信公众平台认证与非认证用户的关键词自动回复设置规则上限为 200 条规则（每条规则名，最多可设置 60 个汉字），每条规则内最多设置 10 条关键词（每条关键词，最多可设置 30 个汉字）、5 条回复（每条回复，最多可设置 300 个汉字）。

② 规则设置：可通过微信公众平台设置多个关键词，如订阅用户发送的信息中含有您设置的关键词，则系统会自动回复。

同一规则中可设置 5 条回复内容，如您设置了“回复全部”，若粉丝发送信息中含有您设置的关键词，系统则会将您设置的多条回复会全部发送，若未设置“回复全部”，则会随机回复。

（3）关键词设置。

① 每个规则里可设置10个关键词，若设置了相同的关键词，但回复内容不同，系统会随机回复。

② 每个规则里可设置5条回复内容，若设置了多个回复内容（没有设置“回复全部”），系统会随机回复。

③ 多条回复设置方法：进入编辑者模式，点击关键词自动回复→添加规则，输入关键词匹配内容后，再添加内容，然后选择“回复全部”即可。

能力训练题7　体验网上购物

一、能力训练前的准备

1．查看本地计算机是否已与Internet连接成功。

2．查看本地计算机的Internet Explorer是否是最新版本的，建议最好使用Internet Explorer 8.0版或以上的。

3．建立自己的子目录以备后用，以后可以将Internet上搜索到的资料下载到该子目录中去。建议最好将自己的子目录创建在除C盘以外的硬盘中，然后，待用完后再将其相应的资料内容复制到自己的网络硬盘中或U盘中。

二、能力训练目的要求

通过网上购物的体验，进一步理解电子商务的内涵；能够分析电子商务的物流、资金流、信息流；会利用电子商务标准对B2C网站进行全面的比较分析。

三、能力训练内容

【操作一】

注册淘宝会员

1．进入淘宝网主页后，注册淘宝会员。

2．填写相关的资料。

3．用注册后的淘宝账号和密码进入淘宝网，查看其内容。

4．对支付宝进行设置。

5．熟悉淘宝网系统环境和功能模块。

【操作二】

下载阿里旺旺软件

1．进入淘宝网主页后，下载阿里旺旺软件。

2．安装阿里旺旺软件。

3．设置阿里旺旺软件。

4．修改个人信息。

【操作三】

在淘宝主页体验网上购物

1．进入相关的电子商务网站，或在地址栏中输入 http://www.taobao.com，登录淘宝网。

2．如果购手机就可以直接单击导航条，选择商品，可以直接在分类栏中进行查询，或者直接在宝贝栏中进行模糊查询或快速查询。

3．单击“对比选中的宝贝”。

4．选择价格最低的掌柜为“孤独石子”的手机，单击“立即购买”。

5．如果你没有注册，则先注册，单击免费注册。

6．激活邮件，注册成功后，确认购买信息。

7．等待买家付款。

8．付款给支付宝，确认到货，支付宝打款给卖家，完成交易。

四、能力训练报告

能力训练报告的格式如下。

1．训练过程

目的要求；
训练内容；
训练步骤：
（1）画出网上购物流程。
（2）画出交易框图。
（3）写出网上购物体会。

2．训练结果

训练结果分析可以使用表格方式，也可以使用文字方式。

3．总结

通过能力训练，总结自己掌握程度，分析出错原因，提出改进措施。

习题 7

一、填空题

1．网上购物，就是通过 Internet____________________信息，并通过____________________发出____________________请求，然后填上____________________或____________________的号码，厂商通过____________________的方式发货，或是通过____________________送货上门。

2．支付宝最初作为____________________公司为了解决____________________所设的

一个功能，该功能为首先使用的________________，由买家将________________打到________________账户，由________________向卖家通知________________，买家收到________________后指令________________将货款放于卖家，至此完成一笔网络交易。

3．阿里旺旺是将原先的________________与________________贸易通整合在一起的新________________。它是________________和________________为商人度身定做的免费________________软件。它能帮您轻松找________________，________________管理________________信息；及时________________，随时________________做生意。

4．阿里旺旺的功能有：________________功能、________________功能、________________功能、________________功能、________________功能、________________功能等。

5．QQ是________________有限公司开发的一款基于________________的即时通信（IM）软件。腾讯QQ支持________________、________________、________________断点续传文件、________________、________________、________________、QQ邮箱等多种功能。并可与________________终端等多种________________相连。

6．收发消息是QQ________________和________________的功能，实现消息的收发前提是________________号码和至少________________。

7．QQ工具箱有：________________、________________、________________、字号、粗体、________________、________________、________________、字体选择工具箱、________________、________________、________________、音乐分享、屏幕截图、________________等。

8．QQ个人中心模块有：________________、________________、________________、实名朋友、________________、________________、________________、________________、投票、QQ 农场、秀世界、________________、________________、________________、看视频等功能。

9．建一个网站的步骤是________________、________________、________________。其中主机就是________________在Internet上________________的地方。

10．Internet能够完成的商务工作是：________________、________________、送货上门、________________等。其中送货上门有________________方法和________________方法。

二、判断题

1．国内的网上购物，一般付款方式是款到发货（直接银行转账，在线汇款）。（　　）

2．在淘宝网上注册成功会员名是可以修改，但密码不允许修改。（　　）

3．阿里旺旺实际上就是一个聊天工具，只不过这种聊天都是买家与卖家之间的商业谈判，讨价还价等。（　　）

4．QQ软件是马化腾和他大学时的同班同学张志东共同开发而成的。（　　）

5．QQ软件只能到官方网站下载，而且每月需要付费才能正常使用。（　　）

6．QQ 农场是在“我的主页”里进入的。（　　）

7．QQ 里没有相册可以存放。（　　）

8．网上办公正逐步进入人们的生活，同时，移动办公和 SOHO（个人办公、家庭办公）也逐渐成为不少人工作的一部分。（　　）

9．Internet 上还可以进行网上教学，国内已经有不少学校开启了网络课程，可以通过互联网上课，提交作业、进行网上考试甚至办一所网上学校，让学生们不出家门就能够拿文凭。（　　）

10．企业或个人还可以在网上创建自己的网站。（　　）

三、简答题

1．请写出什么是网上购物。

2．请写出网上购物的特点。

3．如何在淘宝网上注册？

4．如何设置支付宝？

5．如何下载和安装阿里旺旺软件？

6．请写出网上购物的技巧。

7．请写出什么是 QQ。

8．请写出 QQ 的功能。

9．请写出微信的概念。

10．请写出微信电子商务的概念。

阅读材料 7——一个 90 后女孩做微商的经验总结

（http://www.14du.com/article-348-1.html）

1．做一个经济独立的女性

（1）我最好的朋友从事化妆品行业十几年了，一直在知名化妆品公司从事产品开发和培训的工作。最近她跟我说她和几个朋友推出了一个面膜品牌，效果不错，问我要不要一起做。说实话，在医院上班十几年，真的觉得自己和社会有点脱节，微商之前没有听说过，不知道怎么操作。好吧，十几年的感情摆在那的，不管我做不做这个事情，我肯定要友情支持的，抱着帮帮我的好朋友的想法，就咬咬牙拿货做了代理。后来我才知道，我是多么幸运地拿到了一手货源，这是多少小微商梦魅以求的啊。

（2）拿到产品以后怎么办呢？总不能自己没有用就在朋友圈推广吧？货到了，先看说明，照着使用方法在自己脸上用，自己给自己代言。其实在用的时候，就有同事问，你最近用的啥，皮肤还不错，我说，不告诉你们，等我用的好了再说。用够8天，皮肤确实比以前光滑、紧致了。产品质量没有问题，可以放心在朋友圈推广了。只有自己都觉得好的产品才有信心分享给大家，卖东西也是在卖良心啊！

（3）有了产品那么卖给谁呢？刚开始的微商都是先从自己微信里的朋友做起的。因为微信朋友圈里的朋友一般都是熟人，这部分资源是我们刚开始起步最容易获得的（在此感谢一开始就加入我的团队，给我莫大信任和支持的亲们）。当然方法应用得当的话，不但不会流失这部分资源，而且还会把他们变成我们开展营销活动最忠实的客户，通过口口相传，让我们的客户群日益壮大。这里，就有朋友问，你不是赚朋友的钱吗？你赚朋友的钱你好意思吗？刚开始的时候我也纠结过，后来一想，我们当下活在信息时代，举个例子，某商场在做活动，买200送200，某鞋店在做活动，打几折，某化妆品店里最近有个护肤品你用了特别好。你会最先把这些消息和谁分享，当然是你的朋友，你不知不觉就成了信息传播着，那你的朋友去店里消费以后，买了东西还很高兴。那你又知道商场、鞋店、化妆品店赚了你朋友多少钱吗？每个产品的流转基本都通过了厂家—总代—省级—市区等等各级代理才到消费者手里，商家赚了你的钱，你特高兴，朋友赚了你的钱你就不高兴，这合理吗？

（4）我发了一段时间的微信没人理我怎么办？这个时候没有更好的办法，就是坚持。我是国庆节前开始发图的，我把我自己用面膜的照片发在朋友圈，按照微商技巧进行发图，大概因为十一长假，大家空闲时间多，我的产品在朋友圈一发，又是一新事物，大家比较感兴趣，评论的也多，很多人咨询，当然卖的也比较好。十一收假刚上班几天就卖断货了，我就进了第二批货，进回来以后，我还是每天坚持发图，可是没人跟了，除了点赞的，几乎没人评论，又坚持了几天，我开始动摇了，我给我老公讲，这个事情我做不下去了，没人问，卖不动，可能我们的消费水平在那摆着呢。老公说，万事开头难，坚持吧。同时感谢我的另外一个闺蜜，她说："没事，卖不动自己用，再不行我帮你卖。"当然这是我的一个瓶颈期，但是我还是每天坚持定时发图。坚持就是胜利。

不能一味地等待，要伺机而动。等到发了十几天图的时候，有几个人就问我了。那么她们就是对你产品感兴趣的人，重点关注这一部分人群。同时，我也在研究，什么样的人对面膜微商感兴趣。

2. 总结三种人

（1）平时就爱美喜欢保养的人。

（2）对目前处境不太满意，愿意通过另外一种方式实现自我价值的人。

（3）对金钱有强烈欲望的人。你可以把你的朋友圈梳理一下，看看哪些人符合这些特点。

3. 如何做好微商

最后总结一下我对微商的定义：微商就是指通过微信朋友圈卖东西。咱不谈微博、QQ之类的，就说朋友圈卖货。想要让客户购买你的产品就需要让客户信任你，如果客户无法信任你是不会有成交的。如果微信客户是你们相互认识的，那已经有基本的信任，只要产品是他所需要的，价格又合适，那基本就会达成交易。那么对于不太熟的朋友怎么去做呢？

（1）一定要让客户相信的你的产品。

如果你卖面膜，那就一定要让他相信面膜是有效的，你卖什么就要客户相信这个产品。操作上可以出具证书、自己用过的感受、朋友用过的感受。当客户对产品有一定的信任，但是还略带怀疑时，这时候就特别感谢公司推出了这样一个促销政策：买一盒面膜送一片单片，单片用了以后如果效果不好整盒退回可以退货；这个政策一推出，正在观望的朋友都没有后顾之忧了，马上有十几个朋友尝试性地买了我的面膜用，由于产品效果真的好，所以没出现一个要退货的。

（2）对本人诚信度的塑造。

举例，比如说本人微信卖货就是使用个人的名义在卖，使用的名字是我的真实姓名，头像也是真实的照片。我也经常拍一些自己工作场景的照片（本人目前还在医院工作，有具体的单位，大家信任度会更高一些）；当然我也会经常晒一些自己使用产品的照片，包括我的家人也在用产品的图片，让客户感受到我的微信是一个活生生的人。而且是自己在使用产品的真实分享，长时间这样坚持下来，客户终会慢慢信任你。

（3）经常和朋友互动。

再熟悉的朋友长年不联系也变得陌生，而陌生人如果经常聊天也会变成熟人。我每天所有的业余时间几乎都在和我的各种朋友微信聊天、评论、私信、语音等。和她们聊一些共同的话题，如育儿、旅游、护肤心得、养生等，总之只要找到对方感兴趣的话题都可以去聊。

（4）谈单，也就是“转化”。

光聊天不成交就像光谈恋爱不结婚一样也是浪费时间，最终聊到了一定火候，大家肯定也会关心你最近在忙什么，很简单，让她们看你的朋友圈，告诉她你在兼职做这样一件事情，就是卖面膜，因为自己用了好，又有货源优势，然后感兴趣的话可以一起来做这个事情。当然要想把这个作为生意，自己一定要用产品，这个时候就一定要让对方先用产品，用出感觉来了，再来谈如何做这个生意的具体方法和步骤。

通过以上的方法，我一个多月的时间，居然发展了 6 个代理，“一不小心”居然发现我已经进了三次货了，而且双十一还没来，我就断货了，厂家也断货了，这真的是我没想到的。然后心里偷偷地一算账，还挣了点小钱，比上班强多了。现在我不像刚开始那样彷徨了，信心特别足，接下来我要做的就是将我的经验复制给我的代理，把她们扶持好，才不会辜负了她们对我的信任。

参 考 文 献

[1] 方玲玉，李念. 电子商务基础与应用. 北京：电子工业出版社，2010.
[2] 温明剑. 电子商务网络技术基础. 北京：清华大学出版社，2010.
[3] 王冀鲁. 网络技术基础. 北京：清华大学出版社，2009.
[4] 张与鸿，等. 电子商务网络实施技术. 北京：水利水电出版社，2007.
[5] 王宏宇，张学兵. 电子商务网络技术. 武汉：武汉理工大学出版社，2010.
[6] 岑雄鹰. 电子商务技术基础教程. 北京：水利水电出版社，2008.
[7] 陈孟建. 电子商务网站建设与管理. 2 版. 北京：清华大学出版社，2009.
[8] 张润彤. 电子商务概论. 北京：电子工业出版社，2009.
[9] 陈孟建. 网络营销与策划. 北京：人民邮电出版社，2009.
[10]张宝明，阳光，刘强. 电子商务技术基础. 北京：清华大学出版社，2008.
[11]王忠元. 移动电子商务. 北京：机械工业出版社，2015.
[12]钟元生. 移动电子商务. 上海：复旦大学出版社，2012.
[13]王红雷. 移动电子商务. 北京：机械工业出版社，2015.